Andreas Spreinat

Malawisee-Cichliden aus Tansania

Pseudotropheus „Tropheops Mutant", fotografiert bei Cove Mountain.

Andreas Spreinat

Malawisee-Cichliden aus Tansania

Bis auf die entsprechend gekennzeichneten Abbildungen sämtliche Fotos vom Autor.

Umschlag: *Pseudotropheus* „Zebra Gold Breast Orange Top" von der Insel Hongi.

CIP-Titelaufnahme der Deutschen Bibliothek

Spreinat, Andreas:
Malawisee-Cichliden aus Tansania /
Andreas Spreinat. – Göttingen: Unitext-Verl., 1994
ISBN 3-926142-42-1

© 1994 Dr. Andreas Spreinat
Unterm Hagen 4, 37079 Göttingen
Printed in Germany
Satz, Layout & Umschlag: Angela Meißner • Feldtorstraße 29 • 37176 Nörten-Hardenberg
Grafiken: Andrea Knaust • Breite Straße 13 • 37077 Göttingen
Lithos & Druck: Bernecker Mediengruppe • Unter dem Schöneberg 1 • 34212 Melsungen
Vertrieb: Aquapport • Köselstraße 20 • 30952 Ronnenberg
Erschienen im Unitext Verlag • Berliner Straße 48 • 37120 Bovenden

Inhaltsverzeichnis

Unterwasserszene bei Nkanda.

Westseite von Ngkuyo Island: An den Inseln ist das Wasser meist besonders klar.

Vorwort

Seit Anfang der sechziger Jahre, als die ersten lebenden Malawisee-Buntbarsche nach Europa und in die USA eingeführt worden sind, besteht ein ungebrochen großes Interesse an diesen Cichliden. Das Interesse beschränkt sich dabei nicht nur auf Aquarianer, die diese farbenprächtigen Maulbrüter pflegen und züchten, sondern auch viele Wissenschaftler führten in den siebziger und achtziger Jahren umfangreiche Untersuchungen zur Ökologie und Taxonomie dieser auf der ganzen Welt einmaligen Fischgruppe durch.

Bemerkenswerterweise sind fast alle Erkenntnisse an Malawisee-Cichliden aus Malawi bzw. von den malawischen Küsten dieses Sees gewonnen worden. Zu den Arten aus den anderen beiden Anrainerstaaten, Tansania und Moçambique, liegen dagegen bislang kaum Informationen vor.

Im Oktober/November 1993 hatte ich die Gelegenheit, die gesamte Küstenstrecke dieses Sees in Tansania per Boot zu befahren und an zahlreichen Abschnitten Unterwasserbeobachtungen durchzuführen. Das Ziel der Reise bestand darin, einen ersten Überblick über die Cichlidenfauna in diesen noch weitestgehend unerforschten Bereichen zu erhalten. Besonderer Wert wurde dabei auf die naturgetreue Abbildung der neu entdeckten Arten mittels Unterwasserfotos gelegt. Die jüngste Vergangenheit hat gezeigt, daß klare morphologische Unterschiede zwischen vielen dieser entwicklungsgeschichtlich vergleichsweise jungen Arten kaum vorhanden sind. Dagegen lassen sich die meisten Arten anhand der typischen Färbung der Männchen und ihrer Zeichnungsmuster verhältnismäßig leicht identifizieren. Die Ergebnisse dieser fünfwöchigen Forschungsreise bilden im wesentlichen den Inhalt des vorliegenden Buches.

Mein besonderer Dank gebührt Erling Johansen und Laif DeMason, Lake Nyasa African Fishes Ltd. in Mbeya/Kyela, Tansania, für ihre Unterstützung und Vermittlung „vor Ort". Ohne ihre Hilfe wäre dieses Buch nicht zustande gekommen. Ebenso möchte ich den Mitgliedern ihrer „Mannschaft", die mich begleiteten und mir halfen, meinen Dank und meine Anerkennung aussprechen. Allen voran meinem Tauchkameraden Mattayo Jackson, der mit mir an manchen Tagen mehr Zeit unter als über Wasser verbrachte, sowie Friedrich „Freddy" Wolf, der uns während der wochenlangen Exkursionen über manchmal abenteuerliche Wege irgendwie Benzin und Nahrungsmittel nachschickte, so daß wir uns ganz auf unser eigentliches Ziel konzentrieren konnten.

Danken möchte ich all jenen, die mir in Deutschland Fische zum Fotografieren zur Verfügung gestellt haben, insbesondere Markus Schlangen, Malawi-Tanganjika-Aquarium Neuß, Reinhold Müller, Frankfurt, und Marc Danhieux sowie Thomas Lepel, Maltavi Hohenahr-Erda. Ihnen wie auch Lothar Seegers, Dinslaken, danke ich zudem für viele hilfreiche Diskussionen.

Nicht zuletzt möchte ich erwähnen, daß all meine cichlidophilen Aktivitäten ohne die Unterstützung und aktive Mitarbeit meiner Frau Kerstin nicht möglich gewesen wären und ihr letztlich mein größter Dank und auch meine aufrichtige Bewunderung dafür gebührt, daß sie ihren Ehemann mit seinem Hobby immer noch nicht leid ist.

Göttingen, im September 1994

Andreas Spreinat

Eine Gruppe von *Pseudotropheus* „Daktari" bei Hai Reef.

Einleitung

Mit einer Nordsüd-Ausdehnung von fast 600 km und einer maximalen Breite von etwa 80 km ist der Malawisee der drittgrößte See Afrikas. Seine maximale Tiefe beträgt über 700 m, die Fläche wird mit nahezu 31000 km² angegeben (FRYER & ILES 1972).

Das besondere dieses in vielerlei Hinsicht faszinierenden Sees liegt in seiner Fischfauna begründet. Die bei weitem sowohl zahlenmäßig als auch hinsichtlich der Artenzahl überwiegende Fischfamilie stellen die Buntbarsche dar. Alle anderen Fischfamilien treten mengenmäßig weit hinter diese Familie zurück. Mittlerweile sind mehr als 400 Cichliden-Arten aus dem Malawisee bekanntgeworden. Fast alle diese Arten leben endemisch im Malawisee, d. h. sie leben nur in diesem Gewässer und sonst nirgends auf der Welt. Interessanterweise sind fast alle Arten Maulbrüter im weiblichen Geschlecht. Evolutionsbiologen gehen davon aus, daß sich alle endemischen Malawisee-Cichlidenarten aus einer nur ihnen gemeinsamen Stammart entwickelt haben (MEYER et al. 1990).

Drei Anrainerstaaten begrenzen den See: Malawi im Südosten und Westen, Tansania im Nordosten und Moçambique an der mittleren Ostküste. Malawi besitzt einen Anteil von etwa 800 km Küstenlinie. Die Küstenlinie von Tansania beträgt ungefähr 300 km, die von Moçambique etwa 200 km. Die beiden größten Inseln des Malawisees, Likoma und Chisumulu, gehören zu Malawi.

Bis zur Unabhängigkeit Malawis (Malawi war als Njassaland bis 1964 unter britischer Herrschaft) wurde dieser südlichste See des ostafrikanischen Grabensystems als Njassasee (engl. Lake Nyasa) bezeichnet. Njassa bedeutet in der Sprache der Yao schlicht „großes Was-

ser". Die Umbenennung des Njassasees stand in Zusammenhang mit der politischen Loslösung Malawis von der Kolonialzeit. In Tansania und Moçambique wird dagegen weiterhin der Name Njassasee verwendet. Vor diesem Hintergrund wäre es konsequent, die Cichliden von den tansanischen Küsten als Njassasee-Cichliden zu bezeichnen. Im folgenden Text wurde dennoch der Ausdruck Malawisee-Cichliden beibehalten, um keine sprachliche Verwirrung zu verursachen. Diese würde spätestens dann auftreten, wenn die in Tansania gefundenen Arten mit ähnlichen Cichliden aus Malawi verglichen oder allgemeine Eigenschaften zu den Cichliden erwähnt würden.

Die ichthyologische Erforschung des Malawisees begann bereits etwa Mitte des vorigen Jahrhunderts (GÜNTHER 1864) und beschränkte sich bis heute – von wenigen Ausnahmen abgesehen – auf die Küstenbereiche Malawis. Die wichtigsten Arbeiten sind nachfolgend kurz aufgeführt.

Malawi

Zu Beginn dieses Jahrhunderts wurden auf der Liste der Malawisee-Cichliden 38 Arten geführt (BOULENGER 1915). Diese Arten sind im Rahmen verschiedener Forschungsreisen gesammelt und überwiegend von GÜNTHER 1864 und 1893 sowie von BOULENGER 1908 beschrieben worden. Umfassendere Forschungsarbeiten, die insbesondere aus taxonomischer Sicht von grundlegender Bedeutung sind, wurden im Britischen Museum (Natural History) durchgeführt und 1922 von Regan vorgelegt (REGAN 1922). REGAN zählte seinerzeit 84 Arten. Seine Schülerin, die kürzlich verstorbene große Dame der Cichlidenkunde, Ethelwynn TREWAVAS, führte das Werk REGANS fort und publizierte 1931 eine Revision der Gattung *Lethrinops* (TREWAVAS 1931). Vier Jahre später erschien ihre vielzitierte „Übersicht" (Synopsis) über die Lake Nyasa Cichliden (TREWAVAS 1935). Als Grundlage diente TREWAVAS die große, ungefähr 3500 konservierte Exemplare enthaltende Sammlung, die CHRISTY 1925–26 auf einer speziellen Expedition zusammengetragen hatte. Die Anzahl der Arten erhöhte sich in der Synopse auf 175, die der Gattungen auf 23.

In den fünfziger Jahren wurden die ersten Aufsätze zur Ökologie von Malawisee-Cichliden veröffentlicht (FRYER 1956b und 1959). ILES untersuchte die Gruppe der mehr das freie Wasser bewohnenden Cichliden, die heutigen *Copadichromis*-Arten (ILES 1960). Die Arbeiten dieser beiden Autoren führten 1972 zur Publikation eines umfassenden Standardwerks über die Biologie und Evolution der Cichliden der großen afrikanischen Seen (FRYER & ILES 1972). Anfang der sechziger Jahre wurden die ersten lebenden Malawisee-Cichliden exportiert und weckten die Begeisterung der Aquarianer. Die siebziger und achtziger Jahre waren geprägt von zahlreichen Aktivitäten, die sich sowohl in wissenschaftlicher als auch aquaristischer Hinsicht mit diesen farbenprächtigen Arten befaßten. Aquarianer führten die ersten Reisen an diesen See durch und entdeckten neue Arten.

Einen der ersten Reiseberichte publizierte STOLZ 1972. Kommerzielle Exporteure entdeckten und verschickten zahlreiche neue Arten in alle Kontinente. Eine Vielzahl wissenschaftlicher und aquaristischer Berichte wurde publiziert. Als grundlegende Veröffentlichungen der jüngeren Zeit seien hier nur zwei erwähnt. Der 1983 erschienene „Vorläufige Überblick" (Preliminary Survey) zu den Mbunas von RIBBINK und Mitarbeitern, der die erste umfassende Bearbeitung der Mbunas darstellt und im wesentlichen Unterwasserbeobachtungen berücksichtigt (RIBBINK et al. 1983). Gleichermaßen eine solide Basis bildet die von ECCLES und TREWAVAS 1989 vorgelegte Neubearbeitung der ehemaligen „Haplochromis"-Arten, die jene Sammelgattung in zahlreiche neue Gattungen aufgliedert (ECCLES & TREWAVAS 1989).

Tansania

So zahlreich und vielfältig die Kenntnisse zu den Cichliden von den Küsten Malawis sind, so wenig ist von der Nordostküste, der heutigen Tansania-Küste des Sees bekanntgeworden. Der erste Bericht stammt von AHL, der 1927 die Erstbeschreibungen einiger Arten veröffentlichte. Die Belegexemplare hatte FÜLLEBORN im damaligen Deutsch-Ostafrika an der tansanischen Küste bei (Alt-)Langenburg gesammelt, dem jetzigen Lumbira. Einen der heute am bekanntesten Malawisee-Cichliden beschrieb AHL damals nach dem Entdecker: *Labeotropheus fuelleborni*. Weitere, auch aquaristisch bekannte Arten sind *Pseudotropheus macrophthalmus* und *Dimidiochromis kiwinge* (AHL 1927). FRYER, dessen Untersuchungen sich in erster Linie auf die Malawiküsten konzentrierten, beschrieb 1956 *P. elongatus* nach drei Exemplaren, die er in Mbamba Bay gefangen hatte (FRYER 1956a). Obwohl der Name dieser Art den meisten Aquarianern ein Begriff ist, und in der Vergangenheit schon viele Arten oder Formen unter diesem Namen in der Aquaristik gehandelt wurden, ist der „echte" *P. elongatus* vermutlich noch gar nicht importiert worden (vgl. hierzu die Ausführungen zur *P.-elongatus*-Artengruppe).

Erst fast 50 Jahre nach AHL wurden die nächsten Untersuchungen durchgeführt. W. STAECK bereiste die Küsten am Livingstone Gebirge und veröffentlichte die ersten Fotos zu verschiedenen Arten (STAECK 1976). Ende der achtziger und Anfang der neunziger Jahre folgten dann weitere auf privater Basis organisierte Sammelreisen, und die ersten lebenden Exemplare wurden nach

Deutschland eingeführt (Seegers & Kilian 1987, pers. Mitteilung; Seegers 1991, Seegers 1992). Kommerzielle Aktivitäten von Zierfischexporteuren begannen etwa 1990/91. Damit war die logistische Basis für zukünftige Reisen wesentlich erweitert, denn eine der Hauptschwierigkeiten in diesen touristisch völlig unerschlossenen Regionen besteht darin, Boote, Treibstoff sowie andere Ausrüstungsmaterialien zu organisieren. Berichte von Aquarianern zu verschiedenen neuen, in ihren natürlichen Lebensräumen beobachteten Populationen wurden jüngst veröffentlicht (Knabe 1992, Russ 1993, Bentler 1993, DeMason 1993a, DeMason 1994a, Konings 1994, Lepel 1994). Ein erster Überblick zu den nach Deutschland eingeführten Arten wurde bereits 1993 wiedergegeben (Spreinat 1993a, Lepel 1993a).

Die ersten Untersuchungen zeigten, daß, wie zu erwarten war, verschiedene Arten, die an der Nordwestküste beheimatet sind, auch an der tansanischen Küste leben. Dies trifft vor allem auf viele Nicht-Mbunas zu, die ohnehin oft im gesamten See verbreitet und nicht nur auf bestimmte Küstenregionen beschränkt sind. Bei den mehr felsorientierten Mbunas gibt es gleichwohl einige Populationen, die sowohl an der Nordwest- als auch an der Nordostküste vorkommen. Die Mehrzahl der Mbunas umfaßt jedoch neue Arten und/oder Standortvarianten bzw. geographische Rassen.

Die nachfolgenden Ausführungen basieren im wesentlichen auf den Ergebnissen einer fünfwöchigen Forschungsreise, die im Oktober/November 1993 durchgeführt wurde. Von Ikombe an der Nordspitze bis zum Hai-Reef an der moçambiquanischen Grenze im Süden wurde die gesamte tansanische Küste befahren. Mit von der Partie waren Mattayo Jackson sowie abwechselnd weitere Mitarbeiter der Zierfischexporteurs-Gemeinschaft Johansen & DeMason, LANYAFI Mbeya, die auch das Boot für diese Reise zur Verfügung stellten. Wenn im folgenden Text z. B. im Zusammenhang mit Unterwasserbeobachtungen das Wort „wir" verwendet wird, bezieht sich der Plural auf Mattayo Jackson, der als Tauchpartner mit dem Verfasser zahllose Stunden unter Wasser verbrachte.

Unsere Exkursion gliederten wir in zwei Abschnitte. Während der ersten Ausfahrt befuhren wir den nördlichen Küstenbereich von Ikombe bis Lupingu von Nord nach Süd und zurück. Die zweite Tour umfaßte die südlichen Küstenbereiche, die wir von Mbamba Bay ausgehend erst in Richtung Süden (Undu Point, Hai Reef) betauchten, um uns dann abschnittsweise nach Norden bis Magunga fortzubewegen. Während der Fahrten „zerlegten" wir die Küste in kleine, überschaubare Abschnitte. In ausgewählten Buchten bzw. Ortschaften schlugen wir jeweils unser Zeltlager auf (in Mbamba Bay gibt es auch Gasthäuser zur Übernachtung) und betauchten dann für einige Tage die südlich und nördlich angrenzenden Küstenbereiche. Danach brachen wir das Lager ab und fuhren weiter bis zum nächsten Abschnitt. Auf diese Weise wollten wir einen – soweit möglich – umfassenden Überblick über die verschiedenen Cichliden-Populationen erhalten.

Um die natürlichen Lebensräume zu erkunden und Unterwasserfotos aufzunehmen, verwendeten wir fast ausschließlich Preßlufttauchgeräte, die bei Bedarf mit einem transportablen Atemluft-Kompressor wieder aufgefüllt wurden. Aus Sicherheitsgründen begrenzten wir die maximale Tauchtiefe auf etwa 50 Meter. Während der Tauchgänge erkundeten wir überwiegend felsige oder gemischte Sand-Stein-Untergründe. Weiterhin sind auch zahlreiche Beobachtungen in den angrenzenden Sandbereichen einbezogen worden. Über den großen reinen Sandflächen, wie sie an den südlichen

Küsten Tansanias häufig zu finden sind, wurden jedoch keine Tauchgänge durchgeführt. Einige Unterwasserfotos wurden schnorchelnd, d. h. nur mit Tauchmaske, Schnorchel und Schwimmflossen ausgerüstet, im flachen Wasser bis etwa 5 Meter Tiefe aufgenommen. Diese Vorgehensweise ist zwar sehr anstrengend, hat sich aber bei manchen Cichliden als überaus vorteilhaft erwiesen. Viele Cichliden reagieren empfindlich auf das unter Wasser sehr laute Geräusch des Atemreglers und halten dann einen so großen Sicherheitsabstand zum Taucher ein, daß gute Fotos nicht möglich sind. Dies trifft insbesondere auf viele *Nyassachromis-* und *Lethrinops*-Arten zu, bei denen selbst die revierverteidigenden Männchen, die bei anderen Arten von der Gegenwart eines Tauchers nur wenig Notiz nehmen, sofort mit Fluchtverhalten reagieren.

Selbstverständlich sind Beobachtungen in den natürlichen Lebensräumen am ergiebigsten, wenn man verschiedene Arten direkt miteinander vergleichen kann. Um auch im nachhinein Populationen vergleichen zu können und vor allem auch einen Vergleich mit Populationen aus Malawi zu ermöglichen, wurden nach Möglichkeit nicht nur die am schönsten gefärbten Männchen fotografiert, sondern auch die verhältnismäßig wenig gefärbten oder anderweitig abweichenden Exemplare aufgenommen. Ein besonderer Aspekt hierbei ist, daß in der Vergangenheit die innerartliche Variation in bezug auf bestimmte Zeichnungsmuster oder Färbungsmerkmale nur vergleichsweise wenig beachtet wurde. Einige Arten variieren nicht nur in Abhängigkeit vom Fundort (Standortvarianten). Auch an einem Fundort finden sich manchmal recht unterschiedlich gefärbte Tiere einer Art. Vor diesem Hintergrund wurden insgesamt über 2700 Unterwasserfotos angefertigt und unter den oben erwähnten Gesichtspunkten ausgewertet.

Eine Vielzahl von Arten konnte tauchend mit Netzen gefangen werden, um in Zweifelsfällen z. B. die Bezahnung zu untersuchen. Weitere Erkenntnisse zu der Verbreitung verschiedener Arten erhält man auf einfachem Wege, dadurch, daß man die Fänge der einheimischen Fischer einsieht. Viele der in reinen Sandregionen, im trüben Bereich von Flußmündungen oder auch im freien Wasser lebenden Arten sieht man als Taucher nur selten, so daß Fänge aus diesen Bereichen sehr aufschlußreich sein können.

Abschließend ist anzumerken, daß im Verlauf der Reise eine Vielzahl von neuen Arten gefunden, die Verbreitungsgebiete bereits bekannter Arten neu definiert und eine Reihe neuer Erkenntnisse erhalten werden konnten. Letztlich kann aber eine fünfwöchige Forschungsreise keinen vollständigen Überblick bieten. Weitere Entdeckungen von diesen Küsten zeichnen sich bereits ab. Viele jüngere Arbeiten, die in Malawi durchgeführt worden sind, haben gezeigt, daß es gerade in taxonomischer Hinsicht sehr schwierig ist, abschließende Ergebnisse vorzulegen. Dies ist um so bemerkenswerter, da in diesen Gewässern bereits jahrelange Untersuchungen erfolgten. Vor diesem Hintergrund versteht sich das vorliegende Buch als erste Grundlage und Orientierung für nachfolgende Arbeiten an den Cichliden der tansanischen Küsten.

Hinweise zum Gebrauch dieses Buches

Im vorangegangenen Kapitel ist kurz darauf verwiesen worden, wie die nachfolgenden Untersuchungen durchgeführt wurden bzw. die hier vorgelegten Erkenntnisse zustande kamen. Daneben erscheinen einige allgemeine Anmerkungen zum besseren Verständnis sinnvoll. Den Erläuterungen zur Verwendung der unterschiedlichen Cichlidennamen ist ein eigener Abschnitt gewidmet (s. u.), so daß hier nur einige wenige Anmerkungen wiedergegeben sind.

Name

Wissenschaftliche Namen sind nicht näher erklärt, da über den erwähnten Autor der Erstbeschreibung ein Bezug gegeben ist. Bei Handels- oder Arbeitsnamen (großgeschriebene Namen in Anführungszeichen) wird die Herkunft des Namens angegeben und der Sinn des Namens, soweit bekannt, erläutert. Handelsnamen wurden dann übernommen, wenn die betreffende Art bereits in der Literatur unter diesem Namen erwähnt worden ist oder ein Handelsname aquaristisch weitläufig bekannt ist. Sofern eine Art unter mehreren Handelsnamen in der Literatur erwähnt worden ist, wurde der ältere Name gewählt, es sei denn, ein jüngerer Name hat breiten Eingang in die Aquaristik gefunden und der ältere Name ist dagegen – aus welchen Gründen auch immer – unbekannt geblieben.

(Beispiel: *Labidochromis* „Hongi" wurde mittlerweile häufig nachgezüchtet und ist aquaristisch gut bekannt. Verschiedene Berichte über diesen Cichliden verwenden als Namen den Ausdruck „Hongi", der sich auf die gleichnamige Insel bezieht. Diese Art wurde jedoch erstmals als *L.* „Puulu" in der Literatur erwähnt.)

Bei den Handelsnamen war zu berücksichtigen, daß Cichliden von der Nordostküste seit Anfang der neunziger Jahre von mindestens drei verschiedenen Exporteuren in den Handel gebracht werden. Neugefangene Arten werden üblicherweise von den Fängern bzw. Exporteuren mit Handels- oder Arbeitsnamen belegt. Folglich kann es sein, daß eine Art unter drei verschiedenen Bezeichnungen in der Aquaristik gehandelt wird. Bei der Bezeichnung der von uns beobachteten und wissenschaftlich noch unbeschriebenen Arten war also zu berücksichtigen, daß bei bereits importierten Arten keine unnötige weitere Verwirrung entsteht. Wenn es sinnvoll erschien, wurden Handelsbezeichnungen deshalb zusätzlich erwähnt, um die Zuordnung zu erleichtern.

Kennzeichen

Der in den einzelnen Artbeschreibungen aufgeführte Absatz „Kennzeichen" ist einerseits begrenzt worden auf einige wesentliche Elemente, die möglicherweise aus den beigefügten Farbaufnahmen nicht deutlich erkennbar sind. Andererseits sollte die Aufmerksamkeit des Lesers auf bestimmte Eigenheiten gelenkt werden, die insbesondere dem noch unerfahrenen Cichlidenliebhaber nicht ohne weiteres auffällig sind. In besonderer Weise erläuterungsbedürftig sind die Größenangaben, die immer als Gesamtlänge ausgewiesen sind (also inklusive der Schwanzflosse). Viele Mbunas variieren hinsichtlich der Größe und der relativen Körperhöhe in Abhängigkeit vom Nahrungsangebot erheblich. Dieser Effekt läßt sich auch an manchen Stellen im See nachweisen, ganz deutlich wird dies aber in der Aquarienhaltung. Durch reichliche Fütterung werden die an ballastreiche und damit verhältnismäßig nährstoffarme Aufwuchsnahrung gewöhnten Mbunas wesentlich größer als unter natürlichen Bedingungen. So erreichen die normalerweise mit 7 bis 8 cm Gesamtlänge relativ kleinbleibenden *Labidochromis*-Arten leicht Größen von 10 oder 12 cm und werden dabei hochrückig bzw. massig. Dies gilt in abgeschwächtem Maße auch für die Vertreter der Gattung *Aulonocara* und andere Nicht-Mbunas. Die wiedergegebenen Gesamtlängen beziehen sich auf die Exemplare, die wir im natürlichen Lebensraum vorfanden, und sind somit als Anhaltspunkte zu verstehen. Darüber hinaus konnten wir nicht jede Art fangen, und die Größenabschätzung mußte über den Vergleich anderer Arten desselben Biotops erfolgen, von denen wir die Größen kannten.

Verbreitung

Die hier aufgeführten Angaben berücksichtigen neben den eigenen Beobachtungen natürlich auch die bereits bekannten und zuverlässig ermittelten Fundorte einer betreffenden Cichliden-Art. Letztere Informationen sind mit Zitaten gekennzeichnet bzw. es wird auf die jeweilige Informationsquelle verwiesen, um die Angaben nachvollziehbar zu gestalten. Im Falle mancher Mbunas wurde eine Art an vielen Stellen angetroffen, die alle über Felsküsten miteinander verbunden sind. Folglich ist nicht davon auszugehen, daß es „Lükken" im Verbreitungsgebiet zwischen den Fundorten gibt, wie sie bei diesen felsorientiert lebenden Arten in Form von Sandstränden oder Flußmündungen hinreichend bekannt sind. Trotzdem wurde in solchen Fällen nicht auf die Wiedergabe der einzelnen Fundorte verzichtet. Eine Rolle spielte hierbei auch, daß wir manche Arten an bestimmten Küsten vergeblich nachzuweisen versuchten, obwohl die betreffende Art sowohl an den nördlich als auch südlich angrenzenden Küstenbereichen häufig vorzufinden war und sich die Lebensräume nach Augenschein prinzipiell nicht unterschieden. Trotz dieser wohl eher speziellen Problematik ist zu erwarten, daß im Rahmen zukünftiger Untersuchungen weitere Fundorte vieler der nachfolgend vorgestellten Arten entdeckt werden. In der Vergangenheit hat sich gezeigt, daß bei Mbunas meist von zu kleinen Verbreitungsgebieten ausgegangen wurde.

Lebensraum

Für die Angaben zu den Lebensräumen gelten ähnliche Einschränkungen wie zu den Verbreitungsgebieten. Die meisten Arten bevorzugen bestimmte Untergründe oder Tiefenbereiche. Am Rande sei erwähnt, daß sich verschiedene Arten, wenngleich meist in deutlich geringerer Individuenanzahl, auch mitunter in eher untypischen Lebensräumen nachweisen lassen. Die Habitatpräferenz einer bestimmten Art bezieht sich oftmals nicht nur auf bestimmte Tiefen oder die generelle Art des Untergrundes, sondern auch auf kleinräumige Strukturen eines jeweiligen Lebensraums, wie sie z. B. kleine bis mittelgroße Steine oder große Felsen darstellen. In diesem Zusammenhang wurde die folgende Grobeinteilung verwendet: etwa 5 bis 20 cm im Durchmesser große Steine: „kleine Steine"; 20 bis 50 cm: mittelgroße Steine; bis 1 m: große Steine; über 1 m: Felsen. Der Ausdruck „große Felsen" bezieht sich auf mindestens mehrere Kubikmeter umfassende Felsen. Als gemischte oder Mischuntergründe werden üblicherweise Bereiche bezeichnet, in denen freie Sandflächen und Steine abwechselnd vorhanden sind. An vielen Küstenabschnitten sind derartige Mischuntergründe vorhanden. Die meisten felsigen oder steinigen Bereiche gehen häufig im tiefen Wasser ab etwa 40 Meter in Sand- oder Schlammgrund über und bilden somit gemischte Untergründe im Übergangsbereich. Da selbstredend alle möglichen Abstufungen gleichfalls vorkommen, ist die o. g. Einteilung, die heute vielfach zugrundegelegt wird, nur als grobes Raster zu verstehen, was dem Nutzen aber keinen Abbruch tut.

Tiefenangaben sind grundsätzlich mit besonderen Vorbehalten zu betrachten. Zwar ist es relativ einfach, die Tiefenverteilung einer Cichlidenart an einem bestimmten Standort zu bestimmen. Man taucht das Tiefenprofil ab und schätzt, wieviele Individuen in einer jeweiligen Tiefe pro Fläche vorkommen. Zu berücksichtigen ist hierbei, daß die Tiefenverteilung in einem bestimmten Rahmen durch die Untergrundbeschaffenheit stark beeinflußt wird. So scheint es für viele Arten unerheblich zu sein, ob sie in 5 oder 25 Meter Tiefe leben, solange z. B. geeignete Versteckmöglichkeiten und natürlich Nahrung vorhanden sind. Letzterer Faktor macht sich bei den Felsaufwuchs fressenden Mbunas besonders bemerkbar. Das Algenwachstum, welches die Basis für das reichliche Vorkommen von Kleintieren im Felsaufwuchs darstellt, ist natürlich von der Sonneneinstrahlung abhängig. Je tiefer das Wasser, desto weniger Lichtenergie steht für die Algen zur Verfügung. Bei Tauchgängen gewinnt man unmittelbar den Eindruck, daß im flachen Wasser besonders kräftige, durchsetzungsfreudige oder aggressive Arten leben, die andere, schwächere Arten in die tieferen und nahrungsärmeren Bereiche abdrängen. Diese interartliche Konkurrenz könnte auch der Grund dafür sein, daß man eine bestimmte Art bei gleichem Untergrund an einer Stelle in flachem Wasser, an einer anderen Stelle dafür erst ab 20 Meter Tiefe vorfindet.

Angaben zur Ernährungsweise beziehen sich ausschließlich auf Unterwasserbeobachtungen.

wandtschaft darstellen. Die ganzheitliche Betrachtung von Arten unter Berücksichtigung der artspezifischen Variationsbreiten ist sehr hilfreich, wenn es um das Erkennen bzw. Abgrenzen von Arten untereinander geht. Der rein morphologische Ansatz ist gerade bei den Mbunas mangels deutlich faßbarer Kriterien oder artspezifischer Merkmale meist nur wenig aussagekräftig. Zur Beurteilung von Formen und Färbungen ist es jedoch wichtig, daß man sich sozusagen „eingesehen" hat, um entsprechende Einordnungen treffen zu können. Die Abgrenzung von Malawisee-Cichliden untereinander bzw. die Definition von aussagekräftigen Kriterien zur Ermittlung von Verwandtschaftsbeziehungen ist allerdings eine der komplexesten und schwierigsten Aufgaben (vgl. auch RIBBINK et al. 1983: 153–155).

Grundsätzlich sind alle nicht weiter gekennzeichneten Angaben auf eigene Beobachtungen zurückzuführen. Um unzulässige Verallgemeinerungen zu vermeiden, wurden in den Fällen, in denen nur vereinzelte Beobachtungen vorliegen, Formulierungen verwendet wie z. B. „wir trafen diesen Cichliden nur im tiefen Wasser an" und nicht Aussagen wie „dieser Cichlide lebt in tiefem Wasser".

Ähnliche Arten

In dieser Rubrik sind hinsichtlich der Kriterien Körpergestalt, Maulform, Zeichnungsmuster und Farbgebung ähnliche oder vergleichbare Arten angeführt. Es ist zu betonen, daß derartige Ähnlichkeiten zwar häufig, aber nicht notwendigerweise Indizien für eine engere Ver-

Cichliden-Namen und Taxonomie

Im Zusammenhang mit Malawisee-Cichliden wurde in der Aquaristik schon 1973 eine „babylonische Sprachverwirrung" beklagt (ZIERZ 1973). Daran hat sich bis heute nichts zum Besseren gewendet, eher das Gegenteil ist eingetreten. Die Ursachen hierfür können nur am Rande erläutert werden.

Um zu einem wissenschaftlich gültigen Namen zu kommen, muß die betreffende Cichlidenart untersucht und gezeigt werden, daß sie nicht mit anderen, bereits beschriebenen Arten identisch ist. Die Ergebnisse sind unter bestimmten Kriterien so zu veröffentlichen, daß sie für jedermann zugänglich sind. In dieser „Erstbeschreibung" wird die Art einer bestimmten Gattung zugeordnet (oder auch gleich eine neue Gattung beschrieben) und ein latinisierter Artname vergeben. Weiterhin sollten die Belegexemplare in einem Museum hinterlegt werden, damit gegebenenfalls Nachuntersuchungen möglich sind, z. B. wenn sich der Autor der Erstbeschreibung geirrt hat, und es sich gar nicht um eine neue Art handelt. Unter den Belegexemplaren sollte ein Holotypus festgelegt werden. Dies ist das einzige maßgebliche Exemplar für die betreffende Art. Die weiteren Belegexemplare werden Paratypen genannt. Dieses Verfahren hat den Hintergrund, daß es keine Verwirrung darüber gibt, welches Belegexemplar maßgeblich ist, sofern sich später herausstellen sollte, daß die Belegexemplare zu unterschiedlichen Arten gehören.

Die Identifizierung einer Art ist also zunächst mit der Frage verknüpft, ob es sich um eine neue oder bereits beschriebene Art handelt. Leider basieren viele der alten Erstbeschreibungen ausschließlich auf konservierten Exemplaren; oftmals sind weder der genaue Fundort noch die Lebendfärbung bekannt, und allein morphologische und morphometrische Daten sind erfaßt worden. Dies bedeutet, daß es sehr schwierig sein kann, diese Frage zu beantworten. Eine genaue Untersuchung des Typenmaterials bzw. ein genauer Vergleich der bereits beschriebenen Arten mit den neugefangenen Cichliden ist häufig unumgänglich. Der damit verbundene Arbeitsaufwand kann von einem Zierfischexporteur oder -importeur in der Regel gar nicht geleistet werden. Folglich gibt es drei Möglichkeiten. Erstens, die betreffende Art ist leicht zu erkennen und wird einer bereits beschriebenen Art richtig zugeordnet. Zweitens, die betreffende Art wird unrichtig zugeordnet, d. h. beispielsweise fälschlich als *Pseudotropheus elongatus* in den Handel gebracht. Sobald der richtige, „echte" *P. elongatus* gefangen wird oder anderweitig festgestellt wird, daß es sich nicht um diese Art handelt, muß der betreffende Cichlide erneut der oben gestellten Frage unterworfen werden. In jedem Fall muß eine andere Bezeichnung verwendet werden, und das heißt wieder umlernen. Drittens, der besagte Cichlide kann keiner Art zugeordnet werden. Sofern dies zutrifft, könnte die neue Art beschrieben werden und würde auf diese Weise einen wissenschaftlichen Namen erhalten.

Da auch eine Erstbeschreibung mit einem hohen Aufwand verbunden ist, der bei sachgerechter Arbeit mehrere Monate in Anspruch nehmen und zudem nur von kundigen und erfahrenen Personen geleistet werden kann, wird oftmals ein anderer Weg beschritten. Die neue Art wird mit einem „vorläufigen" Arbeits- oder Handelsnamen belegt, der die betreffende Art kennzeichnet und späteren Bearbeitern somit die Möglichkeit gibt, einen Bezug herzustellen.

So wurden beispielsweise alle von Ribbink und Mitarbeitern während ihrer mehrjährigen Untersuchungen in Malawi entdeckten Arten nicht wissenschaftlich beschrieben, sondern mit Arbeitsnamen belegt (RIBBINK et al. 1983).

Wissenschaftliche Namen werden *kursiv* geschrieben (*Pseudotropheus elongatus*). Arbeitsnamen (Handelsnamen) sind dagegen nicht kursiv zu schreiben und in Anführungszeichen zu setzen. Es versteht sich von selbst, daß man keine latinisierten Arbeitsnamen verwenden sollte. Um den Unterschied zu wissenschaftlichen Namen noch deutlicher zu machen, sollten Arbeitsnamen groß geschrieben werden (*Pseudotropheus* „Broad Bar"). Manche Autoren verwenden weiter den Zusatz „species", „spec." oder noch weiter abgekürzt „sp." (*Pseudotropheus* spec. „Broad Bar"; species = Art). Dies ist jedoch nicht erforderlich und stört die alphabetische Einordnung erheblich. Selbiges gilt für eine andere Weise der Bezeichnung unbeschriebener Arten, bei der der Artname nicht nach, sondern vor den Gattungsnamen gesetzt und der Gattungsname eingedeutscht und demzufolge nicht mehr kursiv geschrieben wird (Broad-Bar-Pseudotropheus).

Des leichteren Verständnisses wegen ist grundsätzlich anzustreben, Arbeitsnamen zu vergeben, die Eigenschaften des betreffenden Cichliden hervorheben. Dies kann der Fundort oder ein besonderes Merkmal sein. Natürlich ist zu berücksichtigen, daß sich später herausstellen kann, daß der Arbeitsname nicht besonders glücklich gewählt ist. Wenn z. B. eine Art nach einem Fundort benannt wird, könnte der Fall eintreten, daß dieser Cichlide später an anderen Stellen im See viel häufiger vorgefunden wird, und die erste Population nur eine Randpopulation darstellt. Wird ein bestimmtes Farbmerkmal in den Namen einbezogen, könnte sich im nachhinein vielleicht herausstellen, daß die neue Art diesbezüglich sehr variabel ist bzw.

andere Populationen dieses Merkmal gar nicht aufweisen. In jedem Fall ist es jedoch unumgänglich, den einmal verwendeten Arbeitsnamen beizubehalten. Ansonsten wird die oben angeführte Sprachverwirrung noch mehr gefördert.

Gründe, die zur Verwirrung beigetragen haben, liegen in erster Linie in der Umbenennung von Arten, der Erfindung neuer Namen, obwohl bereits Arbeitsnamen verfügbar waren, sowie in der nicht korrekten Weitergabe von Namen. In den meisten Fällen ebenfalls nicht sinnvoll ist die Vergabe von Arbeitsnamen, die Personennamen beinhalten oder reine Phantasieschöpfungen darstellen. Ein gutes Beispiel in diesem Zusammenhang ist *Pseudotropheus* „Kingsizei" (engl. kingsize = Königsformat) von der Insel Likoma. Dieser Cichlide ist nicht etwa, wie der Handelsname vermuten läßt, besonders groß. Vielmehr zählt diese Art mit etwa 8 bis 10 cm Gesamtlänge eher zu den kleinen Mbunas. Der Handelsname stellt den latinisierten Vornamen des einheimischen Fängers Kingsize Mchanda dar, der diese Art vermutlich als erster gefangen hat. Die Bezeichnung wurde von einem Zierfischexporteur kreiert.

Die im nachfolgenden Text vergebenen Arbeitsnamen wurden unter den obigen Gesichtspunkten ausgewählt. Die Verwendung englischer Arbeitsnamen erfolgte allein aus pragmatischen Gründen. Die Vergangenheit hat gezeigt, daß sich englischsprachige Aquarianer mit deutschen Arbeitsbezeichnungen schwer tun. Im umgekehrten Fall sind dagegen entsprechende Sprachkenntnisse vorhanden und daher keine Probleme hinsichtlich der Handhabung der englischen Ausdrücke zu erwarten.

Abschließend sind noch einige Besonderheiten zu den verschiedenen Namen anzumerken. Der Zusatz „cf." (*Pseudotropheus* cf. *williamsi*, lat. conferre = vergleiche) vor dem Artnamen besagt, daß es sich um die besagte Art handeln könnte, der Autor aber keine vollständige

Gewißheit erlangt hat. Dieser Zusatz sollte nur dann verwendet werden, wenn es deutliche Hinweise gibt, die darauf schließen lassen, daß es sich um die betreffende Art handeln könnte.

Im Gegensatz dazu wird der Zusatz „aff." (lat. affinis = verwandt) verwendet, wenn es sich um eine verwandte aber nicht die gleiche Art handelt. Diese Form der Namensergänzung war früher häufig, wird heute aber vermieden. Der Grund liegt darin, daß es eine Reihe engverwandter, unbeschriebener Arten gibt, so daß dieser Zusatz nur geringen Informationswert besitzt.

Zahlreiche *Pseudotropheus*-Arten sind in sogenannten Artengruppen und Artenkomplexen zusammengefaßt (RIBBINK et al. 1983). So werden alle langgestreckten und *Pseudotro-* *pheus elongatus* sehr ähnlichen Arten als *P.-elongatus*-Artengruppe eingestuft. Um dies in den Arbeitsnamen kenntlich zu machen, wird der eigentliche Arbeitsname um den Zusatz „Elongatus" ergänzt (*P.* „Elongatus Luhuchi").

Bei Arten, die an verschiedenen Küstenbereichen leben und Farbformen oder Standortvarianten ausgebildet haben, ist es sinnvoll, den Fundort der Population in Klammern zu erwähnen (*Pseudotropheus* „Msobo" (Magunga)). Wird dagegen der Fundort im Arbeitsnamen aufgeführt, geht der jeweilige Autor davon aus, daß es sich um eine eigenständige Art handelt (*Pseudotropheus* „Tropheops Chilumba", *Pseudotropheus* „Tropheops Mbamba"). Ausnahmen von dieser allgemeinen Übereinkunft sind im Text vermerkt.

Eine Gruppe *Oreochromis* sp. im flachen Wasser bei Lupingu.

Orte und Karten

Trotz intensiver Bemühungen war es bis auf wenige Ausnahmen nicht möglich, Detailkarten von den nordöstlichen Küsten des Sees zu erhalten. Dementsprechend sind nur die beiden Übersichtskarten vom gesamten See bzw. dem nördlichen Teil des Sees maßstabsgetreue Zeichnungen, nicht aber die nachfolgenden Zeichnungen, die einzelne Küstenabschnitte wiedergeben.

Um die relative Lage kleiner Ortschaften zu bestimmen, ermittelten wir während unserer Fahrten überschlagsmäßig ihre Abstände zu den großen, in Übersichtskarten verzeichneten Ortschaften. Hierzu wurde die Zeitdauer zugrundegelegt, die wir benötigten, um per Boot von einer Ortschaft zur nächsten zu gelangen. Auf der Basis der Zeitdauer, die wir für bekannte Distanzen benötigten, ermittelten wir die Durchschnittsgeschwindigkeit des Bootes. Natürlich kann eine derartige Verfahrensweise nur ungenaue Werte ergeben, da Wind, Strömung und Wellengang die Geschwindigkeit des Bootes beeinflussen. Viele Strecken wurden zweimal zurückgelegt (Hin- und Rückweg); die Abweichungen waren nicht allzu groß, so daß unsere selbstgefertigten Karten nicht völlig falsch sein sollten.

Mit größeren Ungenauigkeiten dürfte der wiedergegebene Verlauf der Küstenlinie der einzelnen Abschnitte behaftet sein. Hier waren wir auf Augenmaß und andere grobe Abschätzungen angewiesen.

Afrikanische Ortsnamen werden je nach Quelle oftmals unterschiedlich wiedergegeben. Dabei werden weniger grundsätzlich verschiedene Namen für beispielsweise ein und denselben Fluß benutzt, wie es in der Geschichte Europas aus politischen Gründen bzw. durch die Verschiebung von Ländergrenzen der Fall gewesen ist. Vielmehr klingen die Namen sehr ähnlich, werden aber unterschiedlich buchstabiert. Der größte Fluß, der an der Nordostküste südlich von Manda einmündet, heißt Ruhuru. Andere Schreibweisen sind Ruhulu, Luhuru oder Luhulu. Die verschiedenen Schreibweisen betreffen in diesem Fall die Buchstaben R und L, die in manchen Stammessprachen offenbar nicht unterschieden werden (Lumbira = Lumbila; Jaro Reef = Jalo Reef). Ähnliches trifft manchmal auch für die Buchstaben M und N zu (Mkiri = Nkiri = Nkili).

Manche Ortsnamen an der malawischen Küste sind in englischen Karten entsprechend abgewandelt worden. So lautet der ursprüngliche Name für eine kleine Insel vor Chilumba (Nordwestküste) „Chitendi". Daraus wurde auf englisch „Chitande". Diese Abwandlungen betreffen häufig auch nur den Endbuchstaben (Mbenji Island = Mbenje Island).

Im Falle von uns unbekannten Inseln oder Felsformationen fragten wir einheimische Fischer und ließen uns die Namen buchstabieren. Beispiele sind Mbahwa Island, eine kleine Insel südlich von Hongi Island, oder Luhuchi Rocks und Maunyuni Rocks bei Mbamba Bay.

Zwei Tauchplätzen gaben wir Namen. „Cove Mountain" befindet sich an den Felsküsten nördlich von Manda. Der Name nimmt Bezug auf einen Berg, der eine prägnante höhlenartige Einbuchtung aufweist und deshalb kaum zu übersehen ist (engl. cove = Wölbung, Unterstand). Am Ufer direkt am Fuße des Berges fanden wir hohe Populationsdichten.

Die Bezeichnung „Ponton" bezieht sich auf den in der Mbamba Bay direkt am Strand gegenüber dem Resthouse im flachen Wasser gesunkenen Ponton. Einige Stahlseile, mit denen der Ponton ehedem verankert war, sind vom Strand aus zu sehen.

Nachfolgend sind alle Ortschaften bzw. Küstenbereiche tabellarisch zusammengefaßt, an denen Tauchgänge durchgeführt wurden. Soweit nur der Ortsname erwähnt ist, betreffen die Unterwasserbeobachtungen den Küstenbereich direkt vor bzw. in unmittelbarer Nähe dieser Ortschaft.

Zusammenstellung der betauchten Küstenbereiche (von Nord nach Süd)

Ortsname	Anmerkungen
Ikombe	
Nkanda	
Lumbira	
Kirondo	direkt bei Kirondo sowie nördliche und südliche Felsküsten
Makonde	
Lupingu	direkt bei Lupingu sowie nördliche Felsküsten
Magunga	
Cove Moutain	
Manda	felsige Küsten nördlich von Manda
Ndumbi Reef	Riff in der Bucht von Ndumbi
Pombo Reef	Felsriff vor Pombo
Lundu	südliche Felsküsten
Njambe	nördliche Küsten
Tumbi Rocks	Felsformation vor Tumbi bzw. Tumbi Point
Tumbi Reef	Felsriff südlich Tumbi Rock
Puulu	Felsküsten nördlich Puulu
Puulu Island	Westufer
Hongi Island	West- und Ostufer
Mbahwa Island	Ostufer
Lundo Island	Südwestspitze und Ostufer
Mbamba Bay	nördliche Felsküste, Ponton, Luhuchi Rocks, Maunyuni Rocks, südliche Felsküste
Mara Rocks (Mbamba Bay)	
Ngkuyo Island (Mbamba B.)	West- und Südufer
Undu Point	
Hai Reef	

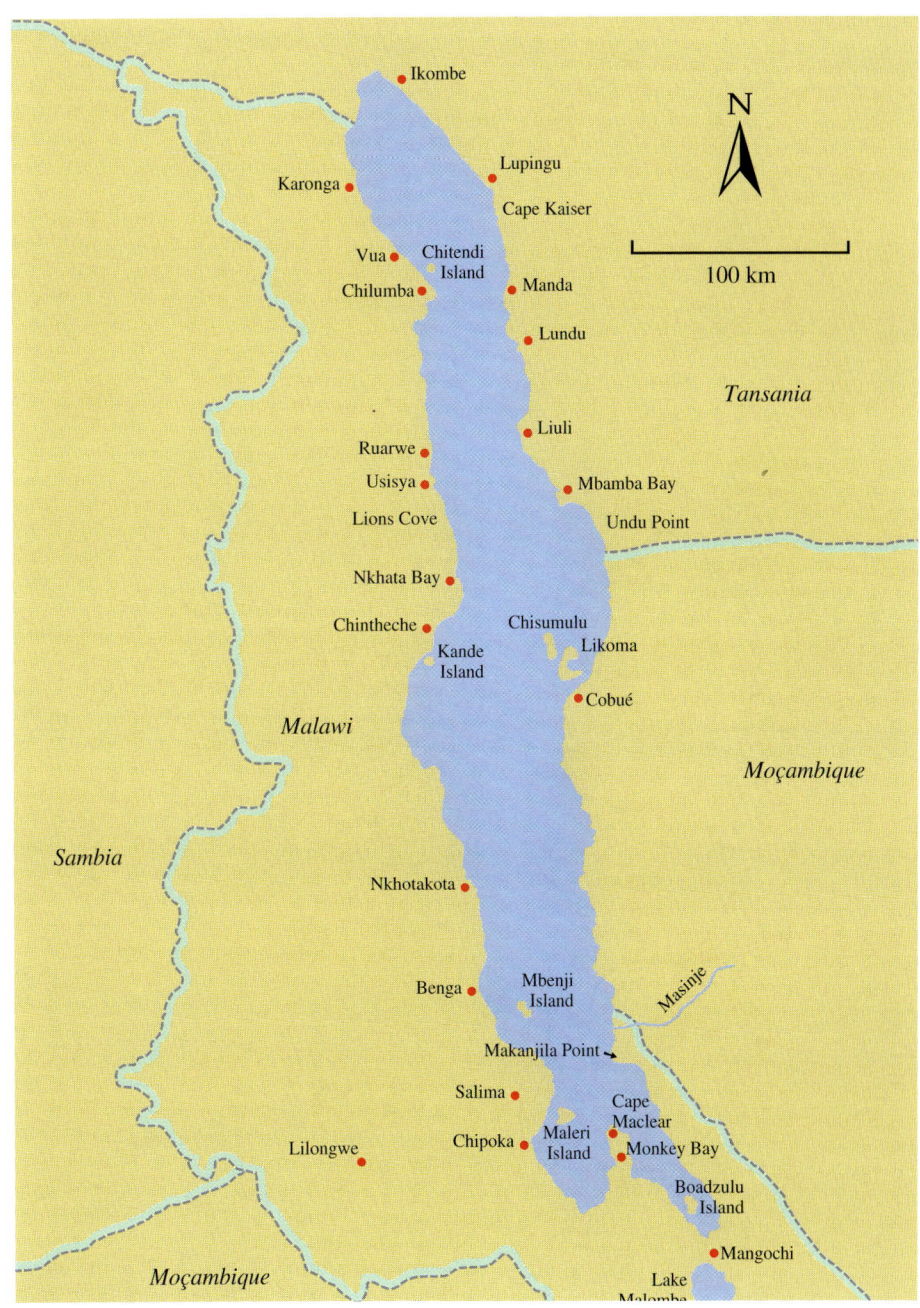

Der Malawisee im Überblick.

21

Matema
Ikombe
Itungi
Nkanda
Kyela
Lumbira

Kirondo

N

50 km

Makonde

Karonga

Lupingu

Cape Kaiser

Magunga

Ngara

Tansania

Chilumba

Cove Mountain
Manda
Ruhuru River

Ndumbi
Pombo

Malawi

Lundu

Njambe

Tumbi
Liuli
Ruarwe

Usisya

Lundo
Island

Mbamba Bay

Ngkuyo
Island

Lions Cove

Undu Point

Nkhata Bay

Hai Reef

Moçambique

22

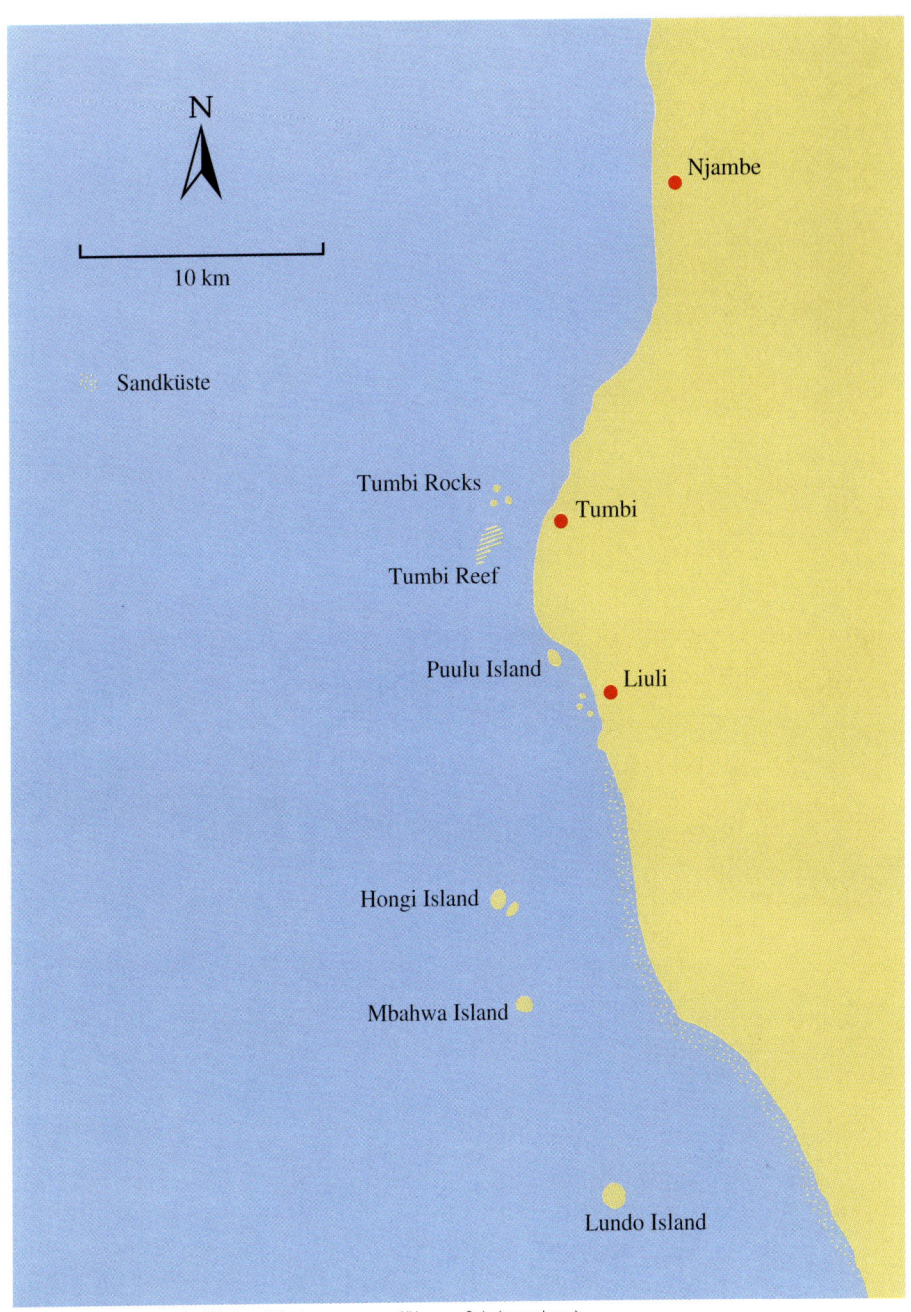

Liuli und angrenzende Küsten (Karte nur ungefähr maßstabsgetreu).

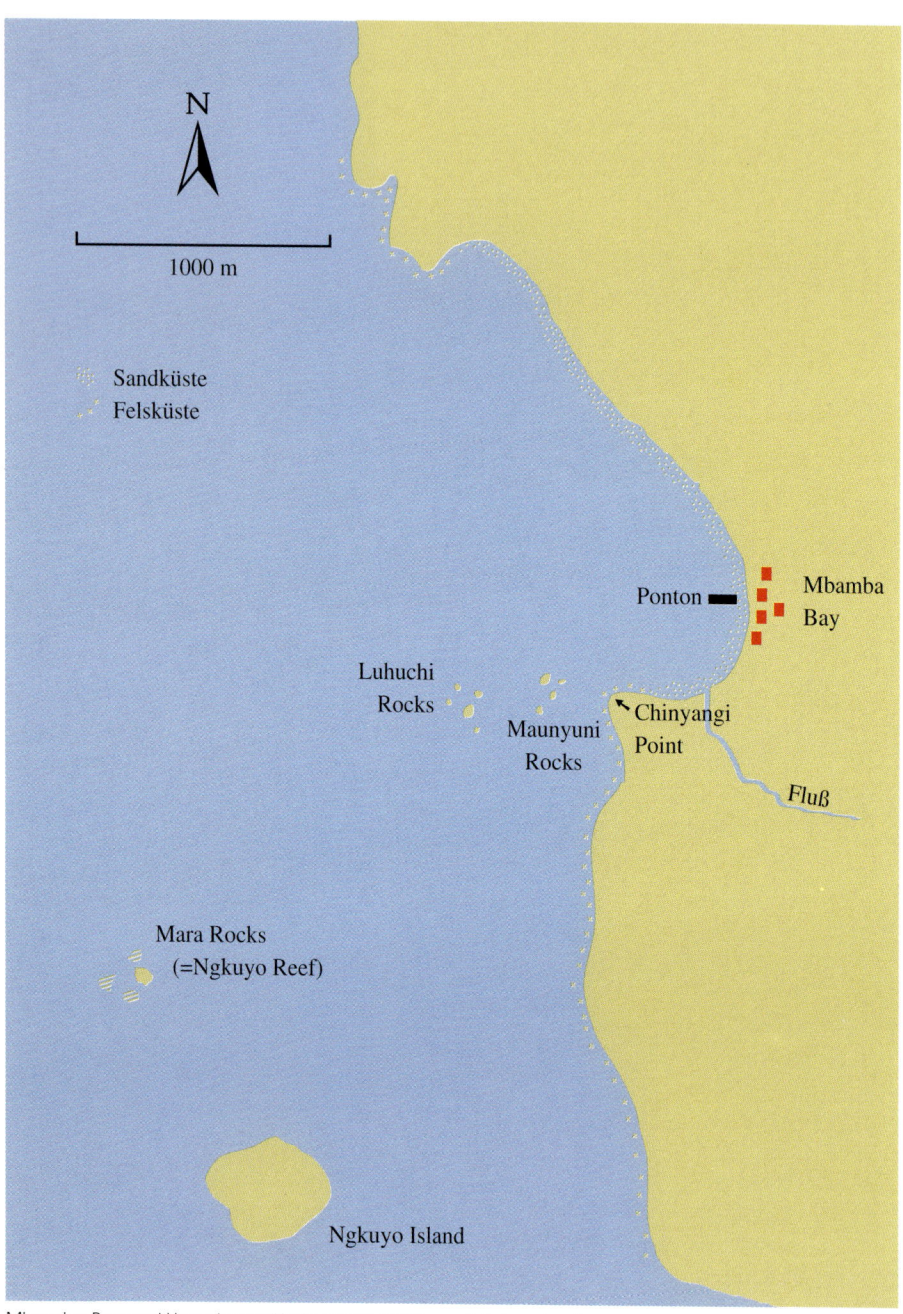

N

1000 m

Sandküste
Felsküste

Ponton ▬ Mbamba
Bay

Luhuchi
Rocks

Maunyuni
Rocks

Chinyangi
Point

Fluß

Mara Rocks
(=Ngkuyo Reef)

Ngkuyo Island

Mbamba Bay und Umgebung (Karte nur ungefähr maßstabsgetreu).

Die Küste

Das zu Tansania gehörende, nordöstliche Ufer des Malawisees (in Tansania Njassasee genannt) erstreckt sich etwa über eine Küstenlinie von 300 km Länge.

Einen kleinen Abschnitt am nordwestlichen Ufer nennt Tansania ebenfalls sein eigen, doch kann man die obere Spitze des Sees von der Grenze zu Malawi bis Matema an der Nordostküste (etwa 40 km) weitgehend unberücksichtigt lassen. Die Küste hier ist geprägt von sandigen bis schlammigen Ufern. Das Wasser ist überwiegend trüb, so daß Tauchgänge oder anderweitige Unterwasserbeobachtungen kaum möglich sind.

Matema bis Manda

Von Matema bis Manda, also etwa über die Hälfte der tansanischen Malawiseeküste, verläuft das Livingstone Gebirge direkt am See. Riesige Berge, die bis in Höhen von über 3000 m aufragen, bilden hier vom See aus betrachtet eine einzigartige und überwältigende Kulisse. Die Livingstone Berge prägen diesen Küstenabschnitt sowohl über als auch unter Wasser. Schmale Fußpfade verlaufen an den Berghängen und stellen die einzige Verbindung auf dem Landweg zwischen den am Ufer liegenden kleinen Dörfern dar. Weite Sandstrände fehlen zwischen Matema und Manda.

Die größeren Ortschaften heißen hier (von Nord nach Süd): Matema, Ikombe, Nkanda, Lumbira, Makonde, Lupingu und Manda. Eine bekannte Stelle ist auch das Kap Kaiser (Cape Kaiser) südlich von Lupingu. Orientiert man sich an den Ortschaften, so ist anzumerken, daß es schwierig ist, genau zu sagen, wo eine Ortschaft beginnt bzw. endet. Viele der kleinen Ortschaften ziehen sich am Ufer recht weit entlang. Es bietet sich allerdings an, die in vielen Ortschaften seinerzeit unter großen Mühen während der deutschen Kolonialherrschaft von Missionaren gebauten Kirchen (alle Materialien mußten mit Menschenkraft über kleine Fußpfade transportiert werden) als Mittelpunkt eines Ortes anzunehmen. Außerdem reflektieren die Kirchendächer je nach Einfallswinkel die Sonne, so daß sie von weitem zu sehen sind und als Orientierungshilfe vom See aus angesteuert werden können. Zwischen Lupingu und Manda gibt es keine größeren Orte, dennoch haben viele der kleinen Siedlungen Namen, die man von den nahezu überall anzutreffenden Fischern erfahren kann (z. B. Magunga).

Einige kleine Flüsse, von denen in der Trockenzeit (etwa September bis November) häufig nur ausgetrocknete Flußbetten zu sehen sind, münden in den See, so z. B. bei Lumbira (Alt-Langenburg). Die Flüsse heißen häufig wie die Ortschaften, in deren Nähe sie in den See fließen. Keiner dieser kleinen Flüsse führte dazu, daß sich nördlich bzw. südlich der Mündungen grundsätzlich verschiedene Cichlidengemeinschaften ausgebildet haben. Eine wirksame Barrierewirkung für Cichliden entfalten diese Flüsse deshalb offenbar nicht. Das gleiche gilt für die einzige größere Sandbucht an diesem Küstenabschnitt, in der die Ortschaft Lupingu liegt. Auch diese Sandbucht scheint zumindest bislang nicht zur Ausbildung unterschiedlicher Populationen in den angrenzenden Lebensräumen geführt zu haben.

Unter Wasser fällt das Ufer meist steil ab, und man taucht förmlich die gefluteten Hänge der Livingstone Berge hinab. An einigen Stellen (z. B. nördlich von Lupingu) befinden sich Unterwasser-Schluchten mit nahezu senkrecht bis auf 40 Meter Tiefe abfallenden Felsen. Trotz-

Unser nördlichster Tauchplatz lag am Strand von Ikombe.

Livingstone Gebirge bei Nkanda; rechts im Bild mein Tauchpartner Mattayo Jackson.

Nkanda: schmale Fußwege sind zu Lande die einzige Verbindung zwischen den Dörfern am Fuße des Livingstone Gebirges.

dem und ähnlich wie an den Küsten in Malawi konnten wir in Tiefen über (bzw. unter) 40 Meter keinen reinen Felsgrund mehr feststellen, sondern sandige, z. T. auch schlammige Untergründe. Diese fielen gleichwohl weiter steil ab bis mindestens jenseits der 50-Meter-Grenze, die wir aus Sicherheitsgründen nicht überschritten.

Neben den steil abfallenden Küsten gibt es aber auch mehr oder weniger flach abfallende Uferbereiche. Und diese sind gar nicht so selten, wie man es nach den sich kontinuierlich am Ufer langziehenden Bergketten vermuten würde. Kleine sandige Buchten mit z. T. Vallisnerienbeständen sind ebenso häufig wie flache Sand-Stein-Mischuntergründe. Bei Ikombe und Nkanda z. B. ist der Untergrund überwiegend sandig und mit eher vereinzelten Steinen und Felsen durchsetzt. Bei Lumbira befinden sich ebenfalls gemischte Untergründe neben reinen Felsgründen. Der Bereich nördlich von Kirondo besteht aus einer breiten flachen und sandigen Uferzone mit nur einigen wenigen Felsbrocken. Ab einer Tiefe von etwa 6 bis 8 Metern verläuft der Untergrund in eine steiler abfallende Zone mit kleinen bis mittelgroßen Steinen ohne jegliche Sandflächen dazwischen. Danach folgt ab etwa 20 Meter Tiefe etwas flacher abfallender Sandgrund mit wenigen großen Felsen.

Insgesamt besteht die Unterwasserlandschaft am Fuße des Livingstone Gebirges nicht wie es zunächst den Anschein haben könnte aus kahlen und steil abfallenden Felsen. Vielmehr bietet dieser Küstenabschnitt, mit Ausnahme weiträumiger Sandküsten und Schilfzonen, dieselben vielfältigen Lebensräume wie sie auch aus vielen anderen Bereichen des Sees bekannt sind. Allerdings, aufgrund der weitgehend kontinuierlich vorhandenen Fels- bzw. Steinbezirke erscheint die Küste zwischen Matema und Manda einheitlich in bezug auf viele Cichliden-Arten. Das heißt, viele Arten bzw. Populationen, die wir ganz im Norden bei Ikombe oder Nkanda fanden, sind auch bei Lupingu oder an den Küsten nördlich von Manda verbreitet. Der Küste vorgelagerte Inseln, an denen sich eine eigene, spezifische Cichliden-Fauna ausbilden könnte, fehlen hier.

Manda bis Lundo Island

Von Norden betrachtet reichen die Livingstone Berge nur bis Manda an das Ufer des Sees heran. Ab Manda verläuft diese Gebirgskette vom See weg ins Landesinnere nach Osten, um dann wiederum parallel zum See, jedoch nicht direkt an der Küste nach Süden auszulaufen.

Manda liegt in einer wunderschönen Sandbucht. Felsige oder steinige Untergründe gibt es hier nicht. Nur am Nordrand der Ortschaft befinden sich die felsigen Küsten des Livingstone Gebirges, an denen wir eine Anzahl von Tauchgängen unternahmen. Südlich von Manda erstreckt sich ein langer Sandstrand, dem sich das Mündungsdelta des Ruhuru anschließt. Die Schreibweise ist übrigens nicht einheitlich. „Ruhulu" oder „Luhulu" sind ebenfalls gebräuchlich (vgl. auch das vorstehende Kapitel „Orte und Karten").

Der Ruhuru ist der einzige große Fluß an der tansanischen Seite des Sees. Im Mündungsbereich gibt es mehrere Seitenarme, die mit ihren dichten Schilf- und Pflanzenbeständen ein Dorado für Vögel sind (und auch für Krokodile). Das Wasser des Sees ist hier über weite Strecken mit Schwebteilchen angereichert und demzufolge sehr trüb. Nach unseren Beobachtungen bildet der Ruhuru eine Trennlinie zwischen verschiedenen Arten bzw. Populationen, wobei hier in erster Linie Mbunas gemeint sind, weniger die ehemaligen „Haplochromis" („Nicht-Mbunas"), deren Bindung an felsige Untergründe im allgemeinen nicht so strikt ist wie die der Mbunas.

In Richtung Süden gelangt man von Manda über das Ruhuru-Delta hinweg nach ungefähr 20 Kilometern nach Ndumbi. Das Ufer zwischen Manda und Ndumbi besteht aus

Uferbereich südlich von Lumbira.

Felsküste nördlich von Kirondo.

Sandstränden. Die erste Felsansammlung auf insgesamt sandigem Untergrund ist Pombo Reef. Einige Felsen ragen über Wasser, so daß diese Stelle, die wenige hundert Meter vom Ufer entfernt ist, nicht zu übersehen ist. Allerdings täuschte dieser erste Eindruck, denn nach längerem Suchen fanden wir in der Ndumbi-Bucht ein Areal mit Unterwasserfelsen (mindestens 40 × 40 Meter), welches in etwa 5 Meter Tiefe lag und sich in Richtung See weiter erstreckte. Aufgrund der starken Sedimentablagerungen war dieses Riff (Ndumbi Reef) von der Wasseroberfläche auf den ersten Blick nicht erkennbar. Außerdem sprachen die weiten Sandstrände und das flache Wasser nicht dafür, daß sich in dieser Bucht ein Riff befindet. Dieses Beispiel zeigt, wie leicht man in die Irre geführt werden kann, wenn man versucht, Küstenabschnitte hinsichtlich ihrer Lebensräume unter Wasser nach dem Ufer und der Wasserfarbe zu beurteilen.

Von Pombo Reef sind es nur wenige Kilometer bis Lundu, der nächsten Ortschaft Richtung Süden. Zwischen Pombo Reef und Lundu ist das Ufer sandig, und wir fanden keine weiteren Riffe in diesem Bereich. Lundu liegt wie Manda in einer Sandbucht. Die Nächte in Lundu waren vor allem durch stürmische Winde gekennzeichnet, die über die Livingstone Berge abfallend durch das Tal fegten, in dem Lundu liegt. Für die hiesigen Fischer jedenfalls waren diese stürmischen Nächte nichts besonderes; wir hätten allerdings in der ersten Nacht um ein Haar unser Boot verloren. Glücklicherweise hatte sich der treibende Anker in einem verlorenem Fischernetz verfangen, welches zwischen einigen Felsen südlich von Lundu festgehakt war. Mit einem ausgeliehenem Einbaum konnten wir es zurückholen und unsere Reise fortsetzen.

Südlich von Lundu befindet sich eine weitere Bucht, jedoch mit felsigem Ufer und entsprechendem Felslitoral. Die Felsen, z. T. mehrere Kubikmeter groß, reichen bis auf 20 bis 30 Meter Tiefe, darunter fanden wir reinen Sandgrund, der weiter abfiel.

Etwa 30 Kilometer südlicher liegt Njambe ebenfalls an einem Sandstrand in einer kleinen Bucht. Der Weg von Lundu nach Njambe führt an flachen, sandigen Ufern vorbei. Ob sich zwischen diesen beiden Ortschaften felsige Bereiche unter Wasser befinden, konnten wir nicht ermitteln. An Njambe schließt sich nach Norden eine kleine Bucht an, die von Felsen umsäumt ist. Unsere Tauchgänge ergaben, daß dennoch der Untergrund hier überwiegend sandig ist und nur wenige einzelne Felsen unter Wasser vorhanden sind.

Etwa 10 Kilometer südlich von Njambe liegt Tumbi. Dieser Ortschaft ist ein kleines Riff vorgelagert. Das Riff läßt sich gliedern in einen flachen Teil, von dem einige Felsen oberhalb der Wasserlinie liegen (Tumbi Rocks). Weiter südlich verläuft das Riff in einen tiefen Teil, der mindestens bis in 40 Meter Tiefe reicht und mit einigen Sandflächen durchsetzt ist (Tumbi Reef). Dementsprechend ist dieser Bereich als gemischter Untergrund einzustufen. Bei Tumbi Rocks ist die Küstenlinie in den See vorgezogen, so daß eine exponierte Stelle entsteht. Wir konnten feststellen, daß insbesondere in den Nachmittagsstunden relativ starke Strömungen herrschten. Die Sicht war nur am frühen Morgen als gut zu bezeichnen (mehr als 10 bis 15 Meter in horizontaler Richtung), nachmittags trübte aufgewirbeltes Sediment das Wasser. Die Fischdichte war sehr hoch. Wir beobachteten z. B. einen Schwarm von mindestens hundert Tieren aus der *Pseudotropheus-tropheops*-Artengruppe (diese Arten werden auch als Artenkomplex angesprochen). Weiterhin fanden wir hier große Schwärme einer *Petrotilapia*-Art (*Petrotilapia* „Pointed Head"), die dicht an dicht den Felsaufwuchs abweideten bzw. in der Strömung standen.

Gewaltige Kulisse: Das Livingstone Gebirge südlich von Kirondo.

Steil abfallendes Felsufer nördlich von Makonde.

Von Tumbi gelangt man über Puulu und Puulu Island nach Liuli, eines der größeren Zentren an der Nordostküste. Die Ufer in diesem Küstenabschnitt sind überwiegend felsig. Die erste größere Bucht nördlich von Puulu ist ebenfalls am nördlichen Rand von Felsblöcken gesäumt. Unter Wasser herrscht hier aber ab 5 Meter Tiefe ebenmäßig verlaufender Sand-Stein-Untergrund vor, d. h. die Bucht ist insgesamt sehr flach (soweit wir dies aufgrund unserer Tauchgänge beurteilen können). An den Außenrändern der Bucht dürfte der Untergrund wieder steiler abfallen. Puulu Island ist eine kleine Insel dicht vor der Küste. Alle Inseln an der tansanischen Küste sind unbewohnt. An der dem See zugewandten Seite erstreckt sich zunächst ein relativ breiter Uferstreifen mit gemischten Untergründen. Dieser Uferstreifen fällt seewärts allmählich auf über 40 Meter Tiefe ab. Ab etwa 10 Meter Tiefe ändert sich die Unterwasserlandschaft. Große Felsen herrschen vor und erst ab ungefähr 30 bis 35 Metern findet man wieder einige sandige Flächen zwischen den Felsen, d. h. der Felsgrund läuft hier langsam in eine tiefe Sandzone über. In dieser Tiefe war die Fischdichte vergleichsweise niedrig, aber das gilt grundsätzlich für viele Standorte.

In Liuli gibt es eine Missionsstation mit Hospital und verschiedene Einkaufsmöglichkeiten. Nach Manda ist Liuli der nächste der insgesamt drei größeren Orte an der Nordostküste. Die dritte bedeutende Ortschaft ist Mbamba Bay (s. u.) im Süden. Liuli besitzt einen idealen Naturhafen. Die relativ weit eingeschnittene Bucht bietet natürlichen Schutz gegen Stürme. Nach Süden ist die Bucht zwar relativ offen, doch befinden sich am südlichen Rand mehrere kleine Inseln und Felsen, die Liuli gegen den See gleichsam abschirmen. Die bekannteste Insel bzw. der bekannteste Fels ist Sphinx Rock (Sphinx Island). Diese am Hafeneingang gelegene Felsformation gleicht der Sphinx von Giseh in Ägypten, jener Mischgestalt mit dem Körper eines Löwen und dem Kopf eines Königs. Ein anderer, alter Name für Liuli ist deshalb Sphinxhaven. Da jenes orientalische Fabeltier unter den Bewohnern von Liuli nicht sehr bekannt ist, verwundert es nicht, daß es auch einen „nativen" Namen für diese Felsformation gibt: Pomonda (Rock) ist die von Einheimischen verwendete Bezeichnung.

Direkt südlich von Liuli schließen sich weitere Felsen sowie eine schilfumsäumte flache Bucht an. Diese Kombination, Schilf und zahlreiche Felsen mit Versteckmöglichkeiten, scheint ideal für Krokodile zu sein. Liuli ist (bzw. war) bekannt für seine zahlreichen Krokodile. Seit Jahrhunderten lebten die Menschen hier mit dem Wissen, daß der Tod nebenan wohnt. Nach den Erzählungen der Einheimischen wurden immer wieder, fast regelmäßig, Menschen, insbesondere Kinder von Krokodilen getötet. Man nahm es schicksalsergeben hin, schließlich kannte man es nicht anders. Magie und Zauberkult ranken sich bis heute um die Krokodile und die, die sie zu beherrschen angeben. Zu einer Wendung kam es erst kürzlich Anfang der neunziger Jahre. Ein „Msungu", ein Weißer, war das Opfer eines Krokodils geworden. Mit Tauchermaske und Flossen wollte er wohl ausgerechnet jenen Felsbereich erkunden, in dem bekanntermaßen ein großes Krokodil sein Revier hatte. Ob Leichtsinn oder Unkenntnis, der Tod eines „Msungus" schlug Wellen und der Tod der Krokodile, darunter das Mörderkrokodil, folgte. Über 40 Krokodile, heißt es, ließen ihr Leben am Stahlhaken, geködert mit Hunde- oder Ziegenfleisch. Seitdem soll Liuli krokodilfreie Zone sein.

Eine bekannte Insel wenige Kilometer südwärts von Liuli ist Hongi (*Labidochromis* „Hongi"). Hongi ist eine „Doppel-Insel". Zwei Ansammlungen aus großen Felsblöcken ragen dicht nebeneinander aus dem Wasser. Eine weitere, jedoch kleinere Felsformation befindet

Die nördliche Bucht von Lupingu.

Manda liegt an einem langen Sandstrand.

Bei Pombo Reef fanden wir viele neue Arten.

Der nördliche Bereich der Bucht von Njambe.

Felsküste nördlich der Ortschaft Puulu.

Die Küste bei Mbamba Bay, einer der wenigen größeren Orte an der südlichen Küste.

sich südlich von Hongi Island und wird Mbahwa Island genannt. Sowohl bei Hongi als auch bei Mbahwa besteht nur das flache Uferlitoral aus großen Felsblöcken. An den Stellen, an denen wir tauchten, gab es ab ungefähr 8 bis 15 Meter Tiefe nur noch gemischte Untergründe. Die Zahl der Felsen wie auch das Untergrundgefälle nahmen ab, und die Sandflächen bestimmten die Unterwasserlandschaft.

Von Liuli bis Lundo Island ist die Küste vergleichsweise flach mit langen Sandstränden. Neben Hongi und Mbahwa Island gibt es aber weitere Felsansammlungen. So sieht man zwischen Mbahwa und Lundo eine Reihe von Felsen aus dem Wasser ragen. Möglicherweise gibt es hier sogar eine größere Anzahl von Riffen.

Lundo Island zählt mit Ngkuyo Island (s. u.) zu den zwei größten Inseln auf tansanischem Gebiet. Die Lebensräume an den großen Inseln sind vielfältig. Das südwestliche Ufer von Lundo besteht aus reinem Fels- bzw. Steingrund, steil abfallend bis in 30 Meter Tiefe. An der östlichen, dem Festland zugewandten Seite findet man dagegen mäßig abfallenden Mischuntergrund, der im tieferen Wasser in Sand übergeht.

Von Mbamba Bay bis zur Grenze Moçambiques

Mbamba Bay, bekanntester Ort auf tansanischer Seite des Malawisees, ist für die meisten, die die südlichen Küsten bereisen, die erste Anlaufstelle. Mbamba Bay liegt, der Name zielt darauf ab (Bay = Bucht), in einer großen Sandbucht. Felsbereiche befinden sich sowohl an den nördlich als auch an den südlich angrenzenden Rändern der Bucht.

Hinsichtlich der Cichliden-Biotope ist der südliche Bereich von Mbamba Bay von größerem Interesse. Am südlichen Rand befindet sich Chinyanga Point mit einer Anzahl von Felsen, die z. T. auch oberhalb der Wasserlinie liegen.

Die beiden markantesten Felsformationen heißen nach den Angaben der Einheimischen Luhuchi Rocks und Maunyuni Rocks. Ebenfalls südlich von Mbamba Bay liegt Ngkuyo Island, manchmal auch Mbamba Bay Island genannt. Diese Insel ist durch relativ große Wassertiefen von der Festlandküste isoliert. Einige endemische Cichliden-Populationen scheinen sich hier entwickelt zu haben. Nördlich von Ngkuyo Island befindet sich ein tief hinabreichendes Riff, die Mara Rocks (mitunter auch als Ngkuyo Rocks oder Ngkuyo Reef bezeichnet). Als ein etwa 2 Kubikmeter großer Fels ragt die Spitze dieser Untiefe aus dem Wasser (1993), die somit gut zu finden ist. An allen genannten Stellen bestimmen mächtige, meist viele Kubikmeter große Felsen die Unterwasserlandschaft. Erst in tieferen Wasserschichten treten freie Sandflächen von je nach Standort unterschiedlichen Ausmaßen auf.

Nach der südlichen Felsküste von Mbamba Bay schließt sich bis an die Grenze Mocambiques ein etwa 40 km langer Sandstrand an. Auf halber Strecke liegt Undu Point, ein isolierter kleiner felsiger Bereich. Hier fanden wir interessante Cichliden-Populationen über gemischten Untergründen in etwa 5 bis 10 Meter Tiefe.

Ein vergleichbarer Lebensraum befindet sich wenig nördlich der Grenze zu Moçambique unweit der Ortschaft Ngombo. Das kleine, aus Felsen bzw. größeren Steinen bestehende Riff wird „Hai Reef" genannt (ausgesprochen wie das englische warum = why). Dieser Sand-Stein-Untergrund fällt flach ab, und die meisten Cichliden leben hier in Tiefen von etwa 5 bis 15 Meter. Hai Reef war unser südlichster Tauchplatz.

Die südliche Spitze der Mbamba Bay wird Chinyanga Point genannt.

Lange Sandstrände prägen die Ufer südlich von Undu Point.

Tabellarischer Arten-Überblick

Eine Vielzahl von Arten, die aus Malawi hinreichend bekannt sind, konnte im Rahmen unserer Untersuchungen nachgewiesen werden. In der nachfolgenden tabellarischen Aufstellung sind alle Arten erfaßt, die uns aufgefallen sind. Nicht erwähnt sind Arten, die sich zwar leicht einer bestimmten Gattung, aber nur sehr schwierig hinsichtlich ihrer Artzugehörigkeit einordnen lassen. Dies betrifft hier überwiegend die Gattungen *Copadichromis*, *Nyassachromis*, *Diplotaxodon* und *Rhamphochromis*, von denen wir wiederholt und in teilweise großen Anzahlen Exemplare beobachten oder in den Fängen einheimischer Fischer nachweisen konnten. Es versteht sich von selbst, daß diese Artenliste keinen Anspruch auf Vollständigkeit erhebt. Der tabellarische Überblick ist in zwei Abschnitte gegliedert: Nicht-Mbunas und Mbunas. Sofern aus Malawi ähnliche Populationen bekannt sind, wird darauf in den Anmerkungen verwiesen. Der Ausdruck „ähnlich" soll nicht besagen, daß die verschiedenen Populationen der gleichen Art angehören, sondern nur einen Hinweis auf mögliche engere Verwandtschaftskreise geben.

Die räuberischen *Rhamphochromis*-Arten zählen zu den größten Cichliden und werden als schmackhafte Speisefische geschätzt.

1. Artenliste Nicht-Mbunas

Gattung Art	Anmerkungen

Aristochromis
  christyi — Weite Verbreitung.

Aulonocara
  „Chitendi Type Tanzania" — Wahrscheinlich artgleiche Populationen sind von der Ostküste Malawis aus dem Bereich von Makanjila/Fort Maguire bekannt (*A.* „Chitendi Type East Coast").

  jacobfreibergi — Auch von der zu Malawi gehörenden Ostküste (Makanjila) und verschiedenen Fundorten im Süden des Sees (Cape Maclear u. a.) bekannt.

  „Lupingu" — Nur aus Tansania bekannt. Ähnliche Population sind von der Ostküste Malawis (Makanjila/Fort Maguire) bekanntgeworden.

  „Mamelela" — Nur aus Tansania bekannt.

  rostratum — Von verschiedenen Küsten Malawis bekannt, möglicherweise weitverbreitet

  cf. *saulosi* — Sehr ähnlich zu *A.* „Greenface Metallic", der eine Standortvariante von *A. saulosi* darstellen könnte.

  steveni — Wahrscheinlich weite Verbreitung. In Tansania zahlreiche Standortvarianten nachweisbar

  „Yellow Top" — Nur aus Tansania bekannt.

Buccochromis
  heterotaenia — Weite Verbreitung.
  lepturus — Weite Verbreitung.
  rhoadesii — Weite Verbreitung.

Champsochromis
  caeruleus — Weite Verbreitung.

Cheilochromis
  euchilus — Weite Verbreitung.

Chilotilapia
  rhoadesii — Weite Verbreitung.

Copadichromis
  borleyi — Weite Verbreitung.
  chrysonotus — Weite Verbreitung.
  „Fire Crest Wimpel" — Auch von der Ostküste Malawis bekannt (Bereich Makanjila/Fort Maguire)

  „Fire Crest Yellow" — Auch von der Ostküste Malawis bekannt (Bereich Makanjila/Fort Maguire)

39

Gattung Art	Anmerkungen
cf. *flavimanus*	Wahrscheinlich weite Verbreitung.
„Mloto White Top"	Artgleiche, etwas anders gefärbte Populationen sind von den Inseln Likoma und Chisumulu bekannt.
jacksoni	Weite Verbreitung.
cf. *pleurostigma*	Das einzige Belegexemplar von C. pleurostigma stammt von Chilumba. Möglicherweise ist diese Art nur im nördlichen Teil des Sees verbreitet.
cf. *prostoma*	Weite Verbreitung.
„Verduyni Deep Blue"	Wahrscheinlich geographische Rasse von *C. verduyni*.
„Verduyni Northern"	Wahrscheinlich geographische Rasse von *C. verduyni*.
Corematodus	
taeniatus	Weite Verbreitung.
Ctenopharynx	
nitidus	Weite Verbreitung.
pictus	Weite Verbreitung.
Cyrtocara	
moorii	Weite Verbreitung.
Dimidiochromis	
kiwinge	Weite Verbreitung.
strigatus	Weite Verbreitung.
Docimodus	
evelynae	Weite Verbreitung.
Eclectochromis	
milomo	Weite Verbreitung.
ornatus	Weite Verbreitung.
Exochochromis	
anagenys	Weite Verbreitung.
Fossorochromis	
rostratus	Weite Verbreitung.
Hemitaeniochromis	
urotaenia	Weite Verbreitung.
Hemitilapia	
oxyrhynchus	Weite Verbreitung.
Lethrinops	
„Yellow Collar"	Weite Verbreitung.
Lichnochromis	
acuticeps	Weite Verbreitung.

40

Gattung Art	Anmerkungen
Mylochromis	
labidodon	Weite Verbreitung.
„Mchuse"	Nur aus Tansania bekannt.
mola	Weite Verbreitung.
„Pointed Head Tanzania"	Eine sehr ähnliche Population lebt an der Ostküste Malawis (Makanjila/Fort Maguire; Handelsbezeichnung: M. „Pointed Head" oder M. „Makanjila Mola").
semipalatus	Weite Verbreitung.
Nimbochromis	
linni	Weite Verbreitung.
livingstonii	Weite Verbreitung.
polystigma	Weite Verbreitung.
Nyassachromis	
„Yellow Head"	Nur aus Tansania bekannt.
Otopharynx	
„Big Spot Tanzania"	Aus Malawi sind ähnliche Populationen bekanntgeworden. Wahrscheinlich besteht eine enge Verwandtschaft zu *O. heterodon*, eventuell handelt es sich sogar um dieselbe Art. Von der Insel Chisumulu ist eine sehr ähnliche, wahrscheinlich artgleiche Population als *O.* „Royal Blue" in den Handel gebracht worden.
„Blue Yellow Tanzania"	Nur aus Tansania bekannt.
Placidochromis	
„Electra Blue Hongi"	Nur aus Tansania bekannt.
„Electra Makonde"	Nur aus Tansania bekannt.
johnstoni	Weite Verbreitung.
„Johnstoni Solo"	Von einigen Küstenbereichen Malawis bekannt (z. B. Chisumulu). Vergleichsweise häufig in Tansania.
cf. *phenochilus*	*P. phenochilus* ist bislang nur vom nördlichen Teil des Sees bekannt.
Protomelas	
annectens	Weite Verbreitung, aber seltene Art.
fenestratus	Weite Verbreitung mit zahlreichen Standortvarianten in Tansania
„Fenestratus Taiwan"	Vermutlich Unterart von *P. fenestratus*. Eine weitestgehend identische Population ist von Taiwan Reef bei Chisumulu bekannt.
„Fenestratus Ngkuyo"	Vermutlich Lokalform zu *P.* „Fenestratus Taiwan". Der einzige Unterschied besteht in der Färbung der Afterflosse (gelb anstatt rot).
cf. *pleurotaenia*	*P. pleurotaenia* dürfte eine weite Verbreitung aufweisen.
spilonotus	Weite Verbreitung.

Gattung Art	Anmerkungen
„Spilonotus Tanzania"	Nur aus Tansania bekannt.
spilopterus	Weite Verbreitung.
„Spilopterus Blue"	Weite Verbreitung.
Sciaenochromis	
fryeri	Weite Verbreitung.
Stigmatochromis	
„Cave"	Vermutlich weite Verbreitung.
modestus	Weite Verbreitung. An den Küsten Malawis selten, verhältnismäßig häufig in Tansania anzutreffen.
pholidophorus	Vermutlich weitere Verbreitung, aber nirgends häufig. Relativ oft an der Ostküste Malawis im Bereich von Makanjila/Fort Maguire anzutreffen.
woodi	Weite Verbreitung.
Taeniochromis	
holotaenia	Weite Verbreitung.
Taeniolethrinops	
„Black Fin"	Vermutlich weitere Verbreitung.
praeorbitalis	Weite Verbreitung.
Tramitichromis	
cf. *brevis*	Vermutlich weite Verbreitung.
Trematocranus	
placodon	Weite Verbreitung.
Tyrannochromis	
macrostoma	Weite Verbreitung.
nigriventer	Weite Verbreitung. Zeichnungsmuster der nördlichen Populationen unterscheidet sich deutlich von den südlich von Nkhata Bay und bei Likoma/Chisumulu lebenden Populationen.

2. Artenliste Mbunas

Gattung Art	Anmerkungen
Cyathochromis	
obliquidens	Weite Verbreitung.
Cynotilapia	
afra	Weite Verbreitung. Zahlreiche neue Populationen in Tansania.
„Lion"	Auch von der Nordwestküste bekannt. Populationen von der Nordwest- und Nordostküste tragen unterschiedliche Rückenflossenfärbungen.
Genyochromis	
mento	Weite Verbreitung.
Gephyrochromis	
„Yellow"	Nur aus Tansania bekannt. Verwandtschaftsverhältnis zu *G. lawsi* bleibt zu prüfen.
Labeotropheus	
fuelleborni	Weite Verbreitung. Zahlreiche Standortvarianten sind bekannt.
trewavasae	Weite Verbreitung. Zahlreiche Standortvarianten sind bekannt. Eine einzigartige Variante wurde bei Ngkuyo Island (Mbamba Bay) nachgewiesen.
Labidochromis	
„Black Dorsal"	Nur aus Tansania bekannt.
„Blue/White"	Nur aus Tansania bekannt.
„Blunt Nose"	Nur aus Tansania bekannt.
„Deep Body"	Nur aus Tansania bekannt.
„Hongi"	Nur aus Tansania bekannt.
„Luhuchi"	Nur aus Tansania bekannt.
maculicauda	Auch an der Nordwestküste vorkommend.
„Perlmutt"	Nur aus Tansania bekannt.
„Red Top Mbamba Bay"	Nur aus Tansania bekannt.
Melanochromis	
„Blue"	Auch an der Nordwestküste und bei Likoma verbreitet.
„Northern"	Nur aus Tansania bekannt.
parallelus	Auch an Nordwestküste sowie bei Likoma und Chisumulu vorkommend.
„Melanochromis"	
labrosus	Weitverbreitete, aber seltene Art. In Tansania relativ häufig zu finden.

Gattung Art	Anmerkungen
Petrotilapia	
„Pointed Head"	Nur aus Tansania bekannt. Ähnliche Populationen leben in Malawi.
„Tanzania"	Nur aus Tansania bekannt. Ähnliche Populationen leben in Malawi.
tridentiger	Weite Verbreitung.
Pseudotropheus	
„Aggressive Puulu"	Nur aus Tansania bekannt.
„Black Dorsal Tanzania"	Ähnliche Populationen sind aus dem Süden des Sees bekannt (Thumbi West Island, Chindunga Reef, Maleri Islands).
„Broad Bar"	Nur aus Tansania bekannt.
crabro	Weite Verbreitung.
„Daktari"	Nur aus Tansania bekannt. Eine ähnliche Art ist *P.* „Lime" von Likoma.
demasoni	Nur aus Tansania bekannt.
„Dolphin"	Nur aus Tansania bekannt.
„Livingstonii Likoma"	Bekanntgeworden von Likoma.
„Msobo"	Nur aus Tansania bekannt. Eine ähnliche Population lebt bei Likoma (*P.* „Membe Deep").
„Orange Cap"	Nur aus Tansania bekannt.
„Plain"	Nur aus Tansania bekannt.
„Pombo Yellow Breast"	Nur aus Tansania bekannt.
„Red Top Ndumbi"	Nur aus Tansania bekannt.
tursiops	Weitere Populationen dieser Art leben bei Chisumulu und an der Nordwestküste.
„Variable Tanzania"	Nur aus Tansania bekannt. Möglicherweise verwandte Populationen leben an der Nordwestküste.
williamsi	Die Vertreter des *P. williamsi*-Artenkomplexes besiedeln weite Bereiche des Sees.
„Yellow Tail"	Nur aus Tansania bekannt.
***P.-elongatus*-Artengruppe**	
„Elongatus Deep Water"	Nur aus Tansania bekannt.
„Elongatus Luhuchi"	Nur aus Tansania bekannt.
„Elongatus Mbamba"	Nur aus Tansania bekannt.
„Elongatus Ngkuyo"	Nur aus Tansania bekannt.
„Elongatus Robust"	Nur aus Tansania bekannt.
„Elongatus Sand"	Nur aus Tansania bekannt.
„Elongatus Spot"	Nur aus Tansania bekannt.

Gattung Art	Anmerkungen

P.-tropheops-Artengruppe

„Tropheops Big Blue Yellow"	Nur aus Tansania bekannt. In Malawi leben sehr ähnliche Populationen.
„Tropheops Checkered"	Nur aus Tansania bekannt.
„Tropheops Chilumba"	Bereits bei Chilumba nachgewiesen.
„Tropheops Chitande Yellow"	Von der Nordwestküste bei Chilumba bekannt.
„Tropheops Mbamba"	Nur aus Tansania bekannt. In Malawi leben ähnliche Populationen.
„Tropheops Mutant"	Nur aus Tansania bekannt.
„Tropheops Olive"	Auch an der Nordwestküste nachgewiesen.
„Tropheops Red Fin"	Weite Verbreitung an der Nordwestküste.
„Tropheops Rusty Hongi"	Nur aus Tansania bekannt. Ähnliche Populationen wurden in Malawi nachgewiesen.
„Tropheops Sand"	Nur aus Tansania bekannt.
„Tropheops Weed Tanzania"	Eine wahrscheinlich artgleiche Population von der Nordwestküste ist als P. „Tropheops Weed" bekanntgeworden.
„Tropheops Yellow Head"	Nur aus Tansania bekannt. In Malawi leben ähnliche Populationen.

P.-zebra-Artenkomplex

callainos	Weite Verbreitung auch an der Nordwestküste.
fainzilberi	Nur aus Tansania bekannt.
zebra	Weite Verbreitung. Verschiedene Standortvarianten kommen in Tansania vor.
„Zebra Blue Gold"	Nur aus Tansania bekannt.
„Zebra Dwarf Tanzania"	Nur aus Tansania bekannt.
„Zebra Gold Breast Mbamba"	Nur aus Tansania bekannt.
„Zebra Gold Breast Orange Top"	Nur aus Tansania bekannt.
„Zebra Mbamba Bay Kompakt"	Nur aus Tansania bekannt.
„Zebra Slim"	Nur aus Tansania bekannt.
„Zebra South"	Nur aus Tansania bekannt.
„Zebra Yellow Belly"	Nur aus Tansania bekannt.

Nicht-Mbunas

Die weit überwiegende Mehrheit der Malawisee-Cichliden läßt sich in zwei Gruppen einteilen: Mbunas und Nicht-Mbunas. Früher wurde für Nicht-Mbunas auch die Bezeichnung „Haplochromis" verwendet, die nun aber aufgrund taxonomischer Neueinteilungen nicht mehr zur Verfügung steht (vgl. weiter unten). Folglich bleibt zur sprachlichen Abgrenzung der ungewohnt klingende und erläuterungsbedürftige Ausdruck „Nicht-Mbuna". Die verhältnismäßig kleinen Mbunas leben strikt felsorientiert und lassen sich im allgemeinen als spezialisierte Aufwuchsfresser bezeichnen. Dagegen weisen die meisten Nicht-Mbunas keine so enge Bindung an steinige Untergründe auf, sind größer und verkörpern hinsichtlich der Ernährung tendenziell den weniger spezialisierten Allesfresser. Zur Definition der Gruppe der Mbunas wird hier auf den Vortext zum gesonderten Mbuna-Kapitel verwiesen.

Gegenwärtig sind ungefähr 250 Arten Nicht-Mbunas bekannt, die in 38 Gattungen eingeteilt werden. Die meisten Gattungen werden anhand der Zeichnungsmuster definiert (s. u.). Die Gesamtlängen der Nicht-Mbunas liegen ungefähr zwischen 10 und 40 cm, die meisten Arten werden etwa 15 cm groß. Nur wenige Arten weisen Gesamtlängen von über 30 cm auf. Während die Weibchen und Jungtiere meist unscheinbar gefärbt sind, entwickeln dominante und sexuell aktive Männchen prächtige blaue, grüne oder auch schwarze Färbungen. Alle Arten sind Maulbrüter im weiblichen Geschlecht und leben endemisch im Malawisee. Einige Arten sind auch im Shire Fluß und im Malombesee nachgewiesen worden. Der Shire entwässert den Malawisee im Süden und mündet in den Malombesee.

Die Nicht-Mbunas haben jeden Lebensraum und praktisch jede Nahrungsquelle erschlossen. Vom mehr oder weniger unspezialisierten Allesfresser, Kleintierfresser oder Fischräuber bis hin zu extremen Nahrungsspezialisten wie Schuppen- und Flossenfressern findet man alle Übergänge. In der Vielfalt der Formen und Ernährungsweisen lassen sich dennoch einige ökologische Gruppen erkennen. An erster Stelle sind hier die „Utaka" zu nennen. Als Utaka bezeichnen einheimische Fischer aus Malawi jene Cichliden, die sich an eine Lebensweise im freien Wasser angepaßt haben und sich mit röhrenartig vorstülpbarem Maul überwiegend von planktischen Lebewesen ernähren. Zur Zeit faßt man die Utaka in der Gattung *Copadichromis* zusammen. Diese Gattung dürfte allerdings verschiedene Entwicklungslinien enthalten, so daß abzusehen ist, daß bei einer zukünftigen Gattungsbearbeitung eine Aufspaltung in mehrere Gattungen erfolgen wird. Überschneidungen gibt es auch mit der Gattung *Nyassachromis*, in der langgestreckte und eher sandgrundbewohnende Cichliden geführt werden. Räuberische Frei- bzw. Tiefwasserbewohner stellen die Gattungen *Rhamphochromis* und *Diplotaxodon*. Eine andere Gruppe sandbewohnender Cichliden sind die Vertreter der Gattungen *Lethrinops*, *Taeniolethrinops* und *Tramitichromis* (früher alle als *Lethrinops* bezeichnet), die sich in besonderer Weise darauf spezialisiert haben, ihre Beutetiere im Untergrund zu suchen. Dazu nehmen sie den Sand portionsweise auf und sieben ihn förmlich aus. Fischräuber finden sich in vielen Gattungen und bilden mit Sicherheit keine natürliche Einheit, sondern haben sich, stammesgeschichtlich betrachtet, mehrfach entwickelt.

Es würde den vorliegenden Rahmen sprengen, näher auf die verschiedenen Spezialisierungen einzugehen. Stattdessen wird auf die entsprechende Fachliteratur verwiesen (zur Übersicht: FRYER & ILES 1972, ECCLES & TREWAVAS 1989).

Die folgenden 38 Gattungen bilden die Gruppe der Nicht-Mbunas (alphabetische Reihenfolge):

Alticorpus	*Lethrinops*
Aristochromis	*Lichnochromis*
Aulonocara	*Mylochromis* (früher
Buccochromis	*Maravichromis*)
Caprichromis	*Naevochromis*
Champsochromis	*Nimbochromis*
Cheilochromis	*Nyassachromis*
Chilotilapia	*Otopharynx*
Copadichromis	*Placidochromis*
Corematodus	*Platygnathochromis*
Ctenopharynx	*Protomelas*
Cyrtocara	*Rhamphochromis*
Dimidiochromis	*Sciaenochromis*
Diplotaxodon	*Stigmatochromis*
Docimodus	*Taeniochromis*
Eclectochromis	*Taeniolethrinops*
Exochochromis	*Tramitichromis*
Fossorochromis	*Trematocranus*
Hemitaeniochromis	*Tyrannochromis*
Hemitilapia	

Erläuterungen zur Einteilung

Bis zum Jahre 1989 wurden nahezu alle Cichliden des Malawisees pauschal entweder als Mbunas oder „Haplochromis" bezeichnet. Daneben waren einige weitere Gattungen bekannt, die Nicht-Mbunas umfaßten, aber gleichfalls zur „Haplochromis"-Verwandtschaft gezählt wurden (z. B. *Aristochromis*, *Aulonocara*).

Der Ausdruck „Haplochromis" – man beachte die Anführungszeichen – geht darauf zurück, daß überwiegend in der ersten Hälfte dieses Jahrhunderts sehr viele Arten der Nicht-Mbunas in die Gattung *Haplochromis* gestellt worden waren. In dieser Gattung wurden seinerzeit auch zahlreiche Arten aus anderen Ländern Afrikas, darunter auch Flußcichliden, geführt. Nachdem mehr und mehr Arten bekannt wurden, lag es auf der Hand, daß die Gattung *Haplochromis* keine natürliche Einheit mehr darstellte, sondern eine „Sammelgattung" für viele Arten geworden war. (Die Taxonomie oder Systematik sollte immer die Evolution der jeweiligen Arten berücksichtigen, d. h. vom Prinzip her den evolutiven Stammbaum der Arten widerspiegeln.) Ende der siebziger Jahre wurde die Gattung *Haplochromis* bearbeitet und auf einige wenige Arten beschränkt. Die meisten ehemaligen *Haplochromis*-Arten wurden in neu aufgestellte Gattungen verteilt (GREENWOOD 1979 und 1980). Die Malawisee-*Haplochromis* wurden im Rahmen dieser Untersuchungen jedoch gar nicht bearbeitet. Die Gattung *Haplochromis* war nun beschränkt auf wenige Arten. Die „Malawisee-Haps"-Gruppe, wie diese Cichliden verkürzt genannt wurden, waren systematisch betrachtet auf einmal ohne gültigen Gattungsnamen und wurden dann als „Haplochromis" – in Anführungszeichen – angesprochen, um zu verdeutlichen, daß der Gattungstatus nicht gesichert und eine Bearbeitung erforderlich ist.

1989 legten Eccles und Trewavas eine Revision der ehemaligen Malawisee-Haplochromis vor. 23 neue Gattungen wurden beschrieben, um die mehr als 100 Arten entsprechend ihrer natürlichen Verwandtschaftsverhältnisse einzuordnen. Weitere 15 „alte" Gattungen, die bereits damals als „Haplochromis"-Verwandte galten, wurden ebenfalls bearbeitet und neu definiert, so daß die Gruppe der Nicht-Mbunas nun die oben aufgeführten 38 Gattungen enthält. Durch die Revision der „Haplochromis" entfiel dieser Begriff, so daß nun zur sprachlichen Abgrenzung der Ausdruck „Nicht-Mbuna" verwendet wird. (Ausgeklammert aus der Einteilung in Mbuna und Nicht-Mbunas sind die wenigen *Tilapia-*, *Oreochromis-* und *Serranochromis-*Arten sowie *Astatotilapia calliptera*. Diese Arten haben ihre nächsten Verwandten unter den weniger spezialisierten Flußcichliden und weisen somit andere evolutive „Wurzeln" als die eigentlichen seebewohnenden Cichliden auf. Weiter ist zu berücksichtigen, daß sich der Ausdruck Nicht-Mbuna immer nur auf Malawisee-Cichliden bezieht und die obigen Ausnahmen beinhaltet.)

Als ein entscheidender Schritt der genannten Revision ist übrigens hervorzuheben, daß die neue Klassifikation nicht die bislang üblicherweise berücksichtigten morphologischen und morphometrischen Merkmale (Zahnstrukturen, Flossenformeln, Schuppenzahlen) als Kriterien zugrundelegt. Vielmehr sind sich viele Arten in dieser Hinsicht sehr ähnlich, und es gibt fließende Übergänge. Eine Abgrenzung der verschiedenen Gattungen wäre nach solchen Kriterien kaum begründbar gewesen. Viel wichtiger war allerdings, daß Eccles und Trewavas zu dem Ergebnis kamen, daß morphologische Strukturen stärker durch die Umgebung beeinflußt werden und so, vereinfacht formuliert, weniger stammesgeschichtliche Verwandtschaften als Anpassungen an die jeweiligen Lebensbedingungen darstellen. Als Beispiel ist hier die parallele (konvergente) Entwicklung der speziellen Bezahnung von Schneckenfressern zu nennen, die sich aufgrund ihrer Bezahnung als „künstliche" Gruppe von anderen Cichliden unterscheiden, aber nicht näher untereinander verwandt sind. Derartige Parallelentwicklungen sind für eine phylogenetische Systematik (Phylogenese = Stammesentwicklung) ohne jeden Wert.

Da man also diese stammesgeschichtlich jungen Arten nicht anhand der o. g. morphologischen Merkmale klassifizieren konnte, stellte sich die Frage nach anderen Kriterien. Als ein entscheidendes Kriterium wurde das (Grund-)Zeichnungsmuster gewählt. Das Zeichnungsmuster ist die jeweilige schwarze Grundpigmentierung (am besten bei Jungtieren und Weibchen zu erkennen) und hier nicht mit der bei vielen Arten variablen Färbung zu verwechseln. Im Gegensatz zu morphologischen Merkmalen scheinen sich anhand des Zeichnungsmusters eher stammesgeschichtliche Verwandtschaften erkennen zu lassen, da Zeichnungsmuster offenbar weniger durch Umweltfaktoren beeinflußt werden.

Insgesamt wurden sieben Zeichnungsmuster-Grundtypen unterschieden (z. B. stark ausgebildete Querstreifen, zentraler Längsstreifen, Diagonalstreifen oder Drei-Punkte-Muster). Auf die jeweiligen gattungstypischen Zeichnungsmuster wird im Rahmen der Gattungsbeschreibungen eingegangen.

Die Gattung *Aulonocara*   REGAN 1922

Die Vertreter der Gattung *Aulonocara* (Kaiserbuntbarsche) sind gekennzeichnet durch grübchenartige Öffnungen im Kopfbereich, die besonders deutlich auf den Wangen ausgebildet sind. Wenn man *Aulonocara*-Arten außerhalb des Wassers bei schräg auftreffendem Licht betrachtet, lassen sich die charakteristischen Öffnungen am besten erkennen. Diese Grübchen stellen vergrößerte Sinnesporen des Seitenliniensystems dar, mit denen vermutlich Druckschwankungen wahrgenommen werden können. Möglicherweise werden mit Hilfe dieses Ferntastsinns Beutetiere geortet. Ein Zeichnungsmuster ist nur schwach ausgeprägt und besteht aus dunklen Querstreifen, die stimmungsabhängig mehr oder weniger deutlich zu sehen sind.

Gegenwärtig werden zwei ökologische Gruppen unterschieden (TREWAVAS 1984). Die Gruppe der Sand-Aulonocara umfaßt verhältnismäßig große Arten (Gesamtlängen um 15 bis 20 cm), die sandige Untergründe besiedeln und nur selten in gemischte Untergründe vordringen. Insgesamt ist nur wenig über diese Gruppe bekanntgeworden. Die am besten untersuchte Art ist *Aulonocara rostratum. A. macrochir*, der ebenfalls in diese Gruppe eingeordnet wird (ECCLES 1989b), ist vermutlich als artgleich mit der erstgenannten Art zu betrachten. Weitere Sand-Aulonocara sind *A. guentheri* und *A. nyassae* (ECCLES 1989b) sowie möglicherweise auch *A. trematocephala, A. brevirostris* und *A. auditor* (SPREINAT 1989c: 22). Anzumerken bleibt, daß der aquaristisch dem Namen nach bekannteste Kaiserbuntbarsch, *A. nyassae*, sehr wahrscheinlich noch nie lebend eingeführt worden ist. Die in der Vergangenheit importierten Arten gehörten mit wenigen Ausnahmen zur Gruppe der Fels-Aulonocara.

Die felsbewohnenden Kaiserbuntbarsche stellen die farbenprächtigen kleinen Arten dar, die sich in der Aquaristik großer Beliebtheit erfreuen. Die meisten Arten besiedeln gemischte Untergründe, einige wenige Arten ziehen große Höhlen als Lebensraum vor. Etwa 20 Arten Fels-Aulonocara sind aus Malawi bekannt. In einigen Fällen ist nicht klar, ob es sich bei ähnlich aussehenden „Formen", die an verschiedenen Küsten leben, um eigenständige Arten oder um Standortvarianten einer weitverbreiteten Art handelt. Hier bleiben entsprechende Untersuchungen abzuwarten.

In Tansania fanden wir aus der Gruppe der Sand-Aulonocara *A. rostratum*, eine Art, die vermutlich im gesamten See verbreitet ist. Weiterhin konnten wir die auch in Malawi vorkommenden Arten *A. jacobfreibergi* (bei Hongi Island und Njambe) und verschiedene Standortvarianten von *A. steveni* nachweisen (s. u.). Zwei Populationen, die wir beobachteten, waren sehr ähnlich zu bereits aus Malawi bekannten Arten: *A.* „Chitendi Type Tanzania", der wahrscheinlich als artgleich mit *A.* „Chitendi Type East Coast" (SPREINAT 1989c) einzustufen ist, sowie eine Population von Hai Reef (*A.* cf. *saulosi*), die sehr ähnlich zu *A. saulosi* (von der Malawi-Ostküste bei Makanjila) bzw. dem bei Likoma lebenden *A.* „Greenface Metallic" ist, welcher wiederum als Standortvariante von *A. saulosi* eingestuft werden könnte.

Bislang nur aus Tansania bekannte Arten sind *A.* „Lupingu", *A.* „Mamelela" und *A.* „Yellow Top".

Aulonocara „Lupingu"

Name

Der vorläufige Arbeitsname bezieht sich auf die Ortschaft Lupingu, wo diese Art relativ häufig beobachtet werden kann.

Kennzeichen

Mit einer Gesamtlänge von etwa 12 bis 13 cm vergleichsweise großer Kaiserbuntbarsch. Weibchen grau mit gelben Bauch- und Afterflossen. Männchen mit blauem Kopf und meistens intensiv gelber Binde vom Nacken bis zur Brust. Populationsabhängig erstreckt sich eine gelbe Färbung über die gesamte Flanke, so daß die Männchen bis auf den blauen Kopf insgesamt gelb bis rötlich gefärbt sind (Lupingu-Population). Männchen ohne diese gelbe Flanken-Pigmentierung zeigen blaue Körperseiten. Bis auf die Brustflossen weisen alle Flossen dunkle Pigmente auf, die aber unterschiedlich stark ausgebildet sind. Die Rückenflosse zeigt einen weißen Saum und weiße Spitzen. Afterflosse mit zahlreichen Eiflecken, die jedoch in bezug auf Anzahl und Größe verhältnismäßig stark variieren.

Verbreitung

Nachgewiesen bei Nkanda, Lumbira, Makonde und Lupingu. Vermutlich weite Verbreitung im Bereich des Livingstone Gebirges. Südlich der Ruhuru-Mündung konnten wir diese Art nicht mehr vorfinden.

Lebensraum und Ernährung

A. „Lupingu" scheint tiefere Wasserschichten in etwa 15 bis 40 m Tiefe zu bevorzugen. Nur sehr selten fanden wir diese Art oberhalb von 10 m Tiefe. Den Lebensraum bildet die Fels/Stein-Sand-Übergangszone. Die Männchen leben einzeln und sind territorial. Weibchen fanden wir einzeln oder in kleinen Gruppen. A. „Lupingu" ernährt sich wie die meisten anderen Kaiserbuntbarsche von kleinen Wirbellosen, die im oder auf dem sandigen Untergrund leben.

Ähnliche Arten

Aus Malawi ist in jüngster Zeit A. „Jumbo Blue" exportiert worden (SPREINAT 1992a). Diese Tiere stammten von der Malawi-Ostküste (Bereich Makanjila/Fort Maguire). A. „Jumbo Blue" ist hinsichtlich der Körperform und -größe mit A. „Lupingu" vergleichbar. Die Weibchen zeigen ebenfalls gelbe Bauch- und Afterflossen. A. „Jumbo Blue", der im Handel auch als A. „Multispot" angesprochen wird, zeigt jedoch keine gelbe Binde hinter den Kiemendeckeln, sondern nur vergleichsweise schwach ausgebildete gelbe Pigmente auf dem Rücken und im oberen Flankenbereich.

Aulonocara "Jumbo Blue" (Makanjila, Aquarienfoto)

Aulonocara „Lupingu" (Makonde)

Aulonocara „Lupingu", Weibchen
(Makonde)

Aulonocara „Lupingu" (Makonde)

Aulonocara „Lupingu"
(Lupingu)

Aulonocara „Lupingu" (Lupingu)

51

Aulonocara „Mamelela"

Name

Dieser Kaiserbuntbarsch ist unter der Handelsbezeichnung „Mamelela" im April 1992 eingeführt geworden (Russ 1993).

Kennzeichen

Mit einer Gesamtlänge von etwa 10 cm handelt
es sich um kleine Aulonocara-Art, die hinsichtlich des spitzen Kopfes und der für diese Gattung
verhältnismäßig langgestreckten Körperform an
A. jacobfreibergi (früher Trematocranus jacobfreibergi) erinnert. Während die meist kleineren
Weibchen ein graues Farbkleid mit angedeuteten
dunklen Querstreifen aufweisen, sind die Männchen auffallend gelb- bis orangeblau. Der untere
Kopfbereich bis zum Kiemendeckel ist metallisch blau. Oberhalb des Auges und im Stirnbereich ist eine gelbe Färbung ausgebildet, die sich
über Nacken und Schulter bis in die oberen Rük-
kenbereich fortsetzt. Brust und Bauch sind ebenfalls gelb. Die Flanken tragen eine überwiegend
blaue Färbung. Bauch-, Rücken- und Afterflossen weisen eine intensive gelbe Pigmentierung
auf. Manche Exemplare zeigen eher Orange- als
Gelbtöne. Die Rückenflossenspitzen sind weiß
bis bläulich.

Verbreitung

Wir konnten diesen Kaiserbuntbarsch nur bei
Undu Point nachweisen. Russ berichtet (1993),
daß diese Art nach Fängerangaben bei „Hay
Reef" (Hai Reef) vorkommen soll. Dort haben
wir vergeblich versucht, diese Art aufzuspüren.
Bei Undu Point kommt A. „Mamelela" vergleichsweise häufig vor.

Lebensraum und Ernährung

Undu Point ist eine kleine Ansammlung von
Steinen und Felsen an dem etwa 40 km langen
Sandstrand zwischen Mbamba Bay und der
Grenze zu Moçambique. Unter Wasser setzen
sich die Steine fort und bilden einen typischen
Mischuntergrund mit überwiegend kleinen und
mittelgroßen Steinen. A. „Mamelela" lebt zwar
direkt zwischen den Steinen, hält sich aber nicht
wie A. jacobfreibergi bevorzugt in Höhlen oder
Steinspalten auf. Männchen sind standorttreu
und verteidigen kleine Reviere (etwa 50 cm im
Durchmesser), deren Mittelpunkt eine Stein-
rückwand oder eine Steinspalte ist. Die Weibchen fanden wir nur einzeln. Sie scheinen nicht
standorttreu zu sein. Nahrung wird vom Untergrund oder von den mit einer Sedimentschicht
bedeckten Steinen aufgenommen. Die Tiefe, in
der wir diese Art fanden, betrug 5 bis 10 m.

Ähnliche Arten

Wie bereits erwähnt, dürfte diese Art mit A. jacobfreibergi engverwandt sein. A. jacobfreibergi wurde an der Malawi-Ostküste entdeckt
(Johnson 1974). Weitere Populationen wurden
später auch an anderen Küsten Malawis nachgewiesen (Ribbink et al. 1983: 249). Wir fanden
A. jacobfreibergi bei Njambe und Hongi Island.
Diese Populationen erscheinen nicht wesentlich
anders gefärbt als viele Populationen von anderen Küstenabschnitten. Dies spricht dafür, daß
es sich bei A. „Mamelela" nicht um eine Standortvariante von A. jacobfreibergi, sondern um
eine eigenständige Art handelt. Es ist bemerkenswert, daß A. „Mamelela", soweit bekannt,
nur bei Undu Point vorkommt, während andere, ähnliche Lebensräume der angrenzenden
Küstenbereiche nicht (oder nur durch wenige
Exemplare?) besiedelt werden.

Aulonocara „Mamelela" (Undu Point)

Aulonocara „Mamelela" (Undu Point)

Aulonocara steveni — MEYER, RIEHL & ZETZSCHE 1987

Kennzeichen

Mittelgroßer Kaiserbuntbarsch (9 bis 11 cm Gesamtlänge) mit blauem Kopf und gelber Körperfärbung. Zeichnungsmuster verhältnismäßig schwach aus dunklen Querstreifen ausgebildet. Afterflosse mit variablen Flecken; teilweise sind zahlreiche große Eiflecken vorhanden, manchmal sind dagegen nur einige wenige gelbe Pigmentstreifen zu sehen. Die Intensität der Gelbfärbung variiert je nach Population. Ein weiteres Merkmal, welches je nach Population unterschiedlich ausgebildet ist, betrifft die Färbung der Rückenflosse. Die Populationen von Njambe bis Mbamba Bay zeigen einen deutlichen schwarzen Längsstreifen, der sich von der gelben Grundfärbung der Rückenflosse markant abhebt. Bei den Populationen von Undu Point und Hai Reef sind die Rückenflossen weitestgehend blau. Alle Populationen tragen einen weißen bis hellblauen Rückenflossensaum. Ebenfalls variabel ist die Färbung der Afterflossen hinsichtlich der Ausbildung dunkler Pigmente. Die Weibchen sind grau bis braun mit dunklen Querstreifen und können in der Regel nicht nach Populationen unterschieden werden.

Verbreitung

Diese Art wurde an der Westküste bei Kande Island entdeckt (MEYER et al. 1987). *A. steveni* wurde von uns bei Njambe, Tumbi Reef, Mbahwa Island, Mbamba Bay (Ponton), Undu Point und Hai Reef nachgewiesen. Vermutlich ist diese Art über die gesamte tansanische Küste südlich der Ruhuru-Mündung verbreitet. Nördlich des Ruhuru konnten wir *A. steveni* nicht beobachten.

Lebensraum und Ernährung

A. steveni besiedelt gemischte Untergründe vom flachen Wasser bis in Tiefen von etwa 20 m. Selten tiefer anzutreffen. Männchen sind territorial, Weibchen leben einzeln oder in Gruppen und halten sich meist unweit der Männchen-Reviere auf. Bei geringen Populationsdichten ist es kaum möglich, das Revierverhalten der Männchen zu beobachten. In Mbamba Bay lebt an dem direkt am Strand gesunkenen Ponton eine kleine Population in etwa 5 bis 6 m Tiefe. Die schräg nach vorne ragende Wandung des Pontons bietet eine Art Unterstand. Sechs Männchen hatten in Abständen von manchmal nur 50 cm kleine Mulden in den kiesigen Sand direkt am Fuße des Pontons gegraben. Die territorialen Männchen patrouillierten vor ihren Mulden. Weibchen und halbwüchsige Männchen standen im Trupp von etwa 40 bis 50 Exemplaren vor den Männchen-Revieren, suchten bei Annäherung des Tauchers aber gleichfalls die Nähe der Ponton-Wand als Schutz.

A. steveni ernährt sich von kleinen Wirbellosen, die vom oder aus dem Untergrund aufgenommen werden.

Ähnliche Arten

Eine nähere Verwandtschaft besteht zu *A. stuartgranti* (Chilumba; Nordwestküste), *A. baenschi* (Nkhomo bzw. Benga, Maleri Islands, Chipoka; Südwestküste), *A. korneliae* (Chisumulu Island) und *A. hueseri* (Likoma Island). All diese Arten bilden einen engeren Verwandtschaftskreis dadurch, daß sie im männlichen Geschlecht durch zumeist kontrastierende Gelb-Blau-Färbungen (selten nur eine der beiden Farben) gekennzeichnet sind. Leider ist die

Aulonocara steveni (Njambe)

Aulonocara steveni (Tumbi Reef)

Aulonocara steveni (Mbahwa Island)

Aulonocara steveni (Ponton, Mbamba Bay)

Aulonocara steveni (Undu Point)

Zuordnung von Populationen der genannten Arten, insbesondere von *A. steveni* und *A. stuartgranti* durch die Revision von MEYER et al. (1987) und einige aquaristische Publikationen sehr verworren geworden. Die wesentlichen Fakten zu den an den Festlandküsten lebenden Arten sind nachfolgend zusammengefaßt (morphologische Details sind ausgeklammert). *A. steveni* ist im wesentlichen durch einen gelben Körper, blauen Kopf und schwarze Pigmente in der Rückenflosse gekennzeichnet. Die Typus-Lokalität (Fundort der Belegexemplare) ist Kande Island. *A. baenschi* ist ebenfalls gelb mit blauem Kopf, zeigt aber keine schwarze oder blaue Färbung in der Rückenflosse. Typus-Lokalität ist Benga (Nkhomo Reef). *A. stuartgranti* ist ein im ganzen blauer Cichlide, der in geringem Maße gelbe Pigmente auf den Flanken trägt. Die Rückenflosse ist überwiegend blau, selten mit schwarzen Pigmenten. Typus-Lokalität ist Chilumba. Die an der Nordostküste Tansanias lebenden Populationen entsprechen in bezug auf die genannten Merkmale *A. steveni*. Konsequenterweise werden diese Populationen als *A. steveni* eingeordnet. Die Tatsache, daß es an der Nordwestküste zwischen den Typus-Lokalitäten von *A. steveni* und *A. stuartgranti* verschiedene Populationen gibt, die eine intermediäre Farbgebung aufweisen (bläulich-gelber Körper), kann nur ein Indiz dafür sein, daß sich *A. steveni* und *A. stuartgranti* auf eine nur ihnen gemeinsame Stammart zurückführen lassen. Die evolutiven Tendenzen der beiden Arten bleiben davon unberührt.

Zur Verdeutlichung sei die Vorgehensweise kurz erläutert: Betrachtet man die tansanischen Populationen und unterzieht sie einer Merkmalsanalyse, so zeigt sich, daß sie die gleichen evolutiven Tendenzen widerspiegeln wie die Kande Island Population (= *A. steveni*), also mit dieser Population identisch sind. Umgekehrt formuliert: Aufgrund des Fehlens evo-

lutiver Differenzierungen kann man also davon ausgehen, daß es sich im Gegensatz zu *A. stuartgranti* (immer noch) um ein und dieselbe Art, nämlich *A. steveni* handelt.

Dasselbe gilt analog übrigens für die gelbe Usisya-Population (einzustufen als *A. steveni*) und umgekehrt für die blaue Population von Nkhata Bay (einzustufen als *A. stuartgranti*).

(Es sei betont, daß das häufig angewandte biologische Artkonzept bei der Betrachtung von Populationen, die sich in ihren Verbreitungsgebieten nicht überschneiden (allopatrische Populationen), völlig unzureichend ist. Hier kann eine sinnvolle Analyse der Verwandtschaftsbeziehungen nur auf der Basis des evolutionären Artkonzepts erfolgen.)

Natürlich, wenn man sich den Standpunkt zu eigen macht, daß farbliche Unterschiede nicht zur Definition von Arten herangezogen werden sollten und einzig das biologische Artkonzept zugrundelegt, ergibt sich ein anderes Bild. Dann müßten aller Voraussicht nach *A. steveni*, *A. stuartgranti*, *A. hueseri* und *A. korneliae* als Synonyme zu *A. baenschi* gelten (und möglicherweise noch weitere Arten). *A. baenschi* wurde als erste Art aus diesem Kreis beschrieben und besitzt somit Namenspriorität. Damit blieben jedoch die stammesgeschichtlichen Entwicklungen der verschiedenen Populationen taxonomisch unberücksichtigt. Eine entscheidende Forderung ist aber, daß die Systematik die stammesgeschichtlichen Entwicklungslinien zum Ausdruck bringt. Es ist dabei im vorliegenden Zusammenhang unerheblich, ob bestimmte Populationen formal als Arten, Unterarten oder Rassen klassifiziert werden.

Anmerkungen

Die Populationen von Undu Point und Hai Reef werden auch unter den Bezeichnungen *A.* „Blue Neon" (LEPEL 1993a) und *A.* „Blue Dorsal Flavescent" (DEMASON 1994a) in den Handel gebracht.

Gruppe von *Aulonocara steveni* (Ponton, Mbamba Bay)

Aulonocara steveni (Hai Reef)

Aulonocara „Yellow Top"

Name

Der Name bezieht sich auf den breiten gelben Rückenflossensaum, der für die Vertreter der Gattung *Aulonocara* ungewöhnlich ist. Diese Art wird im Handel auch als *A.* „Lwanda" angesprochen. Lwanda ist der Name eines einheimischen Zierfischfängers.

Kennzeichen

Verhältnismäßig langgestreckter Kaiserbuntbarsch, der Gesamtlängen von etwa 10 bis 12 cm erreicht. Weibchen einfarbig grau bis braun mit angedeutetem Zeichnungsmuster aus dunklen Querstreifen. Männchen mit blauem Kopf. Schulter, Brust und vorderer Rückenbereich weisen intensive gelbe Pigmente bzw. gelbe Schuppenränder auf. Die hinteren Flanken sind bläulich bis dunkelblau. Die Flossen sind bis auf die Brustflossen ebenfalls blau. Rücken- und Afterflosse tragen einen breiten gelben Saum. Individuell unterschiedlich sind auch in der Schwanzflosse gelbe Pigmente, insbesondere an den äußeren hinteren Kanten ausgebildet.

Verbreitung

Wir konnten diese Art ausschließlich bei Hai Reef an der Grenze zu Moçambique beobachten. Die nächste Ortschaft auf tansanischem Gebiet ist Ngombo.

Lebensraum und Ernährung

A. „Yellow Top" lebt bei Hai Reef über gemischtem Untergrund in Tiefen von 5 bis mindestens 15 m. Die Männchen sind territorial und halten sich immer in der Nähe von Steinen oder Felsen auf. Zentrum des Reviers ist eine Steinspalte oder (meist) ein überhängender Stein auf dem Untergrund, der als Rückendeckung fungiert und Unterschlupf bietet. Die Männchen patrouillieren häufig vor ihrem Unterstand. Die Reviergröße der von uns beobachteten Männchen betrug etwa 0,5 m im Halbkreis. Weibchen wurden einzeln zwischen den Steinen angetroffen. Nahrung wurde vom Untergrund bzw. von den mit Sediment bedeckten Steinen aufgenommen.

Ähnliche Arten

A. „Yellow Top" erinnert aufgrund der etwas spitzen Kopf- und für Aulonocara-Arten verhältnismäßig langgestreckten Körperform an *A. jacobfreibergi*, der von uns bei Njambe und Hongi Island nachgewiesen wurde. Unseres Erachtens ist *A.* „Yellow Top" jedoch nicht als geographische Form dieser Art einzustufen (vgl. auch *A.* „Mamelela"). Hinsichtlich der genannten Merkmale scheinen sowohl *A.* „Yellow Top" als auch *A.* „Mamelela" Zwischenformen zu den sonst eher hochrückigen anderen Fels-Kaiserbuntbarschen darzustellen.

Anmerkungen

A. „Yellow Top" ist bereits mehrfach importiert worden.

Aulonocara „Yellow Top" (Hai Reef)

Aulonocara „Yellow Top", junges Männchen (Hai Reef)

Die Gattung *Copadichromis*

Die Vertreter dieser Gattung bilden sehr wahrscheinlich keine homogene Einheit. Die Zeichnungsmuster sind zum Teil recht unterschiedlich. Sowohl das als ursprünglich angesehene Zeichnungsmuster aus zwei Längsstreifen als auch das Drei-Flecken-Muster sowie weitestgehend fehlende Zeichnungsmuster finden sich bei *Copadichromis*-Arten. Ein gemeinsames Merkmal aller *Copadichromis* besteht in der Lebensweise im mehr oder weniger offenen Wasser. Viele Arten leben die meiste Zeit des Jahres in großen Schulen. Die Nahrungsgrundlage bilden Zoo- und Phytoplankton, welches mit vorgestrecktem Maul ergriffen wird. Das Maul kann zu diesem Zweck röhrenförmig vorgestülpt werden. Diese Maulstruktur wird als weiteres Merkmal zur Abgrenzung der Gattung *Copadichromis* aufgefaßt (ILES 1960, ECCLES & TREWAVAS 1989: 294–310). Einheimische Fischer bezeichnen *Copadichromis*-Arten in Malawi als Utaka und fangen sie mit Hilfe von Chirimila-Netzen meist in der Nähe von Unterwasserriffen. Es ist seit langem bekannt, daß Utaka sich besonders häufig und in großen Schwärmen oberhalb von Untiefen aufhalten.

Zur Laichzeit ziehen sich die Männchen auf den Untergrund zurück und bilden Reviere z. B. auf der Oberfläche von Felsen. Von *C. chrysonotus* ist dagegen bekannt, daß das Ablaichen im freien Wasser stattfindet (ECCLES & LEWIS 1981). Die Männchen mancher Arten scheinen die größte Zeit des Jahres in Küstennähe bzw. an Felsen Reviere zu besetzen (z. B. *C. borleyi*).

Die Gesamtlängen betragen etwa 10 bis 20 cm, die meisten Arten werden ungefähr 15 cm groß. Viele Copadichromis sind wahrscheinlich weitverbreitet und dürften sich an fast allen Küsten nachweisen lassen (z. B. *C. chrysonotus*, *C. borleyi*, *C. quadrimaculatus*). Gegenwärtig sind 20 Arten wissenschaftlich beschrieben, einige weitere Arten sind unter Arbeits- und Handelsnamen bekannt. In der Aquaristik wurden insbesondere in den achtzigern Jahren viele Arten eingeführt, meist aber unter inkorrekten Namen.

Wie bereits oben angedeutet, sind die Utaka eine aus taxonomischer Sicht bearbeitungsbedürftige Gruppe. Dieses betrifft sowohl die Abgrenzung bzw. Definition der Gruppe oder Untergruppen als auch einzelne Arten. Insbesondere die Abgrenzung zu den nahe verwandten *Nyassachromis*-Arten ist vielfach schwierig bzw. in manchen Fällen nach der bisherigen Gattungsdefinition nicht möglich. Die nachfolgenden Arten sind auf der Basis der Einteilung von ECCLES & TREWAVAS (1989) aufgeführt.

Copadichromis-Arten können ihr Maul röhrenförmig vorstülpen (unbestimmte Art von Liuli).

Ein *Copadichromis*-Jungfischschwarm frißt Plankton im freien Wasser (Lundu).

Copadichromis jacksoni (Makonde)

Kennzeichen

Mittelgroßer, mäßig hochrückiger Cichlide, der Gesamtlängen von ungefähr 15 bis 17 cm erreicht. Das Zeichnungsmuster besteht aus drei Körperflecken. Weibchen silbriggrau, ältere Tiere manchmal bräunlich. Männchen mit blauem Kopf und gewöhnlich blauem Rücken. Im Stirnbereich befindet sich eine individuell unterschiedlich stark ausgeprägte hellblaue Blesse. Die Flanken tragen gelbliche oder ockerfarbene Pigmente bzw. Schuppenränder, so daß der Körper insgesamt gelb erscheint. Das Zeichnungsmuster ist bei vollgefärbten Männchen überlagert und nicht mehr sichtbar. Die Rückenflosse ist blau mit breitem weißem Saum und weißen Spitzen. Die Afterflosse ist meist gelbblau mit breitem gelben Saum. Ein wichtiges Erkennungsmerkmal bilden die bei den Männchen häufig sehr lang ausgezogenen Bauchflossen.

Verbreitung

Vermutlich im gesamten See verbreitete Art. In Tansania fanden wir diesen Cichliden bei Kirondo, Makonde, Pombo Reef und in Mbamba Bay.

Lebensraum und Ernährung

C. borleyi wird gewöhnlich im flachen Wasser von etwa 5 m bis in Tiefen von etwa 20 m angetroffen. Der bevorzugte Lebensraum scheint durch große Steine oder Felsen charakterisiert zu sein. Die Männchen leben standorttreu in direkter Umgebung der Felsen im freien Wasser und halten sich etwa einen bis mehrere Meter vom Untergrund entfernt auf. Die obere Fläche eines Felsens bildet dabei das Zentrum des Reviers; häufig werden aber auch schräg abfallende seitliche Felsflächen verteidigt. An allen genannten Fundstellen lebten mehrere Männchen in einem Bereich bzw. hatten auf benachbarten Felsen jeweils ihr Revier gegründet. Es war häufig zu beobachten, daß Männchen ihr Revier verließen, um gegen die Reviernachbarn Imponier- und Drohgebärden auszuführen und die Reviergrenzen abzustecken. Die insbesondere gegen artgleiche Männchen verteidigten Reviere waren vergleichsweise groß und umfaßten Flächen von mindestens 2 × 2 m. Die Weibchen lebten meist in kleinen Gruppen von etwa drei bis acht Tieren über den Felsen. *C. borleyi* ernährt sich in erster Linie von planktischen Lebewesen.

Ähnliche Arten

Es gibt eine Reihe vergleichbarer Arten. Im natürlichen Lebensraum sind die Männchen von *C. borleyi* leicht an ihrer oben beschriebenen Lebensweise in Verbindung mit der Körperfärbung und den ausgezogenen Bauchflossen zu erkennen. Eine farblich sehr ähnliche Art ist *C. mbenjii* von der Mbenji-Inselgruppe an der Westküste des Sees. Die Männchen zeigen im wesentlichen eine ähnliche Färbung und ein vergleichbares Zeichnungsmuster. *C.-mbenjii*-Männchen tragen jedoch keine verlängerten Bauchflossen und zeigen im Unterschied zu *C. borleyi* keinen blauen, sondern einen gelben Nackenbereich. Die Weibchen beider Arten sind nur sehr schwer anhand der Kopfform zu unterscheiden. Es gibt eine Anzahl weiterer *Copadichromis*-Arten mit Drei-Flecken-Muster (z. B. *C. trimaculatus*). Während dominante Männchen verhältnismäßig leicht anhand ihrer unterschiedlichen Farbkleider zu unterscheiden sind, sehen sich die Weibchen teilweise sehr ähnlich.

Copadichromis borleyi (südlich Mbamba Bay)

Copadichromis borleyi (Makonde)

Copadichromis „Fire Crest Wimpel"

Name

Die Handelsbezeichnung der Populationen von der malawischen Ostküste lautet *C*. „Fire Crest Mloto" (Feuerwappen-Mloto; s. Anmerkungen). Gemeint sind die weiße Stirnblesse („Crest") und die in manchen Populationen roten Pigmente („Fire") in der Rückenflosse (SPREINAT 1988a).

Kennzeichen

Vergleichsweise gestreckter Utaka, der eine Gesamtlänge von etwa 15 cm erreicht. Weibchen einfarbig grau. Zeichnungsmuster nicht vorhanden bzw. stimmungsabhängig mit manchmal schwachen dunklen Querstreifen. Dominante Männchen sind tiefschwarz mit leuchtend weißer Stirn und oberer Rückenpartie. Die weiße Färbung zieht sich als schmaler Streifen über den Rücken bis zur oberen Kante der Schwanzwurzel. Die Rückenflosse ist ebenfalls weißlich. Der obere und untere Rand der Schwanzflosse ist weiß mit individuell verschieden breiten weißen Enden. Offenbar entwickeln die Männchen während der Laichzeit verlängerte weiße Spitzen der Schwanzflosse („Wimpel"). Wangenbereich metallisch bräunlich bis grünlich. Als ein weiteres Merkmal ist hervorzuheben, daß die eifleckartigen gelben Punkte in der Afterflosse wie aufgereiht am unteren Rand angeordnet sind.

Verbreitung

Die erste Population ist von der Malawi-Ostküste im Bereich nördlich von Makanjila bzw. Fort Maguire in der Nähe des Masinje-Flusses bekanntgeworden (Gome Rock). Weitere Populationen leben im Südosten des Sees bei Chiny-

ankhwazi Island (eig. Beobachtungen). In Tansania konnten wir *C*. „Fire Crest Wimpel" überwiegend im nördlichen Bereich der Livingstone Berge nachweisen. Bei Nkanda und Makonde trafen wir diese Art verhältnismäßig häufig an. Vermutlich besitzt diese Art eine weite Verbreitung im gesamten See.

Lebensraum und Ernährung

Gemischte Untergründe im tiefen Wasser bilden den bevorzugten Lebensraum von *C*. „Fire Crest Wimpel". Je nach Standort trifft man diesen Cichliden ab einer Tiefe von 20 bis 30 m an. Die Maximaltiefe dürfte jenseits der 50-m-Marke liegen. Die Männchen sind standorttreu und verteidigen Reviere. An der Malawi-Ostküste konnte der Verfasser beobachten, wie Männchen kleine Gruben neben Steinen ausgehoben hatten. Die in Tansania vorgefundenen Populationen verteidigten dagegen größere Steine oder die Oberfläche von Felsen gegen Eindringlinge. Die Reviergröße ließ sich nur schwer abschätzen, da die Populationsdichte vergleichsweise niedrig war. Die Männchen verteilten sich in Abständen von 5 bis 10 m oder mehr über den Untergrund. Die Weibchen lebten hier im freien Wasser und wurden zumeist einzeln, selten in kleinen Gruppen angetroffen. *C*. „Fire Crest Wimpel" ernährt sich wohl überwiegend von Plankton.

Ähnliche Arten

ILES beschrieb 1960 *C. virginalis* von Nkhata Bay (ILES 1960: 262–264). Hinsichtlich der Farbbeschreibung könnte es sich bei *C*. „Fire Crest Wimpel" um *C. virginalis* handeln. Iles berichtete weiter von zwei Formen dieser Art, die er bei Nkhata Bay klar unterscheiden konn-

64

Copadichromis „Fire Crest Wimpel" (Nkanda)

Copadichromis „Fire Crest Wimpel" (Nkanda)

te, nicht aber an anderen Standorten. Entsprechende Unterwasserbeobachtungen bei Nkhata Bay, die auch die mittlerweile an den Populationen von der Ostküste gewonnenen Erkenntnisse berücksichtigen, stehen noch aus, so daß hier keine Beurteilung vorgenommen und der bisherige Handelsname beibehalten wurde.

Eine sehr ähnliche Art ist der sogenannte C. „Fire Crest Yellow" (s. u.). Da beide Arten denselben Lebensraum bewohnen, handelt es sich ohne Zweifel um zwei eigenständige Arten.

Anmerkungen

Mittlerweile sind drei „Fire Crest"-Arten bekanntgeworden. Als erste Art wurde Anfang bis etwa Mitte der achtziger Jahre ein hinsichtlich der Männchen-Färbung ähnlicher Cichlide von der Malawi-Ostküste (Gome Rock) unter der Bezeichnung „Fire Crest Mloto" exportiert (SPREINAT 1985). Diese Population bewohnt an der Malawi-Ostküste dieselben Lebensräume wie der „Fire Crest Wimpel" und „Fire Crest Yellow". Andere Handelsbezeichnungen für diesen Cichliden sind „Virginalis Blotch" und „Fire Crest Blotch". Die letzte Bezeichnung ist am treffendsten, da diese Art im Unterschied zu den beiden anderen Arten einen großflächigen ersten Körperfleck („Blotch") aufweist. Ein weiterer, kleinerer dunkler Fleck ist auf der Schwanzwurzel ausgebildet. Weiterhin ist der „Fire Crest Blotch" auch hochrückiger als die beiden anderen Arten. Etwa nach 1986 wurde dann die zweite Art gleichfalls als „Fire Crest Mloto" in den Handel gebracht. Da sich diese Art durch die im männlichen Geschlecht ausgezogenen Enden der Schwanzflosse auszeichnet, wurde die Bezeichnung „Wimpel Fire Crest Mloto" vorgeschlagen und analog für den langgestreckten gelben der Name „Yellow Fire Crest Mloto" (SPREINAT 1988a). Diese Terminologie ist auch im vorliegenden Text grundsätzlich beibehalten. Allerdings wurde der (über-

flüssige) Zusatz „Mloto" fallengelassen. C. „Fire Crest Blotch" wurde von uns in Tansania nicht nachgewiesen.

Bemerkenswert ist, daß alle drei Arten überwiegend im tiefen Wasser leben. Aus Aquarienbeobachtungen ist bekannt, daß sowohl C. „Fire Crest Blotch" als auch C. „Fire Crest Wimpel" keine durchsetzungsfreudigen Arten darstellen. Unterdrückte Exemplare verlieren innerhalb von Tagen ihre schwarze Grundfärbung und werden silbriggrau. Möglicherweise ist der Grund für die Lebensweise im tiefen Wasser darin zu sehen, daß diese Arten nicht mit den im Flachwasser lebenden durchsetzungsstärkeren Arten konkurrieren können und in die nahrungsarmen tiefen Bereiche abgedrängt worden sind. Den leuchtend weißen bzw. gelben Stirnblessen dürfte gerade in den lichtarmen tiefen Wasserschichten eine Signalfunktion zukommen.

Copadichromis „Fire Crest Blotch" (Makanjila/Fort Maguire)

Copadichromis „Fire Crest Wimpel" (Makanjila/Fort Maguire)

Copadichromis „Fire Crest Wimpel", Weibchen
(Aquarienfoto)

Copadichromis „Fire Crest Blotch" (Makanjila/Fort
Maguire)

Copadichromis „Fire Crest Blotch", Weibchen
(Makanjila/Fort Maguire)

Copadichromis „Fire Crest Blotch" (Makanjila/Fort
Maguire)

67

Copadichromis „Fire Crest Yellow"

Name

Diese Art wurde zuerst an der zu Malawi gehörenden Ostküste des Sees im Bereich von Makanjila/Fort Maguire nachgewiesen (SPREINAT 1988a).

Kennzeichen

Mittelgroße, langgestreckte Art, die etwa 12 bis 13 cm Gesamtlänge erreicht. Weibchen einfarbig grau bis silbrig ohne deutliches Zeichnungsmuster. Stimmungsabhängig treten schwache dunkle Querstreifen hervor. Männchen tiefschwarz mit leuchtendgelbem Stirn- und Nakkenbereich. Die gelbe Pigmentierung setzt sich als Band am Ansatz der Rückenflosse bis in die Oberkante der Schwanzflosse fort. Bei manchen Tieren ist die Rückenflosse schwarz mit breitem gelben Saum; andere Exemplare weisen eine vollständig gelbe Rückenflosse auf. Die Spitzen der Rückenflosse sind weißlich. Die Schwanzflosse ist gelb bis gelb-schwarz. Auffallend sind die hellblauen unteren und oberen Spitzen der Schwanzflosse. Die Eiflecken in der Afterflosse sind nicht aneinandergereiht wie bei C. „Fire Crest Wimpel".

Verbreitung

Ikombe, Nkanda, Lumbira sowie in der Bucht von Liuli (Fischernetzfund). Eine weitere Population lebt an der Malawi-Ostküste nördlich von Makanjila/Fort Maguire (Masinji-Fluß, Gome Rock). Vermutlich zumindest an der Ostküste weitverbreitete Art.

Lebensraum und Ernährung

Ähnlich wie C. „Fire Crest Wimpel" besiedelt auch die vorliegende Art tiefere Wasserschichten und wird meist erst ab 20 m Tiefe angetroffen. An der Malawi-Ostküste konnte der Verfasser eine Population zwischen 30 und 40 m beobachten. Gemischte Untergründe scheinen bevorzugt zu werden. Männchen sind territorial und verteidigen Bereiche vor Felsen oder Steinen auf Sand bzw. mitunter auch die Oberfläche von Felsen. Die Abstände zwischen den Männchen ließen sich aufgrund der verhältnismäßig geringen Populationsdichten nicht bestimmen. Die Weibchen zeigten keinen Bezug zum Untergrund. C. „Fire Crest Wimpel" dürfte sich wie andere Arten dieser Gattung überwiegend von planktischen Organismen ernähren.

Ähnliche Arten

Vergleiche C. „Fire Crest Wimpel".

Copadichromis „Fire Crest Yellow" (Makanjila/Fort Maguire)

Copadichromis „Fire Crest Yellow" (Nkanda)

Copadichromis „Fire Crest Yellow" (Nkanda)

Copadichromis „Mloto White Top"

Name

Dieser Cichlide wurde an den Inseln Likoma und Chisumulu entdeckt und zunächst als „Mloto" oder auch „Chrysonotus" in den Handel gebracht (STAECK 1988). Es ist zu betonen, daß diese Art weder mit *C. mloto* noch mit *C. chrysonotus* identisch ist. Dies sind zwei deutlich verschiedene Arten. Weitere Bezeichnungen sind „Mloto White Head", „Mloto Likoma" und „Mloto Ivory".

Kennzeichen

Mittelgroßer, mäßig gestreckter Cichlide, der etwa 12 bis 13 cm Gesamtlänge erreicht. Das Zeichnungsmuster besteht aus drei dunklen Körperflecken. Weibchen silbriggrau. Männchen mit tiefschwarzer Körperfärbung. Hellblau bis weiß hervorgehoben sind die Stirn, der obere Rückenbereich und die Rückenflosse. Die Afterflosse ist schwarz mit weißem Saum. Eiflecken sind nicht oder nur als streifenförmige Elemente ausgebildet. Die Schwanzflosse ist schwarz mit manchmal weißer Oberkante.

Verbreitung

An der tansanischen Küste ist diese Art verhältnismäßig häufig im Bereich von Lupingu zu finden. Daneben konnten wir diesen Cichliden auch an der Felsküste zwischen Lupingu und Manda nachweisen. Zwei weitere Populationen sind von Likoma und Chisumulu bekannt.

Lebensraum und Ernährung

C. „Mloto White Top" besiedelt überwiegend gemischte Untergründe in zumeist tieferem Wasser ab etwa 10 m. Bei Lupingu fanden wir diesen Cichliden am häufigsten in etwa 15 bis 20 m Tiefe. Die Männchen waren territorial und verteidigten ihre Reviere auch gegen artfremde Eindringlinge. Den Mittelpunkt des Reviers bildete meist eine Steinspalte oder auch nur eine senkrechte oder schräg aufragende Felswand, an deren Fuß mitunter kleine Gruben sichtbar waren. Weibchen lebten einzeln zwischen den Männchenrevieren. Wir konnten mehrfach beobachten, wie *C.* „Mloto White Top" Nahrungspartikel vom Untergrund aufnahm. Auch die Weibchen zeigten einen deutlichen Bezug zum Untergrund und hielten sich nicht wie viele andere Utaka im freien Wasser auf.

Ähnliche Arten

Das kennzeichnende Merkmal dieser Art besteht in der schwarzen Körperfärbung mit den kontrastierend weiß abgesetzten Stirn- und oberen Flankenregionen. Ein derartige Schwarz-Weiß- oder Blau-Weiß-Kontrastfärbung ist bei mehreren Arten im männlichen Geschlecht vorhanden. Im vorangegangenen Text wurde bereits auf die drei „Fire Crest"-Arten hingewiesen. Weitere Arten sind *C. chrysonotus*, *C. quadrimaculatus*, *C. cyaneus*. Die letztgenannten Arten sind aber überwiegend blau und nicht schwarz und werden zudem deutlich größer. Im Freiland bestehen auch aufgrund der unterschiedlichen Lebensweisen kaum Verwechselungsmöglichkeiten.

Anmerkungen

Die oben angeführten Populationen aus Tansania unterscheiden sich von den Likoma- und Chisumulu-Populationen durch ihre breitere weiße Zone im oberen Körperbereich.

C. „Mloto White Top" ist aufgrund seiner eher am Untergrund orientierten Lebensweise nicht als typischer *Copadichromis* zu bezeichnen.

Copadichromis „Mloto White Top" (Magunga)

Copadichromis „Mloto White Top" (nördlich Lupingu)

Copadichromis cf. *prostoma*

Name

Bei diesem Cichliden könnte es sich um *C. prostoma* handeln (lat. cf. = conferre = vergleiche). Der Typusfundort von *C. prostoma* ist Vua bei Chilumba. Sowohl hinsichtlich des Zeichnungsmusters als auch der Körpergestalt und der Größe besteht eine große Ähnlichkeit (vgl. ECCLES & TREWAVAS 1989: 296–297).

Kennzeichen

Kleiner, langgestreckter Cichlide. Gesamtlänge etwa 10 bis 12 cm. Zeichnungsmuster aus zwei dunklen Längsstreifen, teilweise auch unterbrochen. Der erste Längsstreifen verläuft vom oberen Ende des Kiemendeckels bis in die Schwanzwurzel. Der zweite Längsstreifen verläuft mittig zwischen dem ersten und dem Ansatz der Rückenflosse. Am Ansatz der Rückenflosse ist mitunter eine Reihe dunkler Flecken sichtbar. Körpergrundfärbung dominanter Männchen bläulich bis blauschwarz. Schwarze Pigmenteinlagerungen befinden sich auch in der Afterflosse und im unteren Teil der Rückenflosse. Die Rückenflossenspitzen sind gelblich. Die Schwanzflosse weist ebenfalls gelbe Elemente auf. Weibchen grau bis silbrig.

Verbreitung

Diese Art ist uns an vielen Küstenabschnitten aufgefallen (Ikombe bis Hai Reef). Vermutlich weite Verbreitung an der tansanischen Küste. Der Verfasser fand ähnliche Populationen auch an der Malawi-Ostküste (Makanjila/Fort Maguire).

Lebensraum und Ernährung

C. cf. *prostoma* bevorzugt sandige Untergründe. Nur selten fanden wir diese Art auch über gemischten Untergründen, wenn freie Sandflächen zwischen den Steinen vorhanden waren. Die Männchen sind territorial und legen kleine Sandnester an. Weibchen leben einzeln oder in Gruppen über Sand. *C.* cf. *prostoma* ernährt sich sowohl von Kleintieren, die vom Untergrund aufgenommen werden, als auch von Plankton. Als bevorzugte Wassertiefe dürfte ein Bereich von etwa 3 bis 15 m gelten. Diese Art ist sehr scheu und reagiert auf das Ausatem-Geräusch des Tauchers mit sofortigem Fluchtverhalten.

Ähnliche Arten

Verschiedene Arten der Gattung *Nyassachromis* sowie *C. eucinostomus* dürften aufgrund ihrer Lebensweise über Sandgrund und der schlanken Körperform eine ökologische Gruppe bilden. Die Taxonomie dieser Arten ist schwierig, und es ist offensichtlich, daß es weitere, unbeschriebene Arten aus dieser Gruppe gibt. Nur wenige Arten aus dem genannten Kreis sind in der jüngeren Zeit zuverlässig identifiziert worden (vgl. *Nyassachromis*).

Copadichromis cf. *prostoma* (Pombo Reef)

Copadichromis cf. *eucinostomus* vor seiner Sandburg (Likoma)

Copadichromis „Verduyni Deep Blue"

Name

Die hier vorgestellten Populationen zeigen hinsichtlich ihrer Lebensweise, Körperform und Farbgebung eine hohe Ähnlichkeit zu *C. verduyni* von der Malawi-Ostküste. Sehr wahrscheinlich handelt es sich bei der vorliegenden Art um eine geographische Rasse von *C. verduyni*.

Kennzeichen

Mittelgroßer und bezüglich der relativen Körperhöhe variabler Cichlide. Gesamtlänge etwa 12 bis 13 cm. Das Zeichnungsmuster besteht aus drei dunklen bis schwarzen Flecken auf den Flanken. Letztere sind nur bei Weibchen, nicht aber bei vollgefärbten Männchen erkennbar. Stimmungsabhängig können schwache dunkle Querstreifen hervortreten. Weibchen grau bis silbrig. Im männlichen Geschlecht ist *C.* „Verduyni Deep Blue" populationsabhängig sehr variabel gefärbt. Aber auch innerhalb einer Population gibt es eine gewisse Variationsbreite. Die Grundfärbung ist dunkelblau bis schwarz. Je nach Population werden mehr oder weniger gelbe Pigmente auf den Flanken und in der Afterflosse ausgebildet. Die Rückenflosse trägt einen weißen Saum. Die Populationen von den Felsküsten südlich Kirondo tragen eine weiße Stirnblesse. Die unterschiedlichen Männchenfärbungen lassen sich am besten anhand der beigefügten Unterwasseraufnahmen vergleichen.

Verbreitung

Diese Art konnten wir bei Kirondo, Makonde, Lupingu, Magunga, Felsküste nördlich von Manda, Pombo Reef, Tumbi Reef, Lundu, Puulu, Hongi Island, Lundo Island sowie bei Mbamba Bay am Ponton, an der nördlichen Felsküste, Luhuchi Rocks, Mara Rocks und Ngkuyo Island nachweisen. Damit erstreckt sich das Verbreitungsgebiet über einen Küstenabschnitt von ungefähr 220 km (Luftlinie).

Lebensraum und Ernährung

C. „Verduyni Deep Blue" bevorzugt gemischte Untergründe von flachem Wasser ab etwa 5 m bis in Tiefen von mindestens 30 m. Männchen sind sehr standorttreu und verteidigen Reviere zwischen oder an Felsen bzw. Steinen. Weibchen leben meist in Gruppen von wenigen Exemplaren über dem Untergrund. Vermutlich in Abhängigkeit von der Populationsdichte konnten wir an einigen Stellen größere Weibchen-Schulen von mindestens 30 Exemplaren beobachten (z. B. bei Luhuchi Rocks, Mbamba Bay). An der Felsküste südlich von Kirondo fanden wir ein Männchen, welches in etwa 25 m Tiefe mit einem Weibchen zwischen den Felsen ablaichte. Der Laichakt fand direkt auf dem Untergrund statt, ohne daß das Männchen zuvor eine Grube oder Mulde ausgehoben hätte. Hinsichtlich der Ernährung ist anzumerken, daß wir mehrfach beobachten konnten, wie sowohl Männchen als auch Weibchen Nahrung vom Untergrund oder von Sediment bedeckten Felsen aufnahmen und sich nicht nach Utaka-Art von Plankton ernährten. Die Weibchen zeigten auch keine Tendenz, sich etwas vom Untergrund entfernt bzw. im freien Wasser aufzuhalten, sondern orientierten sich stets am Untergrund.

Ähnliche Arten

Wie bereits unter „Name" erwähnt, handelt es sich bei vorliegenden Art mit hoher Wahrscheinlichkeit um eine geographische Rasse von *C. verduyni*. Dieser Cichlide ist von der Ostküste Ma-

74

Copadichromis „Verduyni Deep Blue" (nördlich Kirondo)

Copadichromis „Verduyni Deep Blue" (südlich Kirondo)

lawis aus dem Bereich von Makanjila/Fort Maguire bereits Anfang der achtziger Jahre unter der Handelsbezeichnung „Haplochromis Borleyi Eastern" bekanntgeworden (SPREINAT 1985). Eine weitere Form oder Standortvariante ist C. „Kawanga" (oder auch C. „Borleyi Kawanga") von der Nordwestküste, der ähnlich wie C. „Verduyni Deep Blue" durch eine insgesamt dunkle Färbung gekennzeichnet ist. Ein weiterer Cichlide, der zum engeren Verwandtschaftskreis von C. *verduyni* zählen dürfte, ist C. *azureus*. Diese Art lebt an der mittleren und südlichen Westküste und ist an der Mbenji- und Maleri-Inselgruppe häufig anzutreffen. C. *azureus* ist im männlichen Geschlecht insgesamt metallisch blau gefärbt.

Schließlich ist hier auch die nachfolgend aufgeführte Population zu erwähnen, die als C. „Verduyni Northern" bezeichnet wird und nördlich von Kirondo bei Ikombe, Nkanda und Lumbira nachgewiesen wurde (s. u.).

Anmerkungen

C. „Verduyni Deep Blue" fällt unter Wasser nicht nur durch seine dunkle Färbung, sondern auch durch sein Verhalten auf. Im Gegensatz zu vielen anderen *Copadichromis* ist diese Art keineswegs scheu und läßt sich vom Unterwasserfotografen kaum beeindrucken.

Bemerkenswert ist weiterhin, daß nahezu alle vom Verfasser an der Ostküste Malawis beobachteten C.-*verduyni*-Männchen Mulden vor Steinen ausgehoben hatten. Selbiges gilt für C. „Kawanga" von der Nordwest-Küste. An der Nordostküste konnten wir dagegen sowohl territoriale Männchen mit als auch ohne (s. o.) Laichgruben beobachten.

Copadichromis „Verduyni Deep Blue" (Puulu)

Copadichromis „Verduyni Deep Blue" (Mara Rocks, Mbamba Bay)

Copadichromis „Verduyni Deep Blue" (Pombo Reef)

Copadichromis verduyni (Makanjila/Fort Maguire)

Copadichromis „Verduyni Deep Blue", Weibchen (Mara Rocks, Mbamba Bay)

Copadichromis „Verduyni Deep Blue" (Mbamba Bay, nördl. Felsküste)

77

Copadichromis „Verduyni Northern"

Name

Wie auch bei der vorangehenden Art, handelt es sich wahrscheinlich um eine geographische Form von *C. verduyni*. „Northern" bezieht sich auf das Vorkommensgebiet, welches ganz im Norden etwa von Ikombe bis Lumbira liegt.

Kennzeichen

Mittelgroßer, etwa 12 cm Gesamtlänge erreichender Cichlide. Weibchen grau bis beigefarben. Im Gegensatz zu den südlich von Lumbira vorkommenden Populationen, zeigt *C.* „Verduyni Northern" keine drei Flecken auf den Körperseiten bzw. ein nur im Ansatz erkennbares Fleckenmuster. Die Männchen weisen einen blauen Kopf und oberen Flankenbereich auf. Die untere Hälfte der Flanken trägt gelbe Pigmente, die individuell unterschiedlich intensiv ausgebildet sind. Rückenflosse mit weißem Saum.

Verbreitung

Dieser Cichlide ist in den Küstenbereichen von Ikombe, Nkanda und Lumbira verbreitet.

Lebensraum und Ernährung

Vgl. *C.* „Verduyni Deep Blue". Gemischte Untergründe von etwa 5 bis mindestens 30 m Tiefe. Die Männchen bilden Reviere, die zwischen oder an Steinen oder Felsen liegen. Weibchen findet man einzeln oder in Gruppen von zumeist drei bis fünf Exemplaren. *C.* „Verduyni Northern" nimmt Nahrungspartikel überwiegend vom Untergrund oder von Sediment bedeckten Steinen auf. Sofern vorhanden, frißt diese Art natürlich auch Plankton.

Ähnliche Arten

Vgl. *C.* „Verduyni Deep Blue". Nach unseren Beobachtungen zeigen die Weibchen im Gegensatz zu den südlich von Lumbira lebenden und als „Verduyni Deep Blue" bezeichneten Populationen kein (oder nur ein sehr schwach ausgebildetes) Drei-Flecken-Muster. Die Männchen sind zudem wesentlich heller gefärbt. Aus diesem Grunde wurden diese Populationen entsprechend abgegrenzt. Im Rahmen einer taxonomischen Bearbeitung könnte man die nördlichen Populationen z. B. als Unterart abgrenzen.

Anmerkungen

Es ist bemerkenswert, daß sich mit *C.* „Verduyni Northern" eine geographische Form an einem Küstenabschnitt entwickelt hat, der durch keine offensichtlichen Barrieren (z. B. tiefes Wasser oder große Sandbuchten) von den südlichen Küsten isoliert ist. In diesem Zusammenhang ist zu berücksichtigen, daß dieser Cichlide und auch *C.* „Verduyni Deep Blue" keine enge Bindung an felsige Untergründe aufweist. So fanden wir *C.* „Verduyni Deep Blue" auch an dem in Mbamba Bay auf Sandgrund gesunkenen Ponton. Zur Besiedlung dieses künstlichen Riffs mußten die betreffenden Exemplare weite Strecken über Sand zurücklegen, da die nächsten Felsküsten mehrere hundert Meter entfernt sind.

Copadichromis „Verduyni Northern" (Lumbira)

Copadichromis „Verduyni Northern" (Nkanda)

Die Gattung *Eclectochromis*   Eccles & Trewavas 1989

Im Rahmen der jüngsten Revision der Nicht-Mbunas (Eccles & Trewavas 1989: 277–281) wurden in diese Gattung *E. ornatus*, *E. lobochilus* und *E. festivus* gestellt. Nach den o. g. Autoren ist für diese Arten ein eher ursprüngliches und vergleichsweise wenig entwickeltes Zeichnungsmuster aus vertikalen und horizontalen Elementen charakteristisch. Kennzeichnendes Merkmal sind die kräfig entwickelten, hakenförmig nach oben bzw. unten aufgeworfenen Ober- und Unterlippen.

Die Typus-Art der Gattung ist *E. ornatus*. Diese Art ist nach zwei Exemplaren beschrieben worden. Der genaue Fundort der Belegexemplare ist nicht bekannt („Lake Nyasa“). *E. lobochilus* wurde nach nur einem Exemplar von Chilumba beschrieben, ebenso *E. festivus* (Typuslokalität: Nkhudzi, südlich von Monkey Bay). Vermutlich sind alle drei Arten identisch (vgl. „Anmerkungen“ zu *E. ornatus*).

Weitere, wissenschaftlich noch unbeschriebene Arten, die dieser Gattung zuzuordnen sind, werden als *E.* „Hertae“ (Likoma, Chisumulu) und *E.* „Thick Lip Mbenji“ (Mbenji Inselgruppe, mittlere Westküste) bezeichnet (Spreinat 1989a).

Eccles & Trewavas (1989: 113–115) ordneten *E. milomo* der Gattung *Placidochromis* zu. Ausschlaggebend hierfür war das aus breiten schwarzen Querstreifen bestehende Zeichnungsmuster. Letzteres ist jedoch sehr variabel (s. u.). Weiterhin besitzt *E. milomo* die oben beschriebene Lippenform und ist auch hinsichtlich seiner Körpergestalt den o. g. Arten sehr ähnlich, während er dagegen kaum Ähnlichkeiten zu *Placidochromis*-Arten aufweist. Aus diesen Gründen ist diese Art am besten in die Gattung *Eclectochromis* einzuordnen.

Eclectochromis-Arten besiedeln felsige, gemischte und z. T. auch sandige Bereiche. Die aufgeworfenen Lippen werden als Anpassungserscheinung ihrer Ernährungsweise betrachtet. Eine Hypothese besagt, daß beim Abweiden von rauhen Felsoberflächen diese mit Hilfe der aufgeworfenen Lippen abgedichtet werden und so die in kleinen Spalten verborgenen Kleintiere förmlich herausgesaugt werden können (Eccles & Trewavas 1983: 115). Bei dieser Hypothese ist allerdings nur schwerlich nachvollziehbar, warum die Lippen hakenförmig nach oben bzw. unten vergrößert sind. Eine andere Erklärung besteht darin anzunehmen, daß sich in den Lippenfortsätzen vermehrt Sinneszellen („Geschmackszellen“) befinden, mit denen die Tiere im Sediment oder Felsaufwuchs verborgene Organismen aufspüren können (Fryer 1959). Daß die ungewöhnliche Lippenform von der Ernährungsweise abhängt, gilt mittlerweile als gesichert. Es ist bekannt, daß z. B. über sandigen Untergründen gefangene Exemplare keine oder kaum verdickte Lippen aufweisen. Aquarien-Nachzuchten entwickeln ebenfalls keine oder nur im Ansatz verdickte Lippen (Spreinat 1992b). Offenbar steht die Vergrößerung der Lippen mit dem Abweiden von Felsen in Verbindung.

Als eine weitere Art mit vergrößerten Lippen ist *Cheilochromis euchilus* zu nennen. Dieser Cichlide weist jedoch ein Zeichnungsmuster aus zwei deutlichen Körperlängsstreifen auf, so daß er in einer gesonderten Gattung geführt wird.

Eclectochromis „Hertae" (Likoma Island)

Eclectochromis „Labrosus Mbenji" (Mbenji Island)

81

Eclectochromis milomo (OLIVER 1989)

Kennzeichen

Großer, im Alter verhältnismäßig hochrückiger Cichlide, der eine Gesamtlänge von etwa 20 cm erreicht. Ober- und Unterlippe sind insbesondere bei größeren Exemplaren hakenförmig vergrößert. Das Zeichnungsmuster besteht in der Regel aus breiten schwarzen Querstreifen. Bei Jungtieren verlaufen die Querstreifen unregelmäßig. Abweichungen hinsichtlich der Ausbildung des Zeichnungsmusters kommen vor (vgl. das abgebildete Exemplar von Manda). Körpergrundfärbung der Weibchen graubeige bis bräunlich. Die Männchen zeigen eine bläuliche bis bläulichgelbe Flankenfärbung. Der Kopf ist meist intensiv blau.

Verbreitung

Vermutlich im gesamten See verbreitete Art. Belegte Fundorte reichen vom Süden und Südostarm des Sees über Mbenji Islands, Nkhata Bay, Likoma (ECCLES & TREWAVAS 1989: 115) und die Malawi-Ostküste bei Makanjila (SPREINAT 1989a) bis in den Nordosten, wo wir dieser Art bei Magunga, Cove Mountain und an den Felsküsten nördlich von Manda verhältnismäßig häufig begegneten. Insgesamt ist diese Art aber selten.

Lebensraum und Ernährung

E. milomo besiedelt felsige und gemischte Untergründe und wird überwiegend im tieferen Wasser ab etwa 10 m Tiefe angetroffen. In der Regel findet man einzelne Exemplare, die nicht standorttreu sind, sondern anscheinend ziellos über den Untergrund streifen. Vermutlich ist diese Art auch im männlichen Geschlecht nicht oder nur schwach territorial. Bei der Mbenji

Inselgruppe fand der Verfasser ein vollgefärbtes Männchen sowie etwas weiter entfernt ein Weibchen. Das Männchen schwamm geradewegs auf das Weibchen zu und begann zu balzen. RIBBINK et al. (1983: 247; als *Cyrtocara* „labrosa") berichteten, daß im April 1980 sechs revierverteidigende Männchen bei Nakanthenga Island (Maleri Inselgruppe) in Abständen von etwa 4 m beobachtet werden konnten. Nach Aquarienbeobachtungen verteidigen die Männchen zumindest in der Phase des Ablaichens einen bestimmten Bereich gegen alle anderen Fische.

E. milomo ernährt sich von Insektenlarven und anderen Kleintieren, die im Felsaufwuchs leben (vgl. Gattungsbeschreibung).

Ähnliche Arten

RIBBINK et al. (1983: 247) führten die Population von der Maleri-Inselgruppe als „Maleri Thick Lip" auf. Die Exemplare von der Maleri Inselgruppe zeichnen sich durch zahlreiche bräunliche bis ockerfarbene Pigmente im Kopfbereich und auf den Flanken aus, so daß diese Tiere keine weiße, sondern eine eher bräunliche Grundfärbung aufweisen.

Anmerkungen

E. milomo ist im Handel als „Haplochromis VC 10" bekanntgeworden. VC 10 war die Typenbezeichnung eines Flugzeugs in Malawi. Laut N. EDWARDS (pers. Mitteilung 1984), der diese Art früher im Süden des Sees gefangen hat, stellt der Name eine Anspielung auf die schnelle Schwimmweise dieser Art dar.

Eclectochromis milomo (Aquarientier)

Eclectochromis milomo (Manda)

Eclectochromis milomo (Maleri Island)

Eclectochromis ornatus (REGAN 1922)

Kennzeichen

Mittelgroßer, mäßig hochrückiger Cichlide, der eine Gesamtlänge von ungefähr 20 cm erreicht. Zeichnungsmuster sehr variabel. Größere Exemplare meist mit mehr oder weniger unregelmäßigen Querstreifen und zwei individuell stark ausgeprägten Längsstreifen. Der zentrale Längsstreifen ist in der Regel stärker als der zweite, der etwa mittig zwischen dem ersten und dem Ansatz der Rückenflosse verläuft. Die Längsstreifen sind insbesondere bei jüngeren Exemplaren zu sehen. Weiterhin ist häufig eine Fleckenreihe am Ansatz der Rückenflosse vorhanden. Exemplare von Nkhata Bay zeigen meist ein aus senkrechten Flecken unregelmäßig verlaufendes Zeichnungsmuster. Körpergrundfärbung der Weibchen und Jungtiere silbriggrau bis bräunlich. Dominante Männchen weisen eine grünliche Wangen- und blaue Körperfärbung auf. Der Kehl- und Brustbereich ist meist gelblich-orange. Die Färbung der Männchen aus Tansania entspricht der der Männchen von der Nordwestküste aus dem Bereich Chilumba/Chewere.

Verbreitung

Vermutlich seeweit verbreitet. Die für den Export aus Malawi bestimmten Exemplare stammen überwiegend von der Malawi-Ostküste (Makanjila/Fort Maguire) und den Maleri Inseln. Weiterhin ist *E. ornatus* häufig an der Nordwestküste im Bereich um Chilumba und den nördlich angrenzenden Küsten anzutreffen. An der tansanischen Küste fanden wir diesen Cichliden im Bereich des Livingstone Gebirges (Nkanda, Kirondo), aber auch im Süden bei Lundo Island und Hai Reef.

Lebensraum und Ernährung

E. ornatus bevorzugt gemischte Untergründe in seichtem Wasser. Besonders häufig trifft man diese Art in Tiefen von etwa 5 bis 15 m an. Die Männchen bilden Reviere zwischen Felsen oder größeren Steinen. Weibchen leben einzeln oder in kleinen Gruppen. Brutpflegende Weibchen entlassen ihre Jungtiere auf oder zwischen Steinen und verteidigen diesen Bereich dann. Nach kurzer Zeit werden die Jungtiere wieder ins Maul aufgenommen, und das Weibchen schwimmt weiter. Wir beobachteten diese Art beim Fressen vom Untergrund und vom Felsaufwuchs. Vermutlich ernährt sich *E. ornatus* ähnlich wie *E. milomo* überwiegend von Insektenlarven und anderen Wirbellosen.

Ähnliche Arten

Hinsichtlich der Körpergestalt, Lippenform und Färbung sind E. „Thick Lip Mbenji" und E. „Hertae" als ähnliche Arten zu nennen. E. „Thick Lip Mbenji", der bislang nur von der Mbenji-Inselgruppe bekanntgeworden ist, läßt sich insbesondere durch das für diese Art typische Schachbrett-Zeichnungsmuster abgrenzen. E. „Hertae" lebt bei Likoma und Chisumulu und zeigt keine so stark entwickelten Lippen; zudem bleibt diese Art meist kleiner und hat keinen grünlichen Wangenbereich.

Anmerkungen

E. ornatus wurde in der Aquaristik unter dem irreführenden Namen „Haplochromis Flavimanus" populär. Der Verfasser vermutete zunächst, daß der „Flavimanus" mit *E. lobochilus* identisch ist (SPREINAT 1989a und 1989b). Dies trifft in der Tat auf die Population von Chilumba zu.

Eclectochromis ornatus (Chewere, Chilumba)

Eclectochromis ornatus im Aquarium

Das einzige Belegexemplar von *E. lobochilus* stammt von Chilumba. Nichtsdestoweniger ist diese Art nach eigenen Untersuchungen hinsichtlich des Zeichnungsmusters und auch in bezug auf die Ausbildung der aufgeworfenen Lippen so variabel, daß fließende Übergänge zu *E. ornatus* bestehen. Vor diesem Hintergrund erscheint es nicht gerechtfertigt, *E. lobochilus* als eigenständige Art aufrechtzuerhalten. Als ältere Art hat *E. ornatus* Namenspriorität, so daß *E. lobochilus* als Synonym zu *E. ornatus* gelten muß. Vermutlich ist auch *E. festivus* als artgleich mit *E. ornatus* anzusehen. Das einzige Belegex-emplar dieser Art, ein 8,5 cm großes halbwüchsiges Tier, stammt aus dem Süden des Sees (Nkhudzi, südlich von Monkey Bay). Nach dem gegenwärtigen Kenntnisstand lebt hier keine weitere Art außer *E. ornatus*. Vor dem Hintergrund der Variabilität dieser Art ist es naheliegend anzunehmen, daß die geringfügigen morphologischen Unterschiede (geringere Zahl an Kiemendornen, leicht vergrößerte Pharyngealbezahnung; ECCLES & TREWAVAS 1989: 279), die sich nur auf das eine Belegexemplar beziehen, aller Voraussicht nach im Rahmen der Variationsbreite von *E. ornatus* liegen.

Eclectochromis ornatus, Weibchen (Lundo Island)

Eclectochromis-ornatus-Männchen in seinem Revier bei Makanjila/Fort Maguire

Die Gattungen *Lethrinops* & *Taeniolethrinops*   REGAN 1922

Bis vor kurzer Zeit wurde eine Gruppe von Cichliden, die sich von anderen „Haplochromis" bzw. Nicht-Mbunas durch ihre Ernährungsweise (Aussieben von Sand nach Freßbarem) und die damit verbundene spezielle Bezahnung unterscheiden, in der Gattung *Lethrinops* zusammengefaßt. In der jüngst vorgelegten Revision (ECCLES & TREWAVAS 1989) wurden die *Lethrinops*-Arten in separate Gattungen gestellt, die entweder ein diagonales Band als Zeichnungsmuster aufweisen (jetzt: *Taeniolethrinops*) oder sich durch eine besondere Form des Pharynxknochens auszeichnen (jetzt: *Tramitichromis*).

Die Taxonomie der gesamten Gruppe ist bearbeitungsbedürftig. ECCLES & TREWAVAS weisen ausdrücklich darauf hin, daß es noch eine Reihe unbeschriebener Arten gibt bzw. daß bei einer umfassenden Bearbeitung möglicherweise Synonymisierungen vorgenommen werden müssen. Nur bei wenigen Arten ist die Artzugehörigkeit mit hinreichender Sicherheit geklärt.

Die Vertreter dieser Gruppe werden meist 10 bis 20 cm groß (Gesamtlänge) und leben über sandigen oder gemischten Untergründen. Die Ernährungsweise ist charakteristisch. Der Sand (oder auch Kies) wird portionsweise ins Maul genommen und nach Freßbarem ausgesiebt. Manche Arten stürzen sich dabei förmlich kopfüber in den Untergrund und verschwinden bis zu den Augen (und tiefer) im Sand. Zumindest in der Laichzeit sind die Männchen territorial und bauen z. T. große Sandgruben oder sogar -burgen.

Eine Reihe von *Lethrinops*-Vertretern wurde in Tansania vorgefunden. Nachfolgend sind nur die Arten aufgeführt, die wir besonders häufig beobachten konnten.

Ein Männchen von *Taeniolethrinops* „Black Fin" bewacht seine Sandburg (Lupingu). Die kleinen Vertiefungen im Untergrund sind auf die Grabaktivitäten dieser Art zurückzuführen.

Lethrinops „Yellow Collar"

Name

Der vorläufige Arbeitsname dieser wissenschaftlich noch unbeschriebenen Art geht auf RIBBINK und Mitarbeiter zurück, die diesen Cichliden erstmals in der Literatur erwähnten. Die genannten Autoren ordneten diese Art allerdings als *Aulonocara* ein (RIBBINK et al. 1983: 245). Diese Art weist jedoch keine wesentlich vergrößerten Öffnungen des Seitenliniensystems im Kopfbereich auf (vgl. *Aulonocara*) und ist aufgrund der Bezahnung in die Gattung *Lethrinops* einzustufen. Eine andere Bezeichnung, die in jüngster Zeit unnötigerweise verbreitet wurde, ist *Lethrinops* „Nyassae" (KONINGS 1992: 319).

Kennzeichen

Kleiner Cichlide, der etwa 10 cm Gesamtlänge erreicht. Ein Zeichnungsmuster fehlt weitestgehend; je nach Stimmung sind schwache dünne Querstreifen erkennbar. Weibchen sind einfarbig silbrig bis grau. Die Männchen sind durch einen blauen Vorderkopf und gelben Nacken bzw. vorderen Rückenbereich gekennzeichnet. Ein weiteres Merkmal stellt der insbesondere im hinteren Teil der Rückenflosse ausgeprägte schwarze Pigmentstreifen dar. Bei manchen Exemplaren ist auch der obere Teil der Schwanzflosse schwärzlich. Bemerkenswert sind auch die zahlreichen und sehr großen Eiflecken in der Afterflosse der Männchen.

Verbreitung

Vermutlich im gesamten See verbreitet. Belegte Fundorte liegen im Süden (Bereich Monkey Bay, Thumbi West Island) und bei Likoma (RIBBINK et al. 1983: 245). Nach eigenen Beobachtungen auch an der Malawi-Ostküste (Makanjila/Fort Maguire) und Nordwestküste bei Chilumba verbreitet. In Tansania fanden wir diesen Cichliden bei Lupingu, Lundo Island und am nördlichen Rand der Mbamba Bay.

Lebensraum und Ernährung

L. „Yellow Collar" bewohnt überwiegend sandige Bereiche. Wir begegneten diesem Cichliden meist in der Nähe von Felsen auf Sandgrund oder über sandigen Bereichen, die sich im tiefen Wasser an den auslaufenden Felsgrund anschlossen. Die Männchen sind standorttreu und verteidigen Reviere. Zentrum des Reviers ist meist eine Grube, deren Größe offenbar von der Populationsdichte abhängt. Je mehr Männchen in einem Areal vorkommen, desto kleiner scheinen die Gruben zu sein. Weibchen findet man meist in Gruppen auf den angrenzenden Sandflächen. Die jeweilige Wassertiefe, in der diese Art lebt, ist offenbar abhängig von der Art des Untergrundes. An manchen Stellen, an denen die Felsbereiche bereits in 10 m Tiefe in Sandgrund verlaufen, lebt *L.* „Yellow Collar" in vergleichsweise flachem Wasser. Tendenziell scheint dieser Cichlide aber häufiger in tieferem Wasser ab etwa 20 m vorzukommen. Bei Likoma konnte der Verfasser diese Art in 50 m Tiefe an der Insel Masimbwe beobachten, wo geschätzt über 100 Tiere in einer großen Laichkolonie lebten. Nach Aquarienbeobachtungen ist *L.* „Yellow Collar" wenig durchsetzungsfreudig und wird durch andere Arten leicht unterdrückt. Möglicherweise ist die Lebensweise im tiefen Wasser darauf zurückzuführen, daß diese Art der Konkurrenz um Reviere im flachen Wasser nur bedingt gewachsen ist. *L.* „Yellow Collar" nimmt Nahrungspartikel vom und aus dem Untergrund auf, in dem auf *Lethrinops*-typische Weise gegraben wird.

Lethrinops „Yellow Collar" (nördlich Mbamba Bay)

Lethrinops „Yellow Collar", Weibchen (nördlich Mbamba Bay)

Taeniolethrinops „Black Fin"

Name

Der Name bezieht sich auf die bei dominanten Männchen stark ausgebildeten schwarzen Pigmente im hinteren Teil der Rückenflosse. Es ist nicht auszuschließen, daß es sich um eine bereits beschriebene Art handelt (vgl. Gattungstext). Da die gesamte Gruppe bearbeitungswürdig ist, wird hier nicht der Versuch unternommen, die vorliegende Art einer ähnlichen, bereits beschriebenen Art zuzuordnen.

Kennzeichen

Mittelgroßer, mäßig hochrückiger Cichlide. Gesamtlänge etwa 15 cm. Zeichnungsmuster aus einem teilweise unterbrochenen und in der Mitte meist fleckenartig verdickten Diagonalstreifen. Bei manchen Weibchen ist das Zeichnungsmuster nur sehr schwach ausgebildet. Grundfärbung der Weibchen silbriggrau bis gelblich. Dominante Männchen weisen einen metallisch blauen Vorderkopf- und Wangenbereich auf. Flanken grünlich bis gelblich mit blauem Schimmer. Unterer Brustbereich gelblich. Hinterer Teil der Rückenflosse und unterer Bereich der Afterflosse tiefschwarz. Afterflosse mit stark ausgeprägten gelben Punkten bzw. zahlreichen langgezogenen Pigmentstreifen.

Verbreitung

Diese Art scheint an der gesamten tansanischen Küste vorzukommen. Wir fanden *T.* „Black Fin" bei Ikombe, Nkanda, Lupingu, Pombo Reef und Undu Point. An der Malawi-Ostküste (Makanjila/Fort Maguire) konnte der Verfasser ähnliche Populationen beobachten.

Lebensraum und Ernährung

Gemischte und sandige Untergründe vom Flachwasser (2–3 m) bis in etwa 15 m Tiefe scheinen den bevorzugten Lebensraum dieser Art darzustellen. Die Männchen sind strikt territorial und bauen kraterförmige Sandburgen, in die die Weibchen zum Ablaichen gelockt werden. Direkt vor Lupingu beobachteten wir mehrere Männchen, die in etwa 3 m Tiefe auf Sandgrund in unmittelbarer Nachbarschaft zu einem Vallisnerienbestand und Felsbereich erhöhte Sandgruben angelegt hatten. Der Abstand dieser Burgen betrug 3 bis 4 m. Der Randdurchmesser der Sandburgen lag bei etwa 60 bis 80 cm, die Kraterrandhöhe bei etwa 10 bis 20 cm. Auffallend war, daß die Männchen nicht nur aus dem Innenbereich der Burg Sand auf den Rand beförderten, sondern auch aus dem Außenbereich Sand holten und auf der Kante abluden. Auf diese Weise war eine mehr oder weniger gleichmäßige, ringförmige Vertiefung um die Sandburg herum entstanden. Der Gesamtdurchmesser betrug etwa 1,5 m und wurde als engere Zone des Reviers betrachtet. D. h., daß kein Fisch innerhalb dieses Bereichs geduldet wurde. Artgleiche Männchen wurden aber noch bevor sie sich dem äußeren Ring näherten, angegriffen und vertrieben.

T. „Black Fin" nimmt Nahrung auf, indem der Untergrund portionsweise ausgesiebt wird. Die kleinen Mulden im Untergrund zeugen von der Grabaktivität dieser Art.

Ähnliche Arten

Eine hinsichtlich der Körpergestalt ähnliche Art ist *Lethrinops furcifer*.

Lethrinops „Black Fin" (Lupingu)

Lethrinops „Black Fin" (Pombo Reef)

Lethrinops „Black Fin", unterlegenes Männchen (Pombo Reef)

91

Taeniolethrinops praeorbitalis (REGAN 1922)

Kennzeichen

Großer Cichlide, der Gesamtlängen von 25 bis 30 cm erreichen kann. Typisch ist die leicht vorgestreckte, breite Schnauze, wodurch das Maul schaufelförmig wirkt. Das Zeichnungsmuster besteht aus einem dunklen Diagonalstreifen, der aber stimmungsabhängig vollständig zurücktreten kann. Mitunter sind schmale, schwach ausgebildete Querstreifen sichtbar. Ebenfalls stimmungsabhängig ist bei manchen Tieren ein gegabelter Diagonalstreifen vorhanden, der die Form eines liegenden „Y" besitzt. Das schräg nach unten in Richtung Brustflosse weisende Band des „Y" ist aber nur kurz. Die Körpergrundfärbung der Jungtiere, Weibchen und halbwüchsigen Männchen ist silbriggrau bis gelblich. Insbesondere der Schnauzen- und untere Kopfbereich sowie die Brust sind bei manchen Tieren intensiv gelb. Die Gelbfärbung erstreckt sich häufig auch auf die Bauch- und Afterflossen. Dominante Männchen zeigen keine Gelbtöne mehr, sondern sind insgesamt dunkelgrünlich bis bläulich.

Verbreitung

Vermutlich ist diese Art im gesamten See verbreitet. Nach ECCLES & TREWAVAS (1989: 261) kommt *T. praeorbitalis* häufig im Süden des Sees und auch bei Mbenji Island vor. Nach eigenen Beobachtungen lebt dieser Cichlide auch an der Malawi-Ostküste (Makanjila/Fort Maguire) sowie an der Nordwestküste (Chilumba). In Tansania fanden wir *T. praeorbitalis* bei Lupingu und Cove Mountain.

Lebensraum und Ernährung

T. praeorbitalis ist ein Bewohner sandiger Bereiche, der vom Flachwasser bis in Tiefen von über 50 m vorkommt (ECCLES & TREWAVAS 1989: 261; 30 Faden = ca. 55 m). Man trifft diese Art einzeln oder in kleinen Trupps von zwei bis vier Exemplaren an. Während des Ablaichens besetzen die Männchen Reviere (KONINGS 1992: 322).

T. praeorbitalis ernährt sich überwiegend von Insektenlarven (ECCLES & TREWAVAS 1983: 261), die aus dem Untergrund „gegraben" werden. Der Fisch stößt hierzu senkrecht in den Untergrund, in dem er mitunter bis über die Augen verschwindet. Mit dem Maul voll Sand kommt er wieder hervor und siebt den Sand nach Freßbarem durch. Feinanteile werden durch die Kiemenspalten ausgeschieden. Durch diese Wühlaktivität werden andere Fische angezogen, die aufgescheuchte Bodenorganismen aufschnappen. Manche Arten, wie z. B. *Cyrtocara moorii*, folgen *T. praeorbitalis* sogar über weite Strecken und bilden dann mehr oder weniger eine Freßgemeinschaft.

Ähnliche Arten

Die langgezogene Schnauze in Verbindung mit dem Diagonalstreifen ist typisch, so daß diese Art verhältnismäßig einfach zu erkennen ist.

Anmerkungen

Trotz seiner Größe ist *T. praeorbitalis* im Aquarium friedfertig und läßt sich gut mit anderen, auch wesentlich kleineren Arten vergesellschaften. *T. praeorbitalis* entwickelt einen gewaltigen Appetit. Diese Art wurde auch schon im Aquarium gezüchtet.

Taeniolethrinops praeorbitalis (Aquarienfoto)

Taeniolethrinops praeorbitalis im Aquarium

Taeniolethrinops praeorbitalis gefolgt von *Cyrtocara moorii* (Lupingu)

Taeniolethrinops praeorbitalis beim Graben im Untergrund (Lupingu)

Die Gattung *Lichnochromis*

Die Gattung Lichnochromis umfaßt nur eine Art: *L. acuticeps*. Die lange, seitlich stark komprimierte Schnauze in Verbindung mit einem Diagonalstreifen sind die wesentlichen Charakteristika dieser Gattung.

Lichnochromis acuticeps

TREWAVAS 1935

Kennzeichen

Mittelgroßer, mäßig langgestreckter Cichlide mit langer, seitlich stark zusammengedrückter Schnauze. Gesamtlänge etwa 20–25 cm. Zeichnungsmuster aus einem dunklen Diagonalstreifen. Körpergrundfärbung der Weibchen silbriggrau bis gelblichbraun. Dominante Männchen zeigen eine insgesamt grünblaue Färbung mit goldenen Schuppenrändern auf den Flanken. Der Brust- und Bauchbereich ist bei manchen Exemplaren gelblich.

Verbreitung

L. acuticeps ist an vielen Küstenabschnitten (Monkey Bay, Malawi-Ostküste bei Makanjila/Fort Maguire, Maleri Islands, Nordwestküste) nachgewiesen worden, so daß von einer weiten Verbreitung im gesamten See auszugehen ist. Verhältnismäßig häufig ist dieser Cichlide an der Nordwestküste im Bereich von Nkhata Bay bis Chilumba (eig. Beobachtungen). In Tansania konnten wir diese Art bei Lupingu und Puulu Island nachweisen. *L. acuticeps* ist selten.

Lebensraum und Ernährung

L. acuticeps besiedelt gemischte Untergründe und wird überwiegend vom flachen Wasser bis in etwa 15 m Tiefe angetroffen. Diese Art lebt einzeln und ist nicht standorttreu. Aus Aquarienbeobachtungen ist bekannt, daß dominante Männchen insbesondere während der Balz und im Zeitraum des Ablaichens bestimmte Bereiche gegen alle anderen Beckeninsassen verteidigen. Im natürlichen Lebensraum fällt *L. acuticeps* neben seiner langgestreckten Schnauze durch seine Ernährungsweise auf. Gezielt werden Steine angeschwommen, die gegen den Untergrund hohl liegen bzw. eine horizontale Spalte bilden. Der Fisch dreht sich kurz vor der Spalte um 90 Grad auf die Seite, um dann mit seinem seitlich extrem zusammengedrückten Maul möglichst tief in die Spalte zu stoßen. Die aufgenommenen Partikel werden daraufhin nach Freßbarem durchsiebt. Offenbar sieht der Fisch nicht, ob und was für Kleintiere sich in der Spalte aufhalten; allein die Form der Spalte scheint das Freßverhalten auszulösen (SPREINAT 1992b). Im Aquarium ist auch zu beobachten, daß diese Art insbesondere nach der Fütterung den Bodengrund nach Resten durchsucht. *L. acuticeps* ist kein Raubfisch. Im Aquarium kann dieser Cichlide mit wesentlich kleineren Arten bzw. Jungtieren zusammen gepflegt werden.

Ähnliche Arten

Sowohl hinsichtlich der Körperform als auch in bezug auf das Zeichnungsmuster sind *Mylo-*

chromis cf. *lateristriga* (Handelsbezeichnung: „Flame Oxyrhynchus"), *M.* „Pointed Nose" und *M.* „Pointed Nose Tansania" (s. u.) ähnlich. Allen drei Arten fehlt jedoch die seitlich komprimierte Schnauze. In Tansania fanden wir eine weitere Art (*Mylochromis* „Mchuse", s. u.), die ebenfalls eine lange, aber nicht seitlich komprimierte Schnauze aufweist.

Anmerkungen

Im Aquarium aufgezogene Exemplare von *L. acuticeps* zeigen keine so stark seitlich komprimierte Schnauze wie die Wildfänge. Es könnte vermutet werden, daß dieses Merkmal in ähnlicher Weise in Abhängigkeit von der Ernährungsweise ausgebildet wird wie die Wulstlippen bei *Eclectochromis ornatus*, *E. milomo* und *Cheilochromis euchilus* (SPREINAT 1992b).

Lichnochromis acuticeps im Aquarium

Lichnochromis acuticeps, Weibchen (Lupingu)

Lichnochromis acuticeps bei der Nahrungsaufnahme

95

Die Gattung *Mylochromis*   R<small>EGAN</small> 1920

In dieser Gattung werden Arten zusammengefaßt, die sich durch einen dunklen Diagonalstreifen auszeichnen und verhältnismäßig wenig spezialisiert erscheinen. Letzteres bezieht sich auf
das Fehlen von morphologischen Besonderheiten
im Gegensatz zu den Cichliden, die ebenfalls einen Diagonalstreifen aufweisen, aber durch weitere Merkmale gekennzeichnet und somit in separate Gattungen gestellt worden sind (z. B.
Buccochromis: Diagonalstreifen + großes Maul
+ räuberische Lebensweise; *Lichnochromis*: Diagonalstreifen + seitlich komprimierte Schnauze).

Unter den Zeichnungsmustern der Malawisee-Cichliden ist das Diagonal-Streifenmuster
in besonderer Weise hervorzuheben. Kein Cichlide außerhalb des Malawisees hat ein sol-
ches Zeichnungsmuster entwickelt. E<small>CCLES</small> &
T<small>REWAVAS</small> (1989: 28) verweisen darauf, daß alle

Diaganolstreifen-Gattungen vermutlich auf
eine eigene „Linie" im Stammbaum der Malawisee-Cichliden zurückzuführen sind.

Mylochromis-Vertreter werden meist um 15
bis 20 cm groß und zählen zu den nichträube-
rischen Arten. Viele Arten dürften eine weite
Verbreitung aufweisen.

(Anmerkung: In der Revision von E<small>CCLES</small> &
T<small>REWAVAS</small> wurde für die Vertreter dieser Gattung
die Gattung *Maravichromis* aufgestellt. Hierbei
ist aber übersehen worden, daß R<small>EGAN</small> bereits
1920 die Gattung *Mylochromis* für *M. lateristriga*
eingeführt hatte (R<small>EGAN</small> 1920), die aber zwischenzeitlich wieder für ungültig erklärt worden war.
Somit existierte bereits ein Gattungsname für Arten mit Diagonalstreifen-Muster; *Maravichromis*
mußte als jüngeres Synonym zu *Mylochromis*
eingezogen werden (D<small>ERIJST</small> & S<small>NOEKS</small> 1992).)

Mylochromis lateristriga im Aquarium

Stein-Biotop bei Kirondo in etwa 10 m Tiefe.

Mit der Nyanja unterwegs; Tauchplatz in einer kleinen Bucht etwa 500 m nördlich von Lupingu.

Mylochromis labidodon (TREWAVAS 1935)

Kennzeichen

Mittelgroßer, mäßig langgestreckter Cichlide. Gesamtlänge meist um 15 cm, selten bis 20 cm. Zeichnungsmuster aus einem Diagonalstreifen, der auch zu einer Fleckenreihe aufgelöst sein kann. Die Flecken sind teilweise in vertikaler Richtung verlängert, so daß auch ein Querstreifenmuster entstehen kann. Grundfärbung grau bis beige. Dominante Männchen zeigen einen blauen bis grünen Kopf. Die Schuppenränder auf den Flanken sind gelb bis orange, so daß die Flanken insgesamt gelb aussehen können. Der Kehl- und Brustbereich ist individuell unterschiedlich mit gelben Pigmenten besetzt. Insbesondere bei älteren Tieren ist die konkav verlaufende, „sattelförmige" Stirnlinie auffallend. Eine weitere Besonderheit besteht in der Bezahnung des Unterkiefers: Die vorderen Zähne sind wesentlich größer als die Zähne in den nachstehenden Reihen.

Verbreitung

Vermutlich weitverbreitete Art. Belegte Fundorte liegen bei Mwaya (Nordende des Sees) und Chilumba (ECCLES & TREWAVAS 1989: 210). KONINGS berichtete über das Vorkommen im Lake Malombe (1992: 160). Der Verfasser beobachtete diese Art im Süden bei Tsano Rock (Monkey Bay). In Tansania fanden wir *M. labidodon* bei Lupingu, Pombo Reef, Lundu, Mbamba Bay (Luhuchi Rocks) und bei Hai Reef.

Lebensraum und Ernährung

M. labidodon bevorzugt gemischte und sandige Bereiche vom Flachwasser bis in Tiefen von ungefähr 15 m. Selten tiefer anzutreffen. Junge Exemplare bzw. halbwüchsige *M. labidodon* (Gesamtlängen etwa 7–9 cm) fanden wir häufig in kleinen Trupps von drei bis acht Tieren. Geschlechtsreife Tiere, Männchen wie Weibchen, trafen wir dagegen nur einzeln an. In jedem Fall konnte festgestellt werden, daß diese Art nicht standorttreu ist und anscheinend ziellos die Unterwasserlandschaft durchstreifte. Bislang ist nicht bekannt, ob die Männchen während der Laichzeit Reviere besetzten. *M. labidodon* ist im Freiland durch seine besondere Art der Beutesuche auffällig. *M. labidodon* ist ein „Steinchendreher", der aus dem Untergrund herausragende Steinchen oder Kiesel mit aller Kraft anschwimmt und mit dem Maul umdreht. Anschließend rudert der Fisch mit den Brustflossen rückwärts und prüft mit dem Kopf nach unten, ob sich Freßbares unter dem Stein befindet. Diese Verhaltensweise konnten wir bei den o. g. jungen Exemplaren sehr häufig beobachten.

Ähnliche Arten

Die verhältnismäßig langgestreckte Körperform in Verbindung mit der sattelförmigen Stirnlinie unterscheidet diese Art von den bislang bekannten anderen *Mylochromis*-Arten. Eine entsprechend langgestreckte Körperform weist auch *M. ericotaenia* auf.

Anmerkungen

Es ist erstaunlich, wie variabel diese Art hinsichtlich ihres Zeichnungsmusters sein kann. Bei manchen älteren Männchen ist der Diagonalstreifen zu vertikalen Flecken aufgelöst, so daß fast ein Querstreifenmuster entsteht.

Mylochromis labidodon (Pombo Reef)

Mylochromis labidodon, Weibchen (Lundu)

Mylochromis labidodon im Aquarium

Mylochromis labidodon (Tsano Rock, Monkey Bay)

Mylochromis labidodon beim Umdrehen eines kleinen Steines (Luhuchi Rocks, Mbamba Bay)

Mylochromis „Mchuse"

Name

„Mchuse" hieß der einheimische Fänger, nach dem diese Art ihren provisorischen Arbeitsnamen erhalten hat. Erstmals im Bild vorgestellt wurde dieser Cichlide von STAECK (1976: 441) als mögliche *Lethrinops*-Art. DEMASON berichtete über dieselbe Art jüngst als „Thick Lip Lichnochromis" (DEMASON 1994a).

Kennzeichen

Mittelgroßer, mäßig langgestreckter Cichlide. Gesamtlänge etwa 16 bis 18 cm. Zeichnungsmuster aus durchgehendem Diagonalstreifen, selten an wenigen Stellen unterbrochen. Angedeutetes Querstreifenmuster. Körpergrundfärbung silbriggrau bis schwach gelblich. Spitze Schnauze mit kräftig entwickelten Lippen. Oberlippe leicht vorstehend. Das Maul wirkt ähnlich wie bei *Lichnochromis acuticeps* schnabelförmig, ist aber nicht seitlich komprimiert, sondern vergleichsweise breit angelegt. Dominante Männchen zeigen verschiedene Blauabstufungen von hell- bis tiefblau. Brustbereich häufig gelblich. In den unpaaren Flossen, insbesondere in der Schwanzflosse, sind im männlichen Geschlecht zahlreiche gelbe bis orange Pigmentstreifen ausgebildet.

Verbreitung

An den Küsten Tansanias anscheinend weite Verbreitung. Aus Malawi ist diese Art dagegen bislang nicht bekanntgeworden. Wir fanden M. „Mchuse" bei Ikombe, Nkanda, Lumbira, Kirondo, Makonde, Lupingu und Magunga. DEMASON (1994a) berichtete über eine Population nördlich von Njambe.

Lebensraum und Ernährung

M. „Mchuse" bewohnt überwiegend gemischte Untergründe. Die Wassertiefen, in denen wir diesen Cichliden beobachteten, lagen zumeist zwischen 5 und 10 m. M. „Mchuse" ist verhältnismäßig selten. Alle beobachteten Exemplare lebten einzeln und waren nicht standorttreu. Vollgefärbte Männchen trafen wir unter Wasser nicht an, so daß keine Angaben zu einem möglichen Revierverhalten vorgelegt werden können. Nach unseren Beobachtungen ernährt sich M. „Mchuse" überwiegend von bodenbewohnenden Wirbellosen. Mit weit geöffnetem Maul stößt diese Art in den sandigen bzw. kiesigen Untergrund und siebt ihn nach Freßbarem durch.

Ähnliche Arten

M. „Mchuse" ähnelt auf den ersten Blick *Lichnochromis acuticeps*, eine Art, die ebenfalls eine lange Schnauze und ein schnabelförmiges Maul aufweist. Im Gegensatz zu *L. acuticeps* ist die Schnauze von M. „Mchuse" jedoch keineswegs seitlich zusammengedrückt. Es ist auch offensichtlich, daß M. „Mchuse" keine geographische Form von *L. acuticeps* darstellt, da auch die letztgenannte Art an der Nordostküste in denselben Lebensräumen angetroffen werden konnte (s. o.).

Mylochromis „Mchuse" (Lupingu)

Mylochromis „Mchuse" (Lupingu)

Mylochromis „Mchuse" (Lupingu)

Mylochromis „Mchuse", Weibchen (Magunga)

Mylochromis „Mchuse", Weibchen (Makonde)

Mylochromis mola (TREWAVAS **1935**)

Kennzeichen

Mittelgroße, im Alter verhältnismäßig hochrükkige Art. Gesamtlängen um 15 bis 18 cm. Zeichnungsmuster aus gattungstypischem Diagonalstreifen, der aber häufig zu einer Fleckenreihe aufgelöst ist. Grundfärbung silbriggrau bis beige. Dominante Männchen sind bläulich bis grünlich, insbesondere im Kopfbereich. Bei manchen Exemplaren sind die Brust sowie der Bauchbereich gelb.

Verbreitung

Sehr wahrscheinlich im gesamten See verbreitet. Belegte Fundorte liegen bei Vua und Chilumba an der Nordwestküste sowie im südöstlichen und südwestlichen Arm des Sees (ECCLES & TREWAVAS 1989: 222). Nach eigenen Beobachtungen lebt diese Art auch an der Malawi-Ostküste (Makanjila/Fort Maguire), an den Inseln Mbenji, Likoma und Chisumulu sowie an der Nordwestküste bei Nkhata Bay. In Tansania fanden wir diese Art bei Ikombe, Kirondo, Lupingu, Undu Point und Hai Reef.

Lebensraum und Ernährung

Gemischte, überwiegend sandige Bereiche und Vallisnerien-Felder zählen zu den bevorzugten Lebensräumen von *M. mola*. Üblicherweise findet man diese Art in flachem Wasser von wenigen Metern bis etwa 10–15 m Tiefe. Männchen sind meist standorttreu und verteidigen Reviere. Manche Männchen hatten im Zentrum ihres Reviers Sandmulden angelegt. Weibchen und Halbwüchsige leben einzeln oder in Gruppen, die in der Regel etwa drei bis zehn Tiere umfassen. *M. mola* gilt als Mollusken-Fresser (Schnecken und Muscheln; FRYER & ILES 1972:

272), die mit Hilfe kräftig entwickelter Schlundzähne aufgebrochen werden.

Ähnliche Arten

Grundsätzlich gibt es eine Reihe ähnlicher Arten dieser Gattung, wie *M. mollis*, *M. incola* oder *M. plagiotaenia*. *M. mola* ist im Vergleich zu diesen Arten dadurch gekennzeichnet, daß der Diagonalstreifen meist mehr oder weniger zu einer Fleckenreihe aufgelöst ist.

Anmerkungen

Trotz des großen Verbreitungsgebietes erscheinen die Männchen hinsichtlich ihrer Färbungsmerkmale im Rahmen der Variationsbreite dieser Art verhältnismäßig einheitlich. Aus Aquarienbeobachtungen ist bekannt, daß diese Art friedfertig ist und gut mit anderen Arten vergesellschaftet werden kann.

Mylochromis mola (Kirondo)

102

Mylochromis mola (Thumbi West Island, Cape Maclear)

Mylochromis mola, Weibchen (Hai Reef)

Mylochromis mola (Lupingu)

Mylochromis mola (Ikombe)

Mylochromis mola (Aquarienfoto)

Mylochromis „Pointed Head Tanzania"

Name

Der Name bezieht sich auf die spitze Kopfform
dieser Art (engl. pointed head = spitzer Kopf).
Eine weitere, möglicherweise artgleiche Population ist von der Malawi-Ostküste als *M.*
„Pointed Head" oder auch „Makanjila Mola"
bekannt (s. u.).

Kennzeichen

Mittelgroßer, mäßig langgestreckter Cichlide.
Gesamtlängen meist um 12 bis 15 cm. Auffallend ist die spitze und im Verhältnis zur Kopflänge lange Schnauze (Abstand zwischen Maul-
spitze und Auge). Zeichnungsmuster aus einem
in der Regel durchgezogenen Diagonalstreifen.
Querstreifen sind stimmungsabhängig schwach
sichtbar. Grundfärbung der Weibchen grau bis
bräunlich. Dominante Männchen werden vollständig blau mit gelbem Kehl- und Brustbereich. Unpaare Flossen mit auffallenden gelben
Pigmentstreifen.

Verbreitung

Wir fanden diese Art überwiegend an den südlichen Küsten Tansanias: Njambe, Mbamba
Bay (Luhuchi Rocks), Undu Point und Hai
Reef. Nach eigenen Beobachtungen leben auch
bei Likoma und Nkhata Bay sehr ähnliche Populationen. Möglicherweise weitverbreitete Art.

Lebensraum und Ernährung

Überwiegend gemischte Untergründe in flachem bis etwa 20 m tiefem Wasser bilden die
Lebensräume dieses Cichliden. Weibchen trafen wir einzeln an. Die Männchen leben standorttreu und verteidigen Reviere zwischen den
Steinen. Nach unseren Beobachtungen nimmt

M. „Pointed Head Tanzania" Nahrungspartikel
vom Untergrund und von den mit Sediment
überzogenen Felsoberflächen auf. Einige Exemplare siebten den Untergrund nach Freßbarem durch. Das kleine Maul läßt vermuten, daß
es sich um einen Kleintierfresser handelt.

Ähnliche Arten

Wie bereits unter „Name" erwähnt, gibt es eine
sehr ähnliche und wahrscheinlich zur selben Art
zählende Population an der Malawi-Ostküste
im Bereich von Makanjila/Fort Maguire. Exemplare dieser Population sind unter den Bezeichnungen „Pointed Head" (auch: „Pointed Nose")
und „Makanjila Mola" exportiert worden
(SPREINAT 1985). Als eine weitere Bezeichnung
wurde jüngst der Name „Lateristriga Makanjila" in das Namensverwirrspiel eingebracht
(KONINGS 1992: 164).
   Ähnliche, aber mit Sicherheit nicht artgleiche Formen sind aus Malawi bekanntgeworden
(z. B. *M.* „New Golden Mola" von den Maleri
Inseln oder *M.* „Magrettae Stripe" von Likoma). Von den wissenschaftlich bereits beschriebenen Arten sind *M. incola*, *M. mollis* und *M.
lateristriga* zu nennen. Die letztgenannte Art
wird aber wesentlich größer und ist im Handel
als „Flame Oxyrhynchus" bekannt. Die Verwandtschaftsbeziehungen der verschiedenen
Formen/Arten sind noch nicht abschließend
geklärt.

Anmerkungen

Bei Undu Point und Luhuchi Rocks (Mbamba
Bay) beobachteten wir Exemplare, die eine relativ kürzere Schnauze und einen zwar konti-
nuierlichen, aber nicht bis zum Rückenflossenan-
satz reichenden Diagonalstreifen aufwiesen.

Vor dem Hintergrund der bei vielen Arten auch in bezug auf das Zeichnungsmuster hohen Variabilität sind zu wenig Exemplare vorgefunden worden, als daß hier ein sicheres Urteil darüber möglich wäre, ob es sich bei diesen Tieren um eine andere Art handelt oder nicht. Aufgrund des plötzlich abbrechenden Diagonalstreifens nannten wir diese Exemplare während unserer Felduntersuchungen M. „Stop Line".

Mylochromis „Pointed Head Tanzania", Weibchen (Hai Reef)

Mylochromis „Pointed Head Tanzania" (Hai Reef)

Mylochromis cf. „Pointed Head Tanzania" (Undu Point)

Mylochromis semipalatus (TREWAVAS 1935)

Kennzeichen

Mittelgroßer, verhältnismäßig hochrückiger Cichlide. Gesamtlänge meist um 15 bis 20 cm, selten größer. Deutlicher, kontinuierlich verlaufender schwarzer Diagonalstreifen. Grundfärbung meist gelblich. Gelbe Pigmente sind häufig besonders deutlich im Kopf-, Brust- und unteren Flankenbereich ausgebildet. Auch die Flossen tragen gelbliche Pigmente. Tendenziell ist die Gelbfärbung bei jüngeren Exemplaren deutlicher vorhanden, während ausgewachsene Tiere diese kaum mehr aufweisen. Dominante Männchen zeigen im Kopfbereich und weniger stark auch auf den Flanken einen blauen bis grünen Glanz.

Verbreitung

Vermutlich weite Verbreitung im gesamten See, aber nirgends häufig anzutreffen. Die Belegexemplare dieser Art stammen von der Nordwestküste (Chilumba/Kaporo; ECCLES & TREWAVAS 1989: 218). Nach eigenen Beobachtungen auch an der Malawi-Ostküste (Makanjila/Fort Maguire), im südöstlichen Teil des Sees (Eccles Reef) und an der mittleren Westküste (Senga Bay) verbreitet. In Tansania fanden wir diese Art bei Lupingu, Pombo Reef und Tumbi Reef.

Lebensraum und Ernährung

Sandige oder gemischte Untergründe scheinen den bevorzugten Lebensraum von *M. semipalatus* zu bilden. Wir trafen diese Art einzeln, manchmal auch in kleinen Gruppen an. *M. semipalatus* ist nirgends häufig, so daß sich unsere Angaben auf Beobachtungen an nur wenigen Exemplaren beziehen. Keines der angetroffenen Exemplare war standorttreu. Die Nahrungsaufnahme konnten wir nicht beobachten.

Ähnliche Arten

Eine sehr ähnliche Art in bezug auf Körperform und -färbung ist *Platygnathochromis melanonotus*. Dieser Cichlide weist einen extrem flachen Unterkiefer auf. Aufgrund des sonderbaren Unterkiefers wurde diese Art in eine eigene Gattung gestellt. Bis auf den Unterkiefer scheinen *M. semipalatus* und *P. melanonotus*, soweit bekannt, in jeder Hinsicht identisch zu sein. Dies führte bereits zu Spekulationen darüber, daß es sich nur um eine Art handelt und der abgeflachte Unterkiefer, in Analogie zu den Wulstlippen der *Eclectochromis*-Arten, nur auf eine besondere Weise der Nahrungsaufnahme zurückzuführen sei (KONINGS 1993). Dem widersprechen jedoch eindeutig Aquarienbeobachtungen. Während die Wulstlippen bei Aquariennachzuchten aufgrund der fehlenden arttypischen Nahrungsaufnahme nicht oder nur gering entwickelt werden, zeigen im Aquarium bis zur Geschlechtsreife und mit dem üblichen Ersatzfutter aufgezogene *P. melanonotus* durchgehend einen flachen Unterkiefer.

Anmerkungen

M. semipalatus wie auch *P. melanonotus* wurden als „Haplochromis Yellow Black Line" in den Handel gebracht.

106

Mylochromis semipalatus, Männchen und Weibchen (Lupingu)

Mylochromis semipalatus (Aquarienfoto)

Mylochromis semipalatus, Weibchen (Tumbi Reef)

Mylochromis semipalatus, Weibchen (Malawi)

Platygnathochromis melanonotus (Malawi)

Die Gattung *Nyassachromis*

In dieser Gattung werden kleine bis mittelgroße Cichliden mit kleinem Kopf und langem Schwanzstiel sowie von zumeist langgestreckter Form geführt. Ein Zeichnungsmuster ist entweder nicht oder nur in Form von Längs- bzw. schwachen Querstreifen ausgebildet. Verschiedene *Nyassachromis*-Arten sind Sandcichliden. In einigen Fällen ist die Abgrenzung zur Gattung *Copadichromis* unsicher, so daß eine Neudefinition beider Gattungen sinnvoll wäre.

Zur Zeit sind sechs *Nyassachromis*-Arten formal wissenschaftlich beschrieben (*N. bre-viceps, N. leuciscus, N. microcephalus, N. nigritaeniatus, N. purpurans, N. serenus*). Die Identifizierung der beschriebenen Arten bzw. die Zuordnung der im See lebenden Populationen zu den beschriebenen Arten ist schwierig. Weiterhin gibt es aller Voraussicht nach eine Anzahl noch unbeschriebener Arten.

In Tansania leben mindestens vier Arten, die wir sowohl in Fängen einheimischer Fischer vorfanden als auch unter Wasser antrafen. Die auffälligste Art ist nachfolgend vorgestellt.

Nyassachromis „Yellow Head"

Name

Der Name bezieht sich auf die auffällige gelbe Stirnfärbung. Die Einordnung als *Nyassachromis*-Art erfolgte aufgrund des fehlenden Zeichnungsmusters, der schlanken Gestalt und der Lebensweise über Sandgrund.

Kennzeichen

Kleiner bis mittelgroßer, gestreckter Buntbarsch. Gesamtlänge etwa 10 bis 12 cm. Zeichnungsmuster nicht vorhanden oder nur aus schwach ausgebildeten, dunklen Querstreifen bestehend. Weibchen einfarbig dunkelgrau bis bräunlich. Dominante Männchen sind insgesamt fast schwarz mit leuchtend gelbem Stirn- und Nackenbereich. Rückenflossenspitzen und Vorderkante der Bauchflossen weiß. Am unteren Rand der Afterflosse sind wenige große, leuchtend gelbe Flecken ausgebildet.

Verbreitung

Wir fanden diesen Cichliden bei Nkanda und Lumbira. Seltene Art. Aus Malawi ist bislang keine derartig gefärbte Art bekanntgeworden.

Lebensraum und Ernährung

N. „Yellow Head" scheint überwiegend sandige, seltener gemischte Untergründe zu bevorzugen. Weibchen wurden einzeln angetroffen und zeigten keine enge Bindung zum Untergrund. Die Männchen legen flache Sandmulden als Laichplatz an, welche gegen alle anderen Fische verteidigt werden. Wir konnten diese Art nur im tiefen Wasser von etwa 18 bis 30 m beobachten.

Ähnliche Arten

Aufgrund der gelben Stirn erinnert *N.* „Yellow Head" an *Copadichromis* „Fire Crest Yellow", der aber in sonst eine gänzlich andere Färbung aufweist. Der Ausbildung einer weißen oder gelben Stirn scheint insbesondere bei den im tiefen Wasser lebenden Arten eine Signalfunktion zuzukommen. Zu berücksichtigen ist hierbei, daß die gelben Farbanteile des Lichts bereits in 10 m Tiefe weitgehend absorbiert werden. Dies bedeutet, daß in 20 oder 30 m Tiefe die Farbe gelb ohne künstliches Licht (die Aufnahmen sind mit Hilfe eines Elektronenblitzgerätes ausgeleuchtet worden) nicht mehr wahrgenommen werden kann. Möglicherweise erfüllt allein ein sich bewegender Hell-Dunkel-Kontrast eine Signalfunktion.

Nyassachromis „Yellow Head" (Lumbira)

Die Songea, eine der beiden tansansischen Fähren, beim Anlegen in Liuli.

Die Gattung *Otopharynx* R<small>EGAN</small> 1922

Verhältnismäßig unspezialisierte Arten mit drei Körperflecken sind in dieser Gattung zusammengefaßt. Der erste Körperfleck des sogenannten Drei-Flecken-Musters liegt meist oberhalb des Endes der Brustflossen auf oder direkt unterhalb der oberen Seitenlinie (Suprapectoralfleck). Der zweite, in der Regel etwas kleinere Fleck befindet sich oberhalb der Afterflosse ungefähr zwischen den beiden Seitenlinien (Supraanalfleck). Der dritte und kleinste Fleck ist schließlich der Schwanzwurzelfleck. Hinsichtlich der Größe und Form variieren diese Flecken auch innerhalb einer Art mitunter beträchtlich; ihre relative Lage ist dagegen meistens konstant.

Gegenwärtig zählt die Gattung *Otopharynx* 12 beschriebene Arten. Die meisten Arten erreichen Gesamtlängen von 15 bis 20 cm.

Otopharynx „Big Spot Tanzania"

Name

Der Name bezieht sich auf den insbesondere bei den nördlichen Populationen sehr großflächigen ersten Körperfleck.

Kennzeichen

Mittelgroßer, verhältnismäßig hochrückiger Cichlide, der eine Gesamtlänge von etwa 14 bis 16 cm erreicht. Gattungstypisches Drei-Flecken-Muster. Grundfärbung graubraun bis beigefarben. Dominante Männchen zeigen einen intensiv blaugefärbten Kopf- und insbesondere vorderen Rückenbereich. Flanken mit individuell unterschiedlich stark ausgeprägten Gelbanteilen. Kehle und Brust häufig gelb. Rückenflosse mit weißgelbem Saum. In der Schwanz- und Afterflosse sind oft zahlreiche gelbe Pigmentstreifen ausgebildet.

Verbreitung

Vermutlich weite Verbreitung an der tansanischen Küste. Wir fanden diesen Cichliden bei Lumbira, Kirondo, Lupingu, Magunga, Undu Point und Hai Reef. Ähnliche Populationen sind von den Küsten Malawis bekannt (vgl. „Ähnliche Arten").

Lebensraum und Ernährung

O. „Big Spot Tanzania" bevorzugt gemischte Untergründe in 5 bis 15 m Tiefe. Manchmal fanden wir diese Art auch über reinen Felsgründen. Weibchen und Halbwüchsige leben einzeln oder in kleinen Gruppen. Gefärbte Männchen sind standorttreu und verteidigen Reviere. *O.* „Big Spot Tanzania" ernährt sich wohl überwiegend von Wirbellosen, die im Untergrund oder in den Sedimentschichten auf felsigem Untergrund vorkommen. Keine räuberische Art.

110

Otopharynx „Big Spot Tanzania" (Kirondo)

Otopharynx „Big Spot Tanzania", Weibchen (Magunga)

Otopharynx „Big Spot Tanzania" (Lupingu)

Otopharynx „Big Spot Tanzania", Weibchen (Hai Reef)

Otopharynx „Big Spot Tanzania" (Hai Reef)

O. „Big Spot Tanzania" ist keineswegs scheu, sondern ein neugieriger Cichlide.

Ähnliche Arten

Von der Insel Likoma ist bereits seit Anfang der achtziger Jahre ein Cichlide unter der Handelsbezeichnung „Haplochromis Royal Blue" bekannt, der insbesondere zu den Populationen von Undu Point und Hai Reef große Ähnlichkeiten aufweist. Weitere Populationen, die sowohl hinsichtlich der Körperform und des Zeichnungsmusters als auch in bezug auf die Färbung der dominanten Männchen Ähnlichkeiten zu O. „Big Spot Tanzania" zeigen, fand der Verfasser bei Chilumba und an den Maleri Inseln (diese Populationen sind als O. cf. *heterodon* abgebildet). Möglicherweise bilden alle diese Populationen geographische „Ableger" einer weitverbreiteten Art.

Die einzige beschriebene Art, mit der O. „Big Spot Tanzania" identisch sein könnte, ist O. *heterodon*. Dieser Cichlide ist nach den Angaben von ECCLES & TREWAVAS (1989: 158) bei Chilumba, Monkey Bay, Likoma und Nkhata Bay verbreitet. Entsprechende vergleichende Untersuchungen unter Einbeziehung der Typus-Exemplare dieser Art wurden bislang noch nicht durchgeführt.

Uferbereich von Magunga, einer kleinen Ortschaft südlich von Cape Kaiser.

Otopharynx „Royal Blue" (Chisumulu Island)

Otopharynx cf. *heterodon*, Weibchen (Chitendi Island, Chilumba)

Otopharynx cf. *heterodon* (Chitendi Island, Chilumba)

Otopharynx cf. *heterodon*, Weibchen (Maleri Island)

Otopharynx cf. *heterodon* (Maleri Island)

113

Otopharynx „Blue Yellow Tanzania"

Name

Der Name nimmt Bezug auf die Flankenfärbung dominanter Männchen (Gelbblauer Otopharynx, SPREINAT 1993a).

Kennzeichen

Mittelgroßer, mäßig hochrückiger Cichlide. Gesamtlänge etwa 12 bis 15 cm. Auffallend ist der
spitze Kopf. Gattungstypisches Drei-Flecken-
Zeichnungsmuster. Weibchen silbriggrau bis
beige, manchmal schwach gelblich. Dominante
Männchen zeigen einen blauen Kopf und einen
gelbblauen Körper. Brust und Bauch sind gelb
gefärbt. Der hintere Bereich der Rücken- sowie
die Schwanzflosse tragen gelbe Pigmentstreifen.

Verbreitung

Wir konnten diese Cichliden bei Njambe, Hongi Island und Lundo Island nachweisen. Möglicherweise weitere Verbreitung. Aus Malawi ist
bislang keine vergleichbare Population bekannt.

Lebensraum und Ernährung

O. „Blue Yellow Tanzania" lebt überwiegend in
gemischten Bereichen. Wir trafen diese Art in
Tiefen von ungefähr 5 bis 15 m an. Männchen
sind strikt territorial und verteidigen ihre Reviere auch gegen artfremde Fische. Revierzentrum
kann eine Felswand oder ein Unterstand sein.
Weibchen sahen wir einzeln durch das Litoral
streifen. Nahrung wird vom Untergrund oder
aus der auf Steinen und Felsen abgelagerten Sedimentschicht aufgenommen.

Anmerkungen

Der spitze Kopf in Verbindung mit dem Drei-
Flecken-Muster erscheint ungewöhnlich. Eine
spitze Kopfform ist sonst, bei vergleichbarer
Körpergestalt, von *Mylochromis*-Arten bekannt.
Vermutlich war dies der Anlaß, daß dieser Ci-
chlide verschiedentlich unter der verwirrenden
Bezeichnung „*Maravichromis* (= *Mylochromis*)
Three Spot" gehandelt wurde.

Otopharynx „Blue Yellow Tanzania" (Lundo Island)

Otopharynx „Blue Yellow Tanzania", Weibchen
(Hongi Island)

Otopharynx „Blue Yellow Tanzania" (Njambe)

Otopharynx „Blue Yellow Tanzania" (Aquarienfoto)

Die Gattung *Placidochromis*

Arten, bei denen deutliche Querstreifen die wesentlichen Zeichnungsmusterelemente bilden bzw. horizontale Zeichnungselemente fehlen, wurden in die Gattung *Placidochromis* eingeordnet. Allerdings ist diese Gruppe von sieben Arten sehr heterogen, und es ist kaum davon auszugehen, daß es sich um engverwandte Arten handelt. Eine Art, seinerzeit als *Placidochromis milomo* beschrieben, dürfte eher der Gattung *Eclectochromis* (s. o.) zugehörig sein und wurde deshalb unter dieser Gattung genannt (vgl. *Eclectochromis milomo*). Ein deutlich ausgeprägtes Querstreifenmuster weisen nur *P. johnstoni* und *P.* „Johnstoni Solo" auf.

Weitere wissenschaftlich beschriebene Arten dieser Gattung sind *P. electra, P. hennydaviesae, P. longimanus, P. stonenmani* und *P. subocularis.*

In Tansania fanden wir *P. johnstoni* und *P.* „Johnstoni Solo". Diese Arten sind auch aus Malawi bekannt. Neue und bislang nur in Tansania nachgewiesene Arten sind *P.* „Electra Makonde" und *P.* „Electra Blue Hongi", die aufgrund ihrer Ähnlichkeit zu *P. electra* in diese Gattung einzuordnen sind. Bei einer fünften Art, die wir fanden, könnte es sich um *P. phenochilus* handeln (vgl. *P.* cf. *phenochilus*).

Placidochromis „Electra Blue Hongi"

Name

Dieser Cichlide ist als „Blue Hongi" im Handel (vgl. Lepel 1993a). Der Zusatz „Electra" verweist auf die enge Verwandtschaft zu *P. electra*. Eine weitere Bezeichnung ist „New Deepwater Hap" (DeMason 1994b; als „Deepwater Hap" ist seinerzeit *P. electra* eingeführt worden).

Kennzeichen

Mittelgroßer, mäßig hochrückiger Cichlide, dessen Gesamtlänge meist um 15 cm beträgt. Ein Zeichnungsmuster ist nicht vorhanden bzw. besteht manchmal aus schwach ausgebildeten Querstreifen. Weibchen sind einfarbig grau bis bräunlich. Die Männchen zeigen eine insgesamt

metallischblaue Färbung. Insbesondere ältere Männchen können kräftig blau werden und weisen mitunter eine rötliche Afterflosse auf.

Verbreitung

Wir fanden diese Art bei Lundo Island und Mbamba Bay (nördliche Felsküsten, Luhuchi Rocks und Ngkuyo Island. Lepel (1993a) erwähnte Hongi Island als Fundort.

Lebensraum und Ernährung

P. „Electra Blue Hongi" beobachteten wir über sandigem und kiesigem Untergrund, selten am Rande gemischter Bereiche. Die bevorzugten Wassertiefen scheinen zwischen 10 und 25 m zu liegen. *P.* „Electra Blue Hongi" lebte meist in Gruppen von etwa drei bis acht Exemplaren, in denen sowohl Weibchen als auch Männchen mitschwammen. Diese Gruppen sind nicht standorttreu, sondern legen weite Strecken zurück. Territoriale Männchen haben wir nicht beobachten können. Diese Art dürfte sich wohl überwiegend von kleinen Wirbellosen ernähren, die im Untergrund leben. Häufig konnten wir feststellen, daß *P.* „Electra Blue Hongi" Sand ins Maul nahm und durchsiebte. Bodenorientierte Art.

Ähnliche Arten

Wie bereits unter „Name" erwähnt, besteht eine gewisse Ähnlichkeit zu *P. electra.* Diese Art lebt bei Likoma und an der Malawi-Ostküste (Makanjila/Fort Maguire). Nach dem gegenwärtigen Kenntnisstand handelt es sich bei *P.* „Electra Blue Hongi" trotz der ähnlichen Färbung, Körperform und Lebensweise nicht um eine geographische Form von P. electra, sondern um eine gleichwohl verwandte aber eigenständige Art. Demgegenüber könnte die nachfolgend als P. „Electra Makonde" aufgeführte Art eine geographische Form von *P.* „Electra Blue Hongi" sein (s. u.).

Placidochromis „Electra Blue Hongi", Weibchen (Mbamba Bay)

Placidochromis „Electra Blue Hongi" (Mbamba Bay)

Placidochromis „Electra Makonde"

Name

Aufgrund der Ähnlichkeit zu *Placidochromis electra* wurde die vorläufige Bezeichnung gewählt (vgl. hierzu insbesondere die Unterwasseraufnahme von Makonde). Bei Makonde konnten wir diese Art vergleichsweise häufig beobachten.

Kennzeichen

Mittelgroßer Cichlide mit kleinem Maul und seitlich zusammengedrücktem, mäßig gestrecktem Körperbau. Gesamtlänge etwa 10–13 cm. Zeichnungsmuster aus angedeuteten Querstreifen, von denen der erste direkt hinter dem Kiemendeckel meist kräftiger ausgebildet ist. Männchen bläulich bis dunkelblau mit gelblichem Bauch- und unterem Flankenbereich. Weibchen silbriggrau mit schwärzlichen Bauch- und Afterflossen. Der untere Rand der Schwanzflosse trägt ebenfalls manchmal schwarze Pigmente.

Verbreitung

Zwischen Makonde und Lupingu ist diese Art häufig zu finden. Vermutlich auch nördlich von Makonde bis zum Nordende des Sees verbreitet.

Lebensraum und Ernährung

P. „Electra Makonde" lebt in der Regel auf sandigem Untergrund. Häufig fanden wir diese Art über sandigen oder auch gemischten Untergründen in der Nähe von Felsen. Der bevorzugte Tiefenbereich scheint zwischen 15 und 25 m zu liegen. Weibchen schwimmen in kleinen Trupps, in denen mitunter auch Männchen anzutreffen sind. Größere Männchen leben jedoch meist einzeln. Revierbildung konnte nicht beob-

achtet werden. Möglicherweise verteidigen die Männchen Reviere über Sand während der Laichzeit. Wir konnten beobachten, daß Nahrung vom Untergrund aufgenommen und auch Sand nach Freßbarem durchgesiebt wurde. Demnach ernährt sich P. „Electra Makonde" in erster Linie von Wirbellosen, die auf oder im Sand leben. Keine räuberische Art.

Ähnliche Arten

Wie bereits oben erwähnt, weist diese Art Ähnlichkeiten zu *P. electra* auf. Dies wird besonders deutlich, wenn man Weibchen oder Halbwüchsige zum Vergleich heranzieht. Dennoch dürfte es sich wohl um eine andere Art und nicht um eine geographische Form oder Art von *P. electra* handeln. Bevor die Verwandtschaftsverhältnisse nicht geklärt sind, sollte P. „Electra Makonde" als eigenständige Art angesprochen werden, um Mißverständnisse zu vermeiden.

Ein anderer Cichlide, der aufgrund der ähnlichen Lebensweise und insbesondere wegen der ähnlichen Färbung und Körperform mit P. „Electra Makonde" engverwandt sein dürfte, ist P. „Electra Blue Hongi" (s. o.). Letztere Art ist bei Hongi Island, Lundo Island und Mbamba Bay nachgewiesen worden. Es könnte sein, daß P. „Electra Makonde" und P. „Blue Hongi" als Standortvarianten (= geographische Rassen) einer Art einzustufen sind. Nach bisherigem Kenntnisstand könnte die Mündung des Ruhuru die Grenze zwischen den beiden Populationen darstellen.

Männchen und Weibchen von *Placidochromis* „Electra Makonde" (Makonde)

Placidochromis „Electra Makonde", Weibchen
(Lupingu)

Placidochromis „Electra Makonde", (Lupingu)

Placidochromis johnstoni (GÜNTHER **1893**)

Kennzeichen

Mittelgroßer, mäßig hochrückiger Cichlide mit ausgeprägtem Querstreifen-Zeichnungsmuster. Selten sind auch zwei Längsstreifen sichtbar (Schreckfärbung). Die Gesamtlänge beträgt etwa 15 bis 20 cm, selten größer. Grundfärbung der Weibchen gelblich grau bis gelb. Dominante Männchen zeigen einen blaugrünen Kopf und bläuliche bis gelbe Flanken. In der Rücken- und Schwanzflosse sind zahlreiche gelbliche bis rote Pigmentstreifen ausgebildet. Der Rotanteil scheint in Abhängigkeit von der Ernährung zu variieren.

Verbreitung

P. johnstoni ist im gesamten See verbreitet und wird weiterhin auch im Lake Malombe sowie im oberen Shire Fluß angetroffen (ECCLES & TREWAVAS 1989: 115–117). Wir fanden diese Art an verschiedenen Küstenabschnitten der tansanischen Küste (z. B. häufig bei Lupingu).

Lebensraum und Ernährung

Den bevorzugten Lebensraum von *P. johnstoni* bilden im flachen Wasser von etwa 3 m Tiefe liegende Vallisnerienfelder, seltener auch gemischte Sand/Stein- oder reine Stein-Untergründe. Selten tiefer als 15 m anzutreffen. Männchen und Weibchen leben einzeln oder auch in gemischten Gruppen. Wir sahen mehrere vollgefärbte Männchen, die alle nicht territorial waren. *P. johnstoni* kann man regelmäßig auf der Nahrungssuche zwischen Vallisnerien beobachten. Nach ECCLES & TREWAVAS (1989: 117) ernährt sich diese Art von Insekten(larven) und kleinen Fischen.

Ähnliche Arten

Eine hinsichtlich der Gestalt und auch in bezug auf das Zeichnungsmuster sehr ähnliche Art ist *P.* „Johnstoni Solo" (s. u.).

Anmerkungen

P. johnstoni ist auch eine aquaristisch bereits seit langem bekannte Art.

Placidochromis johnstoni, Weibchen in einem Vallisnerienfeld (Lupingu)

Placidochromis johnstoni im Steinlitoral (Lupingu)

Placidochromis johnstoni (Aquarienfoto)

Placidochromis johnstoni (Lupingu)

Placidochromis johnstoni, Weibchen (Aquarienfoto)

Placidochromis johnstoni (Aquarienfoto)

121

Placidochromis „Johnstoni Solo"

Name

Der Name geht auf Konings (1989: 178) zurück, der diese Art bei Chisumulu und an der Westküste fand.

Kennzeichen

Kleiner bis mittelgroßer, mäßig hochrückiger Cichlide, der selten mehr als 10–12 cm Gesamtlänge aufweist. Zeichnungsmuster aus meist sechs breiten Querstreifen. Häufig sind auch zwei Längsstreifen vorhanden, die mittig bzw. in der oberen Flankenhälfte verlaufen. Schwanz- und Afterflosse mit schwärzlichen Pigmenten, insbesondere im männlichen Geschlecht. Wangen-, Kehl- und vorderer Brustbereich ebenfalls mit schwärzlichen Pigmenten. Große Männchen zeigen einen blauen Schimmer im oberen Kopfbereich und auf den Flanken.

Verbreitung

Möglicherweise weite Verbreitung. An der tansanischen Küste fanden wir diese Art verhältnismäßig häufig bei Ikombe, Lumbira und Kirondo. Weiterhin nachgewiesen an der Westküste und bei Chisumulu (Konings 1989: 178). Der Verfasser fand diesen Cichliden auch verhältnismäßig oft bei Nkhata Bay. Insgesamt aber seltene Art, die man bei Tauchgängen nur unregelmäßig antrifft.

Lebensraum und Ernährung

Felsige und gemischte Untergründe vom Flachwasser bis in etwa 15–20 m Tiefe scheinen die bevorzugten Lebensräume von *P.* „Johnstoni Solo" zu bilden. Bei Ikombe herrschte gemischter Untergrund mit mittelgroßen bis großen Steinen vor. Bei Kirondo beobachteten wir die-

se Art dagegen in einer geröllartigen Zone in etwa 10 m Tiefe. Wir fanden *P.* „Johnstoni Solo" immer nur einzeln. Keines der Tiere war standorttreu. Nach Nahrung suchend streiften Männchen wie Weibchen durch das Felslitoral.

P. „Johnstoni Solo" ist im Freiland aufgrund seines Verhaltens bei der Nahrungssuche leicht zu erkennen. Der Fisch hält während des Schwimmens inne, beugt den Körper vornüber und beäugt das Substrat aus nächster Nähe, um Beutetiere zu finden. Vermutlich ernährt sich diese Art von Insektenlarven und anderen kleinen Wirbellosen, die im Aufwuchs oder Sediment leben.

Ähnliche Arten

P. „Johnstoni Solo" ist hinsichtlich seines Zeichnungsmusters sehr ähnlich zu *P. johnstoni*. Die letztere Art kann anhand der längeren Schnauze identifiziert werden. Im Freiland ist *P.* „Johnstoni Solo" sofort anhand des typischen Beutesuchverhaltens zu erkennen.

Placidochromis „Johnstoni Solo", Jungtier (Lumbira)

Placidochromis „Johnstoni Solo" (Kirondo)

Placidochromis „Johnstoni Solo", Beutesuch-
verhalten (Nkhata Bay)

Placidochromis „Johnstoni Solo" (Ikombe)

123

Placidochromis cf. *phenochilus*

Name

Bei diesem Cichliden könnte es sich um „*Haplochromis*" *phenochilus* handeln (lat. cf. = conferre = vergleiche).

Kennzeichen

Mittelgroßer, hochrückiger Cichlide. Gesamtlänge etwa um 15 cm, selten größer. Stirnlinie insbesondere bei größeren Tieren leicht konkav verlaufend. Das Zeichnungsmuster besteht aus insgesamt schwach ausgebildeten dunklen Querstreifen. Die ersten beiden Querstreifen sind gewöhnlich am kräftigsten ausgeprägt. Wangenbereich dunkel bis dunkelblau, Lippen aber hell. Weibchen einheitlich grau bis bräunlich, Männchen bläulich bis tiefblau, mitunter fast violett.

Verbreitung

Diese Art konnten wir bei Makonde und Lupingu nachweisen. Vermutlich weitere Verbreitung im Bereich des Livingstone Gebirges.

Lebensraum und Ernährung

Gemischte und sandige Untergründe in Wasserschichten tiefer als 10 m. Nur einige wenige, einzelne Exemplare konnten von uns beobachtet werden. Keines dieser Tiere war standorttreu. Nach Nahrung suchend streiften sie über den Untergrund. Nahrung wird aus den obersten Sand- bzw. Sedimentschichten aufgenommen.

Ähnliche Arten

Es ist offensichtlich, daß diese Art eine enge Verwandtschaft zu *P. electra* aufweist. Dafür sprechen die blaue Färbung der Männchen, das Zeichnungsmuster sowie die gesamte Körpergestalt. *P. electra* weist als Unterschied eine gerade oder eher konvex verlaufende Stirnlinie auf.

Anmerkungen

„*Haplochromis*" *phenochilus* war die einzige Art, die in der Revision der Nicht-Mbunas (Eccles & Trewavas 1989: 318–319) nicht in eine der neuen Gattungen eingeordnet werden konnte. Der Grund ist darin zu sehen, daß von dieser Art nur ein einziges Belegexemplar existiert, welches ein vollgefärbtes Männchen ist und bei dem kein Zeichnungsmuster mehr zu sehen ist. Werden im ganzen blau gefärbte Männchen konserviert, verändert sich die Farbe meist ins Dunkle bzw. Schwarze, so daß ein Zeichnungsmuster überdeckt wird. Die unterschiedlichen Zeichnungsmuster waren aber bei der genannten Revision die Basis zur Aufstellung und Abgrenzung der neuen Gattungen. Folglich beließen Eccles & Trewavas diese Art als „*Haplochromis*" *phenochilus*.

Der einzige Typus dieser Art besitzt weiße Lippen und eine weiße Markierung auf der Schnauze. Dieses Exemplar ist an der Nordwestküste bei Vua (Chilumba) gefangen worden. Die von uns beobachteten Exemplare zeigten zwar keine reinweißen, aber helle Lippen. Leider ist zur Variationsbreite dieser Art nichts bekannt, so daß nicht mit Gewißheit davon ausgegangen werden kann, daß diese Tiere als artgleich mit „*H.*" *phenochilus* zu betrachten sind. Aufgrund der Ähnlichkeit zu *P. electra* wurde die von uns beobachtete Population hier in die Gattung *Placidochromis* eingeordnet.

Placidochromis cf. *phenochilus* (Makonde)

Placidochromis cf. *phenochilus* (Lupingu)

125

Die Gattung *Protomelas* ECCLES & TREWAVAS 1989

In der Gattung *Protomelas* werden zur Zeit 14 wissenschaftlich beschriebene Arten geführt. Die Vertreter dieser Gattung zeigen ein wenig entwickeltes, als plesiomorph (ursprünglich) bezeichnetes Zeichnungsmuster aus zwei Längsstreifen und mitunter auch vertikalen Zeichnungselementen. Von den zwei Längsstreifen ist der erste, zentrale (in der Körpermitte verlaufende) Streifen in der Regel kräftiger ausgeprägt. Der zweite Längsstreifen verläuft

.

auf der oberen Rückenhälfte (etwa mittig zwischen dem ersten Längsstreifen und dem Ansatz der Rückenflosse). Dieses Zeichnungsmuster wird deshalb als ursprünglich eingestuft, weil es auch von verschiedenen, vergleichsweise niedrig entwickelten Flußcichliden gezeigt wird und aus diesem Grunde wohl eines der „Urzeichnungsmuster" gewesen sein dürfte.

Protomelas-Arten werden meist um 15–20 cm lang. Viele Arten sind seeweit verbreitet.

Protomelas annectens (REGAN 1922)

Kennzeichen

Mittelgroßer bis großer, verhältnismäßig hochrückiger Cichlide. Gesamtlänge meist um 15 cm, aber auch bis 20 cm und größer. Das Zeichnungsmuster besteht aus einem zentralen schwarzen Längsstreifen und schwächeren Querstreifen. Dominante Männchen sind blau bis schwarz. Ältere Männchen können verlängerte Rücken- und Afterflossen aufweisen. Weibchen zeigen eine graue bis bräunliche Grundfärbung. Manche Weibchen haben einen ockerfarbenen Rücken.

Verbreitung

P. annectens ist sowohl von der Nordwestküste (Chilumba) als auch von der Malawi-Ostküste bekannt (ECCLES & TREWAVAS 1989: 61). In Tansania fanden wir diese Art bei Magunga und Liuli. Vermutlich weite Verbreitung, aber seltene Art.

Lebensraum und Ernährung

P. annectens besiedelt überwiegend sandige, seltener gemischte Untergründe. Die bevorzugte Wassertiefe ist nicht bekannt, vermutlich tiefer als 10 m. Das abgebildete, von Liuli stammende Exemplar wurde mit Fischernetzen in der sandigen Bucht von Liuli erbeutet. Unter Wasser fanden wir diese Art nur einzeln. Keines der beobachteten Exemplare war standorttreu. *P. annectens* nimmt Nahrung vom Untergrund auf, der häufig auch nach Freßbarem durchsiebt wird. Manchmal findet man *P. annectens* in Gesellschaft mit *Taeniolethrinops praeorbitalis*. Dieser Cichlide gräbt im Untergrund nach Beutetieren und wirbelt den Untergrund dabei entsprechend auf. *P. annectens* nutzt dann die günstige Gelegenheit, kleine bodenbewohnende Wirbellose zu erbeuten.

Ähnliche Arten

Weitere, im männlichen Geschlecht dunkelblau
gefärbte Arten sind *Cyrtocara moorii*, *Otopharynx selenurus*, *Placidochromis* (cf.) *phenochilus* sowie die an der Malawi-Ostküste (Makanjila/Fort Maguire) lebende Population von
Placidochromis electra. Alle diese Arten bevorzugen sandige Bereiche, sind aber hinsichtlich
ihrer Zeichnungsmuster sehr verschieden.

Protomelas annectens, Weibchen (Aquarienfoto)

Protomelas annectens (Aquarienfoto)

Protomelas annectens (Liuli)

Protomelas annectens (Magunga)

127

Protomelas fenestratus (Trewavas 1935)

Kennzeichen

Mittelgroßer, verhältnismäßig hochrückiger Cichlide. Gesamtlänge in der Regel um 12–14 cm, selten größer. Zeichnungsmuster ausgesprochen variabel; meist sind vertikale Streifen und zwei horizontale, teilweise unregelmäßig verlaufende dunkle Streifen ausgebildet. Vertikale Komponenten überwiegen meist im Zeichnungsmuster. Weibchen mit silbriggrauer bis gelblicher Grundfärbung. Männchen blau mit teilweise gelben Körperpartien (geographische Variation; s. u.).

Verbreitung

Diese Art hat eine weite Verbreitung im gesamten See (Eccles & Trewavas 1989: 63). In Tansania fanden wir P. fenestratus an fast jedem Küstenabschnitt (Ikombe, Nkanda, Kirondo, Makonde, Lupingu, Magunga, Cove Mountain, Ndumbi Reef, Pombo Reef, Lundu, Njambe, Tumbi Rock, Tumbi Reef, Puulu Island, Hongi Island, Lundo Island, an den nördlichen Küsten und Luhuchi Rocks bei Mbamba Bay, Undu Point und Hai Reef).

Lebensraum und Ernährung

P. fenestratus bewohnt steinige und gemischte Untergründe vom Flachwasser bis in Tiefen von etwa 25 m. Nur selten ist diese Art tiefer anzutreffen. Männchen sind standorttreu und verteidigen Reviere, die etwa 1 m im Durchmesser groß sind. Mittelpunkt eines Reviers sind oft eine Deckung bietende Steinwand oder größere Steinspalten. Die Weibchen leben meist in Trupps von etwa drei bis zehn Exemplaren, die durch das Felslitoral ziehen und Nahrung suchen. P. fenestratus ist ein typischer Vertreter der sedimentreichen Felsenzonen.

Die Nahrung wird überwiegend im Untergrund bzw. im auf Steinen oder Felsen abgelagerten Sediment gesucht. Eine Besonderheit dieser Art besteht darin, mit dem Maul einen Wasserstrahl auf den Untergrund zu richten und das Sediment aufzuwirbeln, um Beutetiere freizulegen. Hierzu stellt sich der Fisch in einem Winkel von ungefähr 45 Grad oder steiler auf den Kopf und bläst aus unmittelbarer Entfernung in den Untergrund. An diesem „Sandblasen" läßt sich P. fenestratus im Freiland leicht erkennen. Interessanterweise wird dieses Verhalten zumeist von Weibchen gezeigt. Bei revierverteidigenden Männchen konnten wir es nicht beobachten.

Ähnliche Arten

Eine sehr ähnliche und ebenfalls variable Art ist Protomelas taeniolatus. Diese Art ist in aquaristischen Publikationen jüngeren Datums häufig mit P. fenestratus verwechselt worden. P. taeniolatus ist im männlichen Geschlecht ebenfalls blau mit manchmal gelben Pigmenten, insbesondere im Brust- und Bauchbereich. Manche Populationen zeigen im männlichen Geschlecht eine schöne Rotfärbung auf den Flanken (Senga-Bay- bzw. Namalenji-Population, im Handel früher unter der irreführenden Bezeichnung „Haplochromis Boadzulu" bekannt). Das Zeichnungsmuster besteht bei P. taeniolatus aus zwei Längstreifen und im Gegensatz zu P. fenestratus weniger aus Querstreifen, die zudem nur selten auf den unteren Flankenbereich reichen. Weiterhin sind die Zeichnungsmusterelemente regelmäßiger angeordnet als bei P. fenestratus. Im Freiland läßt sich P. taeniolatus auch dadurch von P. fenestratus unterscheiden, daß diese Art kein „Sandblas"-Verhalten zeigt und eher felsige, sedi-

Protomelas fenestratus (Kirondo)

Protomelas fenestratus (Ikombe)

Protomelas fenestratus (Nkanda)

Protomelas fenestratus, Weibchen (Nkanda)

Protomelas fenestratus (Nkanda)

mentarme Untergründe bewohnt (vgl. auch EC-
CLES & TREWAVAS 1989: 64).

Sowohl *P. fenestratus* als auch *P. taeniolatus*
weisen eine weite Verbreitung im See auf. Ver-
schiedenste Populationen sind im Handel mit
dem Sammelbegriff „Steveni" belegt worden.
Die Mbenji-Population von *P. taeniolatus* ist ursprünglich als „Steveni Mbenji" bezeichnet worden. „Fire Blue" nannte man *P. taeniolatus* von
Likoma. *P. fenestratus* von der Ostküste Malawis
(Makanjila/Fort Maguire) wurde als „Steveni
Eastern" bezeichnet. *P.-fenestratus*-Populationen
mit überwiegend breiten Querstreifen (z. B. von
Chisumulu Island) wurden als „Steveni Thick
Bar", Populationen mit unregelmäßigen, schma-
len Querstreifen (z. B. von Maleri Island) als
„Steveni Tiger" eingeführt.

Die nachfolgend aufgeführten Populationen von Mara Rocks und Ngkuyo Island sind
vermutlich als Standortvarianten von *P. fenestratus* einzustufen (s. u.).

Anmerkungen

Wie bereits erwähnt, handelt es sich bei *P. fenestratus* um eine sehr variable Art. Die Variabilität betrifft vor allem das Zeichnungsmuster und
die Färbung dominanter Männchen. Nach unseren Untersuchungen an den Küsten Tansanias
und in Übereinstimmung der Erfahrungen, die
der Verfasser an den Küsten Malawis sammeln
konnte, ist die Variabilität des Zeichnungsmusters
(mit Einschränkungen; s. u.) in erster Linie nicht
auf geographische Variation zurückzuführen.
D. h., man findet auch innerhalb einer bestimmten Population an einem Fundort höchst unterschiedlich gezeichnete Weibchen (bei den Männchen wird das Zeichnungsmuster meist durch die
blaue Färbung überlagert). Diese Unterschiede
können so groß sein, daß man bei der Betrachtung von Einzeltieren leicht den falschen Eindruck gewinnen kann, daß es sich um unterschiedliche Arten handelt. Erst wenn man das
gesamte „Spektrum" der Zeichnungsmuster einer
Population vergleicht, erkennt man die Variabilität. In seltenen Fällen findet man Weibchen-
Gruppen, in den alle „Extrema" hinsichtlich des
Zeichnungsmusters vertreten sind.

Die Färbung dominanter Männchen ist an
einem Fundort gleichfalls einer bestimmten
Schwankungsbreite unterworfen. Es gibt aber
zusätzlich in einigen Fällen auch eine populationsspezifische, d. h. geographische Variation der
Männchen. Die Schwankungsbreite innerhalb
einer Population betrifft in erster Linie die Ausbildung gelber Pigmente auf den Flanken. Die
Populationen im Bereich des Livingstone Gebirges (Ikombe bis Manda) sind meist einheitlich
blau mit gelblichen unteren Körperpartien (Kehle, Brust und Bauch). Überwiegend bei älteren
Männchen tritt eine gelbe Pigmentierung im
Brust-, Nacken- und vorderen Rückenbereich
auf. Die beschriebene Färbung gilt grundsätzlich
auch für die meisten anderen Populationen.

Die deutlichste geographische Variation
zeigt die Population von Pombo Reef. Die
Männchen weisen hier einen intensiven gelben
Wangenbereich auf. Weiterhin ist die Gelbfärbung im Brust- und Bauchbereich vergleichsweise breit angelegt.

Ein Beispiel für eine geringe Abweichung
von der üblichen Männchenfärbung scheint die
Population von Puulu Island darzustellen. Hier
fanden wir überwiegend Männchen, die auf den
Flanken durch ihre eher großflächig angeleg-
ten, gelb bis goldenen Schuppenränder auffie-
len, so daß die Flanken insbesondere bei Betrachtung aus etwas größerer Entfernung
insgesamt gelbgold erschienen.

Abgesehen von der Pombo-Reef-Population erschien uns die Variation innerhalb der verschiedenen Populationen größer als zwischen
den Populationen. Möglicherweise ergeben
detailliertere Untersuchungen, daß es weitere
geographische Varianten gibt.

Protomelas fenestratus (Pombo Reef)

Protomelas fenestratus (Tumbi Rocks)

Protomelas fenestratus (Puulu Island)

Protomelas fenestratus, Weibchen (Nkanda)

Protomelas fenestratus, Weibchen beim „Sandbla-sen" (Undu Point)

131

Protomelas „Fenestratus Taiwan"

Name

Die Bezeichnung verdeutlicht die Verwandtschaft dieser Population zu *P. fenestratus*. „Taiwan Fenestratus" oder „Taiwan Red" ist die Handelsbezeichnung für eine offenbar identische Art von Taiwan Reef bei Chisumulu Island (s. u.). Eine Phantasiebezeichnung für diesen Cichliden im Handel ist auch *P.* „Chimoto Red" (LEPEL 1993b).

Kennzeichen

Mittelgroßer, verhältnismäßig hochrückiger Cichlide. Gesamtlänge um 12–14 cm. Hinsichtlich der Körpergestalt weitestgehend identisch mit *P. fenestratus* (s. o.). Zeichnungsmuster aus überwiegend breiten Querstreifen, kaum horizontale Elemente. Bei jungen Tieren sind der zweite und dritte sowie der vierte und fünfte Querstreifen in der Körpermitte über einen horizontalen Fleck manchmal miteinander verbunden. Körpergrundfärbung der Weibchen silbrig bis grau. Dominante Männchen weisen einen blauen Kopf und Rücken auf. Stirn meist mit weißer Blesse. Rückenflosse weiß oder mit breitem weißen Saum. Brust, unterer Flankenbereich und Bauchflossen gelb. Die Afterflosse trägt einen breiten roten Längsstreifen bzw. Saumbereich.

Verbreitung

Die einzige Population dieses Cichliden in Tansania lebt bei Mara Rocks (Mbamba Bay). Eine dem Augenschein nach identische Population wurde bei Taiwan Reef (Chisumulu Island) gefunden (KONINGS 1992: 136; SPREINAT 1993a). Eine weitere, sehr ähnliche Population lebt bei Ngkuyo Island (Mbamba Bay; s. u.).

Lebensraum und Ernährung

Die Mara Rocks (auch Ngkuyo Reef genannt) bilden eine Untiefe nördlich von Nguyo Island bei Mbamba Bay. Ein kleiner Teil des oberen Felsens ragt aus dem Wasser (1993). Der Untergrund besteht überwiegend aus großen Felsen, die bis in mindestens 50 m Tiefe hinabragen. Die Felsen sind zumindest bis in Tiefen von etwa 20 m nicht mit einer dicken Sedimentschicht abgedeckt. Die meisten Männchen des „Fenestratus Taiwan" besiedeln einen Tiefenbereich von etwa 10 bis 20 m. Sie sind standorttreu und verteidigen auf Felsoberflächen Reviere, die mehrere Meter im Durchmesser groß sein können. An manchen Stellen findet man ein Männchen neben dem anderen. Die Abstände der Männchen betragen etwa 3 bis 4 m. Die Weibchen fanden wir einzeln oder in kleinen Trupps. Das für *P. fenestratus* beschriebene „Sandblasen" (s. o.) konnten wir hier nicht beobachten. Dies ist aber vermutlich weniger auf eine Besonderheit der hier lebenden Exemplare als auf die Untergrundverhältnisse zurückzuführen. Stattdessen konnten wir mehrfach feststellen, daß Nahrung von den Felsen aufgenommen und auch am Felsaufwuchs „gezupft" wurde. Weiterhin wurde auch Plankton gefressen.

Ähnliche Arten

Wie bereits erwähnt, lebt eine sehr ähnliche Population bei Ngkuyo Island (s. u.; „Fenestratus Ngkuyo").

Anmerkungen

Es ist bemerkenswert, daß eine sehr wahrscheinlich identische Population auch am Taiwan Reef bei Chisumulu Island lebt. Mara Rocks und Taiwan Reef sind beides Untiefen, die aus Felsen bestehen, welche aus großer Tiefe emporragen und durch tiefes Wasser (mehr als 50 m tief) mehr oder minder von anderen Küstenabschnitten isoliert sind.

Die Lebensweise dieser Populationen in bezug auf die Besiedlung sedimentarmer, großer Felsen sowie das „Zupfen" am Felsaufwuchs entspricht der von P. taeniolatus. Dennoch deutet alles darauf hin, daß es sich bei dieser Population um eine Standortvariante oder Unterart von P. fenestratus handelt. P. fenestratus bewohnt nahezu die gesamte Küste Tansanias und wurde von uns dementsprechend auch an den nördlichen Küsten Mbamba Bays sowie bei den Luhuchi Rocks (südlicher Rand der Mbamba Bay) angetroffen. Einzig bei Mara Rocks und bei Ngkuyo Island lebt nicht der „klassische" P. fenestratus, sondern stattdessen der „Fenestratus Taiwan" bzw. „Fenestratus Ngkuyo". P. taeniolatus fanden wir dagegen gar nicht in Tansania. Hinsichtlich des Zeichnungsmusters ist zu ergänzen, daß P. taeniolatus eher horizontale statt vertikale Elemente aufweist (vgl. P. fenestratus; „Ähnliche Arten"). Die Populationen von Mara Rocks und Nguyo Island entsprechen dagegen in ihrem Zeichnungsmuster den im Handel als „Steveni Thick Bar" bekannten P.-fenestratus-Populationen (z. B. von Chisumulu Island).

Protomelas „Fenestratus Taiwan" (Mara Rocks, Mbamba Bay)

Protomelas „Fenestratus Taiwan" (Mara Rocks, Mbamba Bay)

Protomelas „Fenestratus Taiwan", Weibchen
(Mara Rocks, Mbamba Bay)

Protomelas „Fenestratus Taiwan", Weibchen (Mara
Rocks, Mbamba Bay)

Protomelas „Fenestratus Taiwan", Weibchen
(Taiwan Reef, Chisumulu Island)

Protomelas „Fenestratus Taiwan" (Taiwan Reef,
Chisumulu Island)

Protomelas „Fenestratus Ngkuyo"

Bei Ngkuyo Island fanden wir eine Population, die bis auf die Färbung der Afterflosse mit *P.* „Fenestratus Taiwan" identisch zu sein scheint. Das Uferlitoral an dieser Insel ist mit den Mara Rocks vergleichbar und *P.* „Fenestratus Ngkuyo" besetzt hier offenbar dieselbe ökologische Nische wie die Nachbar-Population bei Mara Rocks. Auch im Verhalten konnten wir keine Unterschiede feststellen.

Als einziger Unterschied ist zu erwähnen, daß *P.* „Fenestratus Ngkuyo" keinen roten, sondern einen gelben Saum in der Afterflosse aufweist. Dieser Unterschied konnte von uns an vielen Exemplaren festgestellt werden. Inwieweit die verschiedenen Afterflossenfärbungen auf die jeweilige Nahrungszusammensetzung an den beiden Fundstellen zurückzuführen sind, bleibt zukünftigen Untersuchungen überlassen.

Protomelas „Fenestratus Ngkuyo" bei Ngkuyo Island (Mbamba Bay) und im Aquarium (kleines Foto)

Protomelas cf. *pleurotaenia*

Name

Dieser Cichlide ist wahrscheinlich identisch mit
P. pleurotaenia (lat cf. = conferre = vergleiche).
Sowohl Zeichnungsmuster, Körperform, Größe,
Maulstruktur als auch der bevorzugte Lebens-
raum stimmen weitestgehend überein (vgl.
ECCLES & TREWAVAS 1989: 47).

Kennzeichen

Mittelgroßer, verhältnismäßig gestreckter Cichlide mit kleinem Maul. Im Alter hochrückig.
Gesamtlänge meist um 12 bis 14 cm. Das
Zeichnungsmuster besteht aus einem stark ausgeprägten, in der Regel kontinuierlich verlaufenden zentralen Längsstreifen. Ein zweiter
Längsstreifen auf der oberen Hälfte des Körpers
ist manchmal angedeutet. Die Körpergrundfärbung der Weibchen ist silbrig bis gelblichgrün.
Männchen insgesamt metallischblau. Afterflosse schwärzlich mit breitem gelben Rand.

Verbreitung

Wir fanden diesen Cichliden bei Lupingu, Man-
da und Mbamba Bay. *P. pleurotaenia* ist ver-
mutlich im gesamten See verbreitet. Belegte
Fundorte dieser Art sind Monkey Bay, Nkhata
Bay, Chilumba, Vua und Karonga (ECCLES &
TREWAVAS 1989: 47, 49).

Lebensraum und Ernährung

P. cf. *pleurotaenia* bevorzugt mit Pflanzenbeständen durchsetzten, gemischten Untergrund
in etwa 3–10 m Tiefe. Wir beobachteten eine
kleine Kolonie dieser Art bei Lupingu. Die Tiefe betrug nur 3 m. Die Männchen hatten Sandburgen angelegt. Die Rückseite einer Sandburg
befand sich grundsätzlich entweder an einem

kleinen bis mittelgroßen Stein oder in einem
Pflanzenfeld. Offenbar beginnt diese Art den
Aufbau der Sandburg damit, Sand gegen einen
Stein bzw. an den Rand der Pflanzen zu beför-
dern. Die Sandburgen waren nicht symmetrisch
aufgebaut. Die Oberfläche der Mulde verlief
vom Stein- bzw. Pflanzenbereich weg rampen-
artig nach oben. Der Durchmesser der Mulde
betrug am oberen Rand etwa 30–40 cm, die
Höhe ungefähr 20–30 cm. Ein Umkreis von
etwa 2 m um die Sandburg wurde heftig verteidigt. Die Weibchen sahen wir einzeln über
Sand- oder den angrenzenden Mischuntergrün-
den. Nahrung wurde vom Untergrund aufgenommen. Einige Tiere suchten zwischen Vallisnerien nach Freßbarem. Keine räuberische Art.

Strandleben in der Bucht von Lupingu

136

![Protomelas cf. pleurotaenia über seiner Sandburg bei Lupingu]

Protomelas cf. *pleurotaenia* über seiner Sandburg bei Lupingu

Protomelas cf. *pleurotaenia*, Weibchen (Lupingu)

Protomelas cf. *pleurotaenia* (Lupingu)

137

Protomelas „Spilonotus Tanzania"

Name

Dieser Name ist im Handel gebräuchlich und bezieht sich auf die Ähnlichkeit zu *P. spilonotus*. *P.* „Spilonotus Tanzania" ist aber nicht als artgleich mit *P. spilonotus* anzusehen.

Kennzeichen

Mittelgroßer, mäßig hochrückiger Cichlide. Die meisten Exemplare sind etwa 15–18 cm groß. Das Zeichnungsmuster besteht aus einem häufig zu drei Punkten bzw. Flecken aufgelösten, zentralem Längsstreifen. Der erste Fleck wird zumeist aus einem zusammenhängenden „doppelten" Punkt gebildet. Der zweite Fleck befindet sich ungefähr oberhalb des Mittelbereichs der Afterflosse, ein dritter Fleck liegt auf der Schwanzwurzel. Ein zweiter, ebenfalls zu einer Punktreihe aufgelöster Längsstreifen ist mitunter andeutungsweise zu erkennen. Weiterhin sind manchmal schwache Querstreifen zu erkennen. Das beschriebene Zeichnungsmuster trifft insbesondere auf Jungtiere zu. Bei älteren Exemplaren kann der Längsstreifen auch in Form einer losen Punktreihe ausgebildet sein. Körpergrundfärbung der Weibchen silbriggrau bis bräunlich. Dominante Männchen zeigen einen intensiv blauen Kopf und Körper. Brust und Bauch sind gelborange, ebenso die Bauch- und Afterflosse.

Verbreitung

Wir fanden diese Art bei Ikombe und bei Hongi Island. LEPEL (1994) berichtet, daß *P.* „Spilonotus Tanzania" bei Lundo Island häufig vorkommt. Möglicherweise an der gesamten tansanischen Küste verbreitet. Aus Malawi ist bislang keine vergleichbare Population bekannt.

Lebensraum und Ernährung

Als gemischte Untergründe mit großen Steinen (Ikombe) sowie als felsige Bereiche (Hongi Island) sind die Lebensräume einzustufen, in denen wir diesem Cichliden begegneten. Die Wassertiefen betrugen 2–15 m. Vollgefärbte Männchen waren standorttreu und verteidigten Reviere vor Steinen oder Felsen. Bei Hongi Island lebte *P.* „Spilonotus Tanzania" dicht an Felsen im flachen Wasser (2–3 m tief) und zog sich bei Störungen in die Felsen zurück. Die Nahrungsaufnahme konnte wir nicht beobachten.

Ähnliche Arten

P. spilonotus ist eine sowohl in bezug auf das Zeichnungsmuster als auch hinsichtlich der gesamten Gestalt sehr ähnliche Art. Das Zeichnungsmuster von *P. spilonotus* besteht grundsätzlich ebenfalls aus zwei Längsstreifen und schwächer ausgebildeten Querstreifen. Die Längsstreifen sind jedoch eher kontinuierlich. Als wesentlichen Unterschied zu *P.* „Spilonotus Tanzania" zeigt *P. spilonotus* eine gelbe Stirnblesse. *P. spilonotus* fanden wir in Tansania bei Kirondo. Diese Population unterschied sich hinsichtlich der Männchenfärbung nicht von den aus Malawi bekannten Populationen. Nach eigenen Beobachtungen zeigt *P. spilonotus* in Malawi keine geographische Variation (Küstenabschnitt Mbenji Island, Maleri Island, Mumbo Island). Somit dürfte es unwahrscheinlich sein, daß *P.* „Spilonotus Tanzania" eine geographische Variante von *P. spilonotus* darstellt. Denn dies würde bedeuten, daß diese Art in Malawi keine geographische Variation ausbildet, in Tansania aber an zusammenhängenden Küstenbereichen ein hohes Maß an Variabilität aufweist.

Protomelas „Spilonotus Tanzania" (Aquarienfoto)

Protomelas „Spilonotus Tanzania", Weibchen
(Aquarienfoto)

Protomelas „Spilonotus Tanzania" (Hongi Island);
Foto: Dr. U. Ruß

Protomelas „Spilonotus Tanzania" (Ikombe)

Protomelas spilonotus (Mbenji Island, Aquarienfoto)

Protomelas spilopterus (TREWAVAS 1935)

Kennzeichen

Mittelgroßer Cichlide mit kräftigem und leicht vorspringendem Unterkiefer. Gesamtlänge meist um 15 bis 20 cm. Zeichnungsmuster aus einem zentralen Längsstreifen und einem zweiten, oftmals nur angedeuteten Längsstreifen zwischen dem Ansatz der Rückenflosse und dem ersten Längsstreifen. Körpergrundfärbung der Weibchen silbrig, grau oder bräunlich. Dominante Männchen sind einheitlich gelblich bis grünblau.

Verbreitung

Nach ECCLES & TREWAVAS (1989: 70) ist diese Art im gesamten See verbreitet. In Tansania fanden wir *P. spilopterus* bei Makonde, Magunga, Pombo Reef, Tumbi Reef und Mbamba Bay.

Lebensraum und Ernährung

Felsige oder gemischte Untergründe bilden den bevorzugten Lebensraum. Wir fanden diese Art einzeln und sowohl in flachem Wasser als auch in Tiefen bis ungefähr 30 m. Auch gefärbte Männchen waren nicht standorttreu und zogen langsam durch das Felslitoral. Wir konnten keine Nahrungsaufnahme beobachten. ECCLES & TREWAVAS (1989: 70) vermuten, daß es sich aufgrund der leicht nach oben gerichteten Maulstruktur um einen paedophagen Räuber (Larven- und Jungfischfresser) handeln könnte. Eine ähnliche Maulform (und auch Pharyngealbezahnung) weisen ebenfalls *Caprichromis*-Arten auf, von denen berichtet wird, daß sie maulbrütende Weibchen von unten anschwimmen und mit dem Ziel attackieren, diese zum Freisetzen ihrer Brut zu veranlassen (McKAYE & KOCHER 1983).

Ähnliche Arten

Aus Malawi ist eine Art bekanntgeworden, die in Gestalt und Zeichnungsmuster *P. spilopterus* sehr ähnlich sieht (*P.* „Spilopterus Blue"; KONINGS 1992: 235) und ebenfalls eine weite Verbreitung aufweist. Der Verfasser fand diese Art bei Chitendi Island (Chilumba), Thumbi West Island (Cape Maclear) sowie bei Likoma. Dieser Cichlide lebt ebenfalls an der tansanischen Küste und wurde von uns an manchen Fundstellen (z. B. Tumbi Reef) zusammen mit *P. spilopterus* beobachtet. Die sichtbaren Unterschiede zwischen den beiden „Formen" beschränken sich in erster Linie darauf, daß *P.* „Spilopterus Blue" keinen besonders kräftigen Unterkiefer aufweist und der zentrale Längsstreifen meist nicht bis zum Kiemendeckel durchgezogen ist, sondern einige Zentimeter vorher abbricht. Beim gegenwärtigen Kenntnisstand ist davon auszugehen, daß es sich um zwei eigenständige Arten handelt.

Fischer bei Ngkuyo Island

Protomelas spilopterus (Pombo Reef)

Protomelas spilopterus (Pombo Reef)

Protomelas spilopterus (Makanjila/Fort Maguire)

Protomelas „Spilopterus Blue" (Makonde)

Protomelas „Spilopterus Blue", Weibchen mit
Jungtieren (Tumbi Reef)

141

Die Gattung *Stigmatochromis* ECCLES & TREWAVAS 1989

In diese Gattung werden mäßig langgestreckte, räuberische Cichliden eingeordnet, deren Gemeinsamkeiten in einem Drei-Flecken-Muster (vgl. auch die Gattung *Otopharynx*) und einem leicht oberständigen Maul bestehen. Wissenschaftlich beschriebene Arten sind *S. woodi*, *S. modestus*, *S. pholidophorus* und *S. pleurospilus*. Während die ersten drei Arten auch in der Aquaristik bekannt sind, besteht Unklarheit über die Identität von *S. pleurospilus*. Dieser Cichlide ist nach nur einem

Exemplar beschrieben worden, welches ein Jungtier mit einer Standardlänge von 4 cm war und vom Nordende des Sees stammte. Hier dürfte es sehr schwierig sein zu ermitteln, welche Cichliden im See diesem Jungtier entsprechen.

In Tansania fanden wir die drei erstgenannten Arten sowie eine weitere Art, die unter der Bezeichnung *S.* „Cave" im Handel ist. Die letztgenannte Art konnten wir bei Nkanda, Lumbira und Liuli nachweisen.

Stigmatochromis modestus (GÜNTHER 1893)

Kennzeichen

Mittelgroßer, mäßig gestreckter Cichlide. Gesamtlänge um 15 cm, selten bis 20 cm. Zeichnungsmuster aus drei verhältnismäßig kleinen Flecken, die zudem aufgrund der dunklen Pigmentierung nur selten zu sehen sind. Grundfärbung hell bis dunkelbraun. Männchen meist mit blauem Glanz. Vollgefärbte Männchen können tiefblau mit roter Afterflosse sein.

Verbreitung

Weitverbreitete Art, die aber nirgends in großer Anzahl vorkommt (ECCLES & TREWAVAS 1989: 175). In Tansania relativ häufig im Bereich des Livingstone Gebirges anzutreffen.

Lebensraum und Ernährung

Über steinigen und felsigen Untergründen, seltener auch über gemischten Untergründen trifft man *S. modestus* an. Dieser Cichlide besiedelt vom Flachwasser (3 m Tiefe) bis in Tiefen von mindestens 35 m einen großen Tiefenbereich. *S.*

modestus lebt vergleichsweise versteckt und ist aufgrund der zumeist unscheinbaren braunen Färbung schwer zu entdecken. Dominante Männchen, die vor einer Steinspalte oder kleinen Höhle ihr Revier verteidigen, sind dagegen eher auffällig. *S. modestus* ernährt sich vermutlich überwiegend räuberisch von Fischen.

Ähnliche Arten

Von der Ostküste Malawis (Bereich Makanjila/ Fort Maguire) ist ein hinsichtlich der Körperform und auch bezüglich des Zeichnungsmusters sehr ähnlicher Cichlide unter der Handelsbezeichnung *S.* „Modestus Eastern" (KONINGS 1992: 192) bekanntgeworden. Diese Art weist als Unterschied zu *S. modestus* eine eher silbriggraue Grundfärbung auf. Die von uns an der tansanischen Ostküste nachgewiesenen *S. modestus* entsprachen hinsichtlich ihrer Körperfärbung ohne jede Einschränkung jenen Exemplaren, die von verschiedenen Populationen in Malawi bekannt sind.

Stigmatochromis modestus (Aquarienfoto)

Stigmatochromis modestus (Aquarienfoto)

Stigmatochromis modestus (Nakanthenga)

Stigmatochromis „Modestus Eastern" (Aquarien-foto)

Stigmatochromis „Cave" (Lumbira)

Stigmatochromis pholidophorus (TREWAVAS 1935)

Kennzeichen

Mittelgroßer, gestreckter Cichlide, der meist eine Gesamtlänge von ungefähr 14–15 cm erreicht. Charakteristisches Merkmal ist die zunächst rundlich (konvex) und verhältnismäßig steil ansteigende Stirnlinie, die über dem Auge einknickt. Auf diese Weise entsteht der Eindruck einer „Hakennase". Das Zeichnungsmuster besteht aus den gattungstypischen drei Flecken. Meist ist auch eine Reihe von dunklen Punkten am Ansatz der Rückenflosse vorhanden. Die Körpergrundfärbung ist silbriggrau. Dominante Männchen zeigen eine einheitlich metallisch blaue bis grüne Färbung. Balzaktive Männchen weisen weiterhin schwärzliche untere Körperpartien auf.

Verbreitung

Vermutlich weite Verbreitung. An der Küste Tansanias fanden wir diese Art bei Lupingu. Weiterhin ist S. pholidophorus in der Senga Bay sowie verhältnismäßig häufig an der zu Malawi gehörenden Ostküste im Bereich von Makanjila/Fort Maguire anzutreffen (SPREINAT 1993c). Das Belegexemplar, nach dem diese Art beschrieben wurde, stammt von Vua an der Nordwestküste (ECCLES & TREWAVAS 1989: 178).

Lebensraum und Ernährung

Gemischte Untergründe vom Flachwasser bis in Tiefen von etwa 10 m scheinen den bevorzugten Lebensraum von S. pholidophorus zu bilden. Nur selten haben wir diese Art tiefer angetroffen. Keines der beobachteten Exemplare war standorttreu. S. pholidophorus fanden wir stets einzeln. Wir konnten keine vollgefärbten Männchen beobachten. Im Aquarium des Verfassers zeigte ein Männchen wenige Tage vor und während des Ablaichens ein ausgeprägtes Revierverhalten und verteidigte einen Bereich vor einer Steinhöhle gegen alle anderen Fische.

Auffällig ist das Verhalten während der Beutesuche. Im Abstand von etwa 20–30 cm inspiziert diese Art in meist etwas schräg nach vorne gebeugter Körperhaltung Steinspalten oder andere Versteckmöglichkeiten auf dem Untergrund. Vor dem Zustoßen wird der Körper leicht S-förmig gekrümmt (SPREINAT 1993c). Aus Aquarienbeobachtungen ist bekannt, daß S. pholidophorus eine räuberische Art darstellt, die bevorzugt Jungtiere erbeutet.

Ähnliche Arten

Junge Exemplare von Exochochromis anagenys weisen aufgrund der gestreckten Körperform und des identischen Zeichnungsmusters Ähnlichkeiten zu S. pholidophorus auf. Bei E. anagenys ist der Oberkiefer jedoch etwas länger als der Unterkiefer, während S. pholidophorus einen kürzeren Oberkiefer besitzt.

Anmerkungen

In einer jüngeren Publikation hat der Verfasser diese Art als S. cf. pholidophorus bezeichnet (SPREINAT 1993c). Nachdem nun in Tansania die Gelegenheit gegeben war, auch Exemplare aus dem Norden des Sees zu untersuchen (der Typus dieser Art stammt vom Nordwesten des Sees), dürfte die Artzugehörigkeit hinreichend abgesichert sein.

Stigmatochromis pholidophorus (Aquarienfoto)

Stigmatochromis pholidophorus, Weibchen
(Lupingu)

Stigmatochromis pholidophorus (Aquarienfoto)

Stigmatochromis pholidophorus, Jungtier
(Aquarienfoto)

Stigmatochromis pholidophorus, Weibchen
(Makanjila/Fort Maguire)

Stigmatochromis woodi (REGAN 1922)

Kennzeichen

Großer, mäßig gestreckter Cichlide mit spitzem
Kopf. Gesamtlänge meist 20 cm, aber auch
30 cm große Exemplare sind bekanntgeworden.
Zeichnungsmuster aus gattungstypischen drei
Flecken. Weiter sind meist eine Reihe von
dunklen Punkten am Ansatz der Rückenflosse
vorhanden. Körpergrundfärbung weißlich bis
silbriggrau. Dominante Männchen zeigen eine
zumeist grünlichgoldene Gesamtfärbung mit
schwärzlichen unteren Körperpartien.

Verbreitung

Im gesamten See verbreitete Art, aber offenbar
nirgends in großer Anzahl anzutreffen (ECCLES
& TREWAVAS 1989: 178). In Tansania fanden wir
diese Art bei Tumbi Reef und Lundo Island.

Lebensraum und Ernährung

S. woodi bevorzugt gemischte oder überwiegend sandige Bereiche. Hinsichtlich der Tiefenverteilung scheint diese Art sehr anpassungsfä-
hig zu sein. Je nach den Untergrundverhältnis-
sen fanden wir *S. woodi* überwiegend zwischen
5 und 30 m Tiefe. Nach ECCLES & TREWAVAS
(1989: 178) wurde *S. woodi* auch noch in Tiefen von 70 m erbeutet.

Alle Exemplare, die wir antrafen, lebten
einzeln und waren nicht standorttreu. Vollgefärbte Männchen befanden sich nicht darunter.
Es ist bekannt, daß *S. woodi* ein räuberischer
Cichlide ist.

Ähnliche Arten

Ende der achtziger Jahre ist an den Mbenji
Inseln eine sehr ähnliche Art gefunden und als
S. „Tolae" bezeichnet worden („Spitzkopf-

Woodi"; vgl. KONINGS 1992: 257; SPREINAT
1993c). Dieser Cichlide ist spitzköpfiger als *S.
woodi*. Dominante *S.* „Tolae" beginnen sich von
der Körperunterseite her schwarz zu färben.
Vollgefärbte Männchen können einheitlich
schwarz sein. Jüngere Exemplare beider Arten
sind nur schwer zu unterscheiden, da insbesondere *S. woodi* in bezug auf das Kopfprofil variabel ist.

Lundo Island

Stigmatochromis woodi, Weibchen (Tumbi Reef)

Stigmatochromis woodi (Aquarienfoto)

Stigmatochromis woodi (Aquarienfoto)

Stigmatochromis woodi, halbwüchsig (Aquarien-foto)

Stigmatochromis „Tolae" (Aquarienfoto)

Stigmatochromis „Tolae" (Aquarienfoto)

Die Gattung *Tyrannochromis* ECCLES & TREWAVAS 1989

Wie der Gattungsname bereits vermuten läßt, handelt es sich bei den Vertretern der Gattung *Tyrannochromis* um räuberische Großcichliden. In der Revision der ehemaligen „Haplochromis" führen ECCLES & TREWAVAS (1989: 9–103) 4 Arten in dieser Gattung auf: *T. macrostoma, T. nigri-* *venter, T. maculiceps* und *T. polyodon*. Der Artstatus der beiden letztgenannten Arten ist jedoch keineswegs gesichert; aller Voraussicht nach sind sie jüngere Synonyme zu *T. macrostoma*.

In Tansania fanden wir sowohl *T. macrostoma* als auch *T. nigriventer*.

Tyrannochromis macrostoma (REGAN 1922)

Kennzeichen

Großer, gestreckter Cichlide mit großer Maulspalte, der eine Gesamtlänge von etwa 30 cm erreichen kann. Zeichnungsmuster aus zwei Längsstreifen. Der erste, zentral angelegte Längsstreifen ist grundsätzlich immer ausgebildet, hebt sich aber oftmals nicht ab, da die untere Flanke ebenfalls dunkelbraun bis schwärzlich ist. Der zweite Längsstreifen, der mittig auf der oberen Flankenhälfte verläuft, ist oftmals nur als schmale Punktreihe vorhanden. Am Ansatz der Rückenflosse befindet sich eine Reihe von dunklen Flekken. Die Körpergrundfärbung der Jungtiere ist silbriggrau. Ab einer Größe von etwa 8–9 cm färben sich die untere Hälfte der Flanken sowie der Kopf unterhalb des Auges dunkelbraun, fast schwarz. Die obere Flankenhälfte verbleibt hell. Unter Streßbedingungen verliert sich die dunkle Pigmentierung der unteren Körperhälfte. Vollgefärbte Männchen zeigen einen bläulichen Rükken- bzw. oberen Flankenbereich. Die untere Flankenhälfte ist schwärzlich mit blauem Glanz. Kehle, Brust und Bauch weisen gelbliche Pigmente auf.

Verbreitung

T. macrostoma dürfte im gesamten See weitverbreitet sein. Zwar sind bislang zu den Küstenbereichen Moçambiques keine diesbezüglichen Kenntnisse veröffentlicht worden, doch kann aufgrund des verhältnismäßig häufigen Vorkommens an allen anderen Küsten davon ausgegangen werden, daß dieser Cichlide auch die Küsten Moçambiques besiedelt. Der Verfasser fand diese Art bei fast jedem Tauchgang an allen Küsten Malawis. Selbiges gilt für die Küsten Tansanias.

Lebensraum und Ernährung

Felsige, gemischte, seltener auch mit Pflanzenbeständen besetzte Bereiche zählen zu den Lebensräumen, in denen man *T. macrostoma* antrifft. Einzig weite Sandflächen scheinen gemieden zu werden. *T. macrostoma* ist weiterhin vom Flachwasser bis in Tiefen von mindestens 40 m verbreitet. Diese Art ist ein Einzelgänger, der ohne Standortbindung über den Untergrund streift und ständig auf der Suche nach potentiellen Beutefischen ist. Allerdings konnten wir

Tyrannochromis macrostoma

Tyrannochromis macrostoma, Weibchen

Tyrannochromis macrostoma, Weibchen (Pombo Reef)

Tyrannochromis macrostoma, halbwüchsig (Aquarienfoto)

Tyrannochromis macrostoma, Jungfischschwarm (Chitendi Island, Chilumba)

keine vollgefärbten Männchen beobachten, so daß keine Aussage zu einem möglichen Revierverhalten der Männchen getroffen werden kann.

T. macrostoma ist ein Raubfisch, der sich seiner Beute in typischer Weise nähert. Sobald ein potentielles Opfer entdeckt ist, dreht sich der Räuber um etwa 90 Grad auf die Seite, um dann sein Opfer nach Möglichkeit schräg von oben und im schnellen Vorstoß zu erbeuten. Dieses Verhalten konnten wir häufig beobachten; allerdings waren dabei viele Versuche des Räubers erfolglos, und nur selten sahen wir *T. macrostoma* mit zappelnder Beute im Maul davonschwimmen.

T.-macrostoma-Weibchen pflegen ihre Jungtiere für einen vergleichsweise langen Zeitraum. Häufig konnten wir beobachten, daß ein Weibchen seine etwa 2–3 cm großen Jungtiere auf oder am Rande eines Felsens aus dem Maul entlassen hatte und diesen Bereich dann intensiv gegen alle anderen Fische verteidigte. Die Jungtiere nahmen derweil Nahrung auf. Bei vermeintlicher Bedrohung durch den Beobachter wurden die Jungtiere sofort wieder ins Maul aufgenommen, und das Weibchen schwamm weiter zu einem anderen Platz. Bemerkenswert ist, daß sich in dem Jungfischschwarm oftmals auch artfremde Jungtiere befinden, die gleichfalls vom Weibchen gepflegt werden. Es ist nicht bekannt, wann der Brutpflegetrieb des Weibchens erlischt. Wir hatten den Eindruck, daß das Weibchen auch nicht jedesmal alle Jungtiere wieder ins Maul aufnahm, so daß zumindest ein Teil der Jungtiere auf diese Weise freigesetzt wurde.

Ähnliche Arten

Weitere Arten, die vor langer Zeit beschrieben und von Eccles & Trewavas (1989: 97–103) in diese Gattung gestellt wurden, sind *T. maculiceps* (Ahl 1927; Typusfundort: Langenburg = Lumbira) und *T. polyodon* (Trewavas 1935;

Typusfundort: Vua). Auf *T. nigriventer* wird weiter unten eingegangen. Die beiden erstgenannten Arten wurden jeweils anhand nur eines Exemplars beschrieben. Sie unterscheiden sich von *T. macrostoma* aufgrund morphologischer bzw. morphometrischer Eigenschaften (*T. maculiceps*: schmalerer Kopf und mehr Zahnreihen; *T. polyodon*: größere Körperhöhe). Zur Zeit spricht vieles dafür, daß diese Unterschiede zu *T. macrostoma* (auch diese Art wurde nur anhand eines Exemplars beschrieben) bei Untersuchung einer repräsentativen Anzahl von Exemplaren in die Variationsbreite von *T. macrostoma* fallen. Dann müßten die beiden genannten Arten als jüngere Synonyme gelten, da sie später als *T. macrostoma* beschrieben worden sind.

Anmerkungen

Die Identität von *T. macrostoma* war bis vor kurzem unklar und mehr als verwirrend. Ende der achtziger bis Anfang der neunziger Jahre stand der Verfasser in regem Kontakt mit E. Trewavas, um zu klären, welcher Cichlide im See der von Regan 1922 als *Haplochromis macrostoma* beschriebenen Art entspricht.

Im aquaristischen Handel führte man seit etwa Anfang der achtziger Jahre einen räuberischen Buntbarsch unter der Bezeichnung *Haplochromis macrostoma*. Nachdem der Verfasser 1988 Gelegenheit hatte, den Typus dieser Art im Britischen Museum (Natural History) zu untersuchen, war offensichtlich, daß der im Handel als „H. macrostoma" angesprochene Cichlide nicht identisch mit dieser Art sein konnte. Folglich stellte sich die Frage, welcher Cichlide ist *Haplochromis macrostoma* (heute *Tyrannochromis macrostoma*)?

Es war zu diesem Zeitpunkt bekannt, daß zwei ähnliche, räuberische Arten an sehr vielen Küstenabschnitten häufig vorkommen: Die eine Art war durch eine dunkle untere Körperhälfte

Tyrannochromis macrostoma, Weibchen (Aquarienfoto)

Tyrannochromis macrostoma, Jungtier (Chitendi Island, Chilumba)

Tyrannochromis macrostoma, Weibchen (Likoma Island)

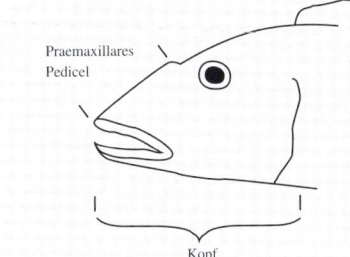

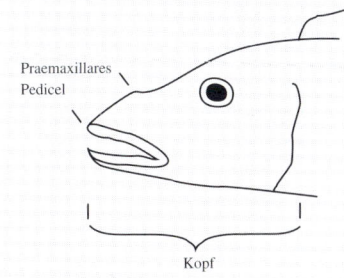

Tyrannochromis macrostoma (links) und *Tyrannochromis nigriventer* (rechts) lassen sich leicht an der relativen Länge des praemaxillaren Pedicels unterscheiden.

151

gekennzeichnet und wurde vom Verfasser mit dem provisorischen Namen „Schwarzbauch" (engl. „Dark Belly") bezeichnet. Die zweite Art war der Cichlide, der im Handel als „H. macrostoma" bekannt war. Dieser „Handels-Macrostoma" besitzt eine helle untere Körperhälfte und ist anhand dieses Merkmals zumeist sofort von dem „Schwarzbauch" zu unterscheiden.

Um die Artzugehörigkeiten zu klären und die Felduntersuchungen entsprechend einordnen zu können, stellte der Verfasser eine Reihe von Exemplaren dem Britischen Museum zwecks vergleichender Untersuchungen zur Verfügung. Das Problem war unter anderem, daß der „Schwarzbauch" seine dunklen Pigmente unter Streß verlor und dann dem „Handels-Macrostoma" sehr ähnlich sah. Die konservierten Belegexemplare im Britischen Museum zeigten keine dunkle untere Körperhälfte, so daß anhand dieses Kriteriums nicht ohne weiteres festzustellen war, ob ein „Schwarzbauch" unter den beschriebenen Arten war. TREWAVAS fand heraus, daß es ein klares morphologisches Merkmal gibt, das die betreffenden beiden Arten unterscheidet. Es handelt sich um die nach oben gerichtete Verlängerung des Zwischenkieferbeins (Praemaxillares Pedicel). Das obere Ende dieses Knochens ist auch am lebenden Fisch als kleiner Höcker auf der „Nase" etwa kurz unterhalb der Augen erkennbar bzw. fühlbar. Dieser Knochen ist beim „Schwarzbauch" sehr lang, beim „Handels-Macrostoma" dagegen vergleichsweise kurz (s. u.). Im Vergleich zu den Belegexemplaren der beschriebenen Art zeigte sich, daß der „Schwarzbauch" als artgleich mit *T. macrostoma* anzusehen ist, der „Handels-Macrostoma" dagegen eine noch unbeschriebene Art darstellt.

Parallel und noch vor Abschluß der oben geschilderten Untersuchungen, arbeitete ECCLES an der Fertigstellung der Revision dieser Gattung. ECCLES kam irrtümlich zu dem Ergebnis, daß der „Schwarzbauch" eine noch unbeschriebene Art darstellt und beschrieb die Art *T. nigriventer* (lat. nigriventer = schwarzer Bauch; ECCLES 1989a). Als einziges Belegexemplar, auf dem die Erstbeschreibung fußt, diente ECCLES ein Museumsexemplar, welches noch in der Sammlung des Britischen Museums enthalten war. Die Lebendfärbung dieses Exemplars war offensichtlich nicht bekannt. Denn dieses Exemplar war, wie heute zweifelsfrei über die Länge des Zwischenkieferbeins gezeigt werden kann, kein „Schwarzbauch", sondern ein „Handels-Macrostoma". Folglich war das der Erstbeschreibung zugrundeliegende Belegexemplar zwar kein „Schwarzbauch" wie der Artname sagt, aber nichtsdestoweniger ein neuer, derzeit noch unbeschriebener Cichlide. Somit ist die Erstbeschreibung ECCLES gültig (vgl. TREWAVAS 1991).

Zusammengefaßt stellt sich die Taxonomie der beiden Arten wie folgt dar: Der „Schwarzbauch" ist *T. macrostoma*. Der lange Zeit als „Handels-Macrostoma" bekannte Cichlide ist nun als *T. nigriventer* beschrieben worden. Beide Arten lassen sich im lebenden Zustand in der Regel leicht daran unterscheiden, daß *T. macrostoma* eine dunkle untere Körperhälfte, *T. nigriventer* eine helle untere Körperhälfte aufweist. Untypisch gefärbte Exemplare (Streß) sowie insgesamt blau oder schwärzlich gefärbte Männchen lassen sich anhand der unterschiedlichen Längen des oberen Fortsatzes des Zwischenkieferbeins unterscheiden. Gemessen von der Spitze des Oberkiefers bis zum „Nasenhökker" unterhalb des Auges, ist die Länge dieses Knochens bei *T. macrostoma* weniger als dreimal in der Kopflänge (Schnauzenspitze bis Kiemendeckelende) enthalten. Bei *T. nigriventer* ist der genannte Abstand deutlich kleiner und mehr als dreimal in der Kopflänge enthalten.

Kennzeichen

Großer, gestreckter Cichlide. Gesamtlänge meist um 20–25 cm, selten bis 30 cm. Hinsichtlich des Zeichnungsmusters lassen sich zwei geographische Formen abgrenzen. Die südlichen Populationen weisen zwei Längsstreifen auf, von denen der erste, zentrale Streifen kontinuierlich verläuft und meist breiter ist. Der zweite Längsstreifen liegt zwischen dem ersten und dem Ansatz der Rückenflosse und ist manchmal nur schwach ausgebildet bzw. zu einer Punktreihe aufgelöst. Eine weitere Reihe von z. T. unregelmäßigen Flecken ist meist am Ansatz der Rückenflosse ausgebildet. Dieses Kennzeichen gilt auch für die nördlichen Populationen. Die nördlichen Populationen zeigen kein Längsstreifenmuster, sondern überwiegend unregelmäßig verlaufende Querstreifen. Die genaue Verbreitung der nördlichen und südlichen Populationen ist unter „Anmerkungen" aufgeführt.

Die Grundfärbung ist variabel und variiert zumeist zwischen silbriggrau, beige und bräunlich. Mitunter treten aber insgesamt sehr dunkel gefärbte Exemplare auf, die einheitlich braun oder fast schwarz erscheinen. Dominante Männchen zeigen von einer hellblauen bis dunkelblauen, mitunter auch fast violetten Färbung viele Abstufungen. Der Kehl- und Brustbereich sind häufig gelb bis orange.

Jungtiere sind weißlich bis grau und zeigen das oben beschriebene populationsspezifische Zeichnungsmuster sehr deutlich.

Tyrannochromis nigriventer (Lupingu)

Verbreitung

T. nigriventer dürfte im gesamten See verbreitet sein. Der Verfasser fand diese Art an nahezu allen Küstenabschnitten Malawis (Boadzulu Island, Monkey Bay, Eccles Reef, Thumbi West Island, Maleri Islands, Makanjila/Fort Maguire, Mbenji Islands, Nkhata Bay, Usisya, Chilumba, Likoma und Chisumulu Island). In Tansania fanden wir diesen Cichliden ebenfalls an vielen Küstenbereichen (Makonde, Lupingu, Cove Mountain, Lundu, Njambe, Mbamba Bay).

Lebensraum und Ernährung

T. nigriventer lebt über felsigen und gemischten Untergründen in flachem Wasser bis in Tiefen von mindestens 30 m. Die meisten Exemplare werden aber im Flachwasser bis etwa 10 m Tiefe angetroffen. *T. nigriventer* ist ein Einzelgänger, der ruhelos das Felslitoral auf der Suche nach Beute durchstreift. Vollgefärbte Männchen sind dagegen meistens standorttreu und territorial. Häufig werden Bereiche vor großen Steinen oder Felsen als Revier gegen andere, größere Fische verteidigt. Diese Reviere sind je nach Größe des Männchens etwa 3 bis 4 m im Durchmesser groß.

T. nigriventer ist ein Raubfisch, der sich in erster Linie von kleinen Fischen ernährt. Im Gegensatz zu *T. macrostoma* dreht sich *T. nigriventer* während des Anpirschens nicht auf die Seite, sondern erbeutet sein Opfer durch direktes Anschwimmen und plötzlichen Vorstoß.

Das Brutpflegeverhalten der Weibchen entspricht dem von *T. macrostoma* (s. o.).

Ähnliche Arten

T. macrostoma ist hinsichtlich der Körperform sehr ähnlich. In der Regel lassen sich beide Arten anhand der dunklen unteren Flankenfärbung bei *T. macrostoma* sowie der hellen Färbung von *T. nigriventer* unterscheiden. Manche Exemplare, die insgesamt sehr dunkel gefärbt sind sowie im ganzen blaue Männchen, lassen sich über einen Vergleich der Länge des Zwischenkieferbeins unterscheiden (vgl. *T. macrostoma*; „Ähnliche Arten").

Anmerkungen

Bemerkenswert ist die oben bereits beschriebene Variabilität im Zeichnungsmuster. Die durch zwei Längsstreifen gekennzeichneten, südlichen Populationen wurden vom Verfasser an folgenden Küstenabschnitten nachgewiesen: Boadzulu Island, Monkey Bay, Thumbi West Island, Mumbo Island, Chinyankhwazi und Chinyamwezi Island, Eccles Reef, Makanjila/Fort Maguire, Nakanthenga Island, Namalenji Island, Mbenji Island, Likoma und Chisumulu Island.

Die nördlichen Population beginnen bei Nkhata Bay an der Westküste und reichen mindestens bis Chewere (nördlich von Chilumba) an der Nordwestküste. Sie erstrecken sich weiter über den gesamten Bereich der tansanischen Küste vom Nordende bis mindestens Mbamba Bay. Alle diese Populationen zeigen ein unregelmäßiges Querstreifenmuster.

Interessant ist, daß die Populationen an der Malawi-Ostküste das Längsstreifenmuster aufweisen. Zu vermuten ist, daß an der zu Moçambique gehörenden Ostküste entweder ein Küstenabschnitt existiert, an dem eine "Zwischenform" vorzufinden ist oder aber z. B. ein langer Sandstrand eine „Trennlinie" zwischen die nördlichen und südlichen Populationen zieht. Bislang sind keine diesbezüglichen Untersuchungen aus Mocambique bekanntgeworden, doch ist zu vermuten, daß eine derartige Trennlinie, wenn es sie gibt, mindestens auf der Höhe von Likoma liegt, da die Populationen von Likoma das Längsstreifenmuster ausgebildet haben.

154

Tyrannochromis nigriventer (Chilumba, Aquarienfoto)

Tyrannochromis nigriventer, Weibchen (Lupingu)

Tyrannochromis nigriventer, Weibchen (Njambe)

Tyrannochromis nigriventer, halbwüchsig
(Chewere, Chilumba)

Tyrannochromis nigriventer, Weibchen (Likoma
Island)

Tyrannochromis nigriventer (südliche Form, Aquarienfoto)

Tyrannochromis nigriventer (südliche Form, Aquarienfoto)

Tyrannochromis nigriventer, Weibchen (Chinyamwezi Island)

Tyrannochromis nigriventer, halbwüchsig (Mumbo Island)

Tyrannochromis nigriventer, Weibchen (Boadzulu Island)

Mbunas

Die zumeist sehr farbenprächtigen, felsbewohnenden Cichliden des Malawisees nennen die einheimischen Fischer in Malawi „Mbuna". Dieser Name, der aus der Sprache des Volksstamms der Tonga (Tongasprache = chiTonga) stammt, wurde schon frühzeitig von Aquarianern und Wissenschaftlern übernommen und hat sich als feststehender Begriff durchgesetzt. Alle Mbunas leben endemisch im Malawisee und teilweise auch im oberen Shire, der den Malawisee im Süden entwässert. Dies bedeutet, daß diese Arten nur im Malawisee (bzw. Shire) vorkommen.

So eindeutig der Begriff „Mbuna" eine bestimmte Gruppe von Cichliden beschreibt, so schwer ist es, leicht nachvollziehbare Kriterien zu benennen, mit deren Hilfe man einen Mbuna erkennen kann. Am häufigsten wird als Unterschied zu den anderen Cichliden des Malawisees die Ausbildung „echter Eiflecken" in der Afterflosse bei den Mbuna-Männchen genannt (z. B. Eccles & Trewavas 1989: 21). Als „echte" Eiflecken werden nur jene angesehen, die durch einen dunklen und/oder hellen Rand in besonderer Weise abgehoben sind. Dies ist insofern von Bedeutung, da auch viele andere Cichliden des Malawisees im männlichen Geschlecht häufig Eiflecken oder eifleckenartige Pigmente bzw. Streifen in der Afterflosse aufweisen. Diese Cichliden wurden früher überwiegend in die Sammelgattung „Haplochromis" eingeordnet. Erst 1989 erschien eine taxonomische Bearbeitung der „Haplochromis", so daß nun zur begrifflichen Abgrenzung dieser Gruppe der Ausdruck „Nicht-Mbunas" verwendet wird (Eccles & Trewavas 1989). Leider zeigen mitunter auch Nicht-Mbunas einen dunklen Rand um die Eiflecken, so daß eine Unterschei-

dung allein anhand der Eiflecken nicht immer zuverlässig möglich ist. (Für den morphologisch Interessierten sei erwähnt, daß ein weiteres Erkennungsmerkmal in der Beschuppung liegt: Bei den Mbunas ist der Größenunterschied der Schuppen vom Brustbereich zur Flanke eher abrupt und nicht gleichmäßig verlaufend. Aber auch dieses Kriterium ist nicht ohne Unsicherheiten.)

Damit kein falscher Eindruck entsteht: Ganzheitlich betrachtet ist es einfach, einen Mbuna von einem Nicht-Mbuna zu unterscheiden. Hierzu genügt die Erfahrung zu wissen, wie ein Mbuna „aussieht". Bis auf ganz wenige Ausnahmen gibt es deshalb keinerlei Zweifel an der richtigen Zuordnung der mittlerweile über 250 bekannten Mbuna-Arten.

Zur Zeit werden 10 Mbuna-Gattungen unterschieden:

Cyathochromis	1 Art
Cynotilapia	ca. 14 Arten
Genyochromis	1 Art
Gephyrochromis	4 Arten
Iodotropheus	2 Arten
Labeotropheus	2 Arten
Labidochromis	ca. 30 Arten
Melanochromis	ca. 24 Arten
Petrotilapia	ca. 21 Arten
Pseudotropheus	ca. 170 Arten

Eine weitere, elfte Mbuna-Gattung wurde 1975 unter dem Namen *Microchromis* (einzige Art: *M. zebroides*) beschrieben (Johnson 1975). Diese Gattungsbeschreibung ist jedoch nur wenig präzise und wird deshalb allgemein nicht anerkannt. Außerdem konnte die seinerzeit beschriebene Art *M. zebroides*, die von der Insel

Likoma stammen soll, bislang nicht wieder aufgefunden werden.

Die Cirka-Angaben bezüglich der Artenanzahlen sind übrigens darauf zurückzuführen, daß in vielen Fällen bislang nicht klar ist, ob zwei (oder mehrere) an verschiedenen Fundorten nachgewiesene und ähnliche Populationen als Standortvarianten einer Art einzustufen sind oder aber bereits als eigenständige Arten gelten müssen.

Variable Mbunas

Mbunas sind kleine bis mittelgroße Cichliden. Die meisten Arten erreichen Gesamtlängen von 10 bis 12 cm. Die weitaus überwiegende Mehrheit der Mbunas weist eine strikt felsgebundene Lebensweise auf. Felsige bzw. steinige Untergründe bieten diesen Arten sowohl Schutz vor Freßfeinden als auch Nahrung. Fast alle Mbunas sind spezialisierte Aufwuchsfresser. Als Aufwuchs wird der Algen- und Bakterienbewuchs auf Hartsubstraten mit den darin enthaltenen Kleinorganismen bezeichnet. Felsaufwuchs stellt somit keine rein pflanzliche Nahrung dar. Aufwuchsfresser nehmen beim Abweiden der Felsen eine Vielzahl von kleinen Organismen auf, angefangen von winzigen Einzellern (Protozoen), kleinen Krebschen (Crustaceen), Schnecken und Muscheln (Mollusken) bis zu verschiedensten Insektenlarven. Nichtsdestoweniger gelten die pflanzlichen Komponenten des Aufwuchses als „Ballast", da diese Stoffe nur langsam bzw. schwer verdaulich sind. Dies bedeutet, daß Mbunas keine reinen Fleischfresser sind und somit im Aquarium ballastreiche Kost erhalten sollten. Bei Fütterung mit z. B. schierem Fleisch (Rinderherz, Tartar) leiden Mbunas meist sehr schnell an Erkrankungen des Verdauungstraktes. Mäßige Fütterung sowie die Zugabe von pflanzlichen Futtermitteln sind deshalb sehr wichtig.

Die felsorientierte Lebensweise bedingt eine vergleichsweise hohe Standorttreue. Eine an einen felsigen oder steinigen Bereich angrenzende, größere Sandfläche wird in der Regel nicht überschwommen, sondern bildet ein Hindernis bzw. eine „geographische" Barriere. Dies hat zur Folge, daß benachbarte, aber voneinander isolierte Populationen verschiedene Entwicklungen nehmen konnten (und können), die sich z. B. in der Ausbildung unterschiedlicher Färbungen bemerkbar machen. Diese farblichen Unterschiede können abrupt sein oder aber graduell verlaufen. Farblich leicht unterschiedliche Populationen werden zumeist als **Standortvarianten** oder als **geographische Rassen** bezeichnet. Sofern die Unterschiede sehr groß sind, spricht man auch von Unterarten. Für die Einteilung in Standortvarianten, geographische Rassen, Unterarten und letztlich Arten gibt es keine universelle Übereinkunft. Je nach Wissenschaftler werden oft verschiedene Maßstäbe zugrundegelegt. Entscheidend ist, welches Artkonzept zur Definition des Taxons „Art" herangezogen wird, da von dieser Definition auch die weiteren Einteilungen abhängen. Die obige Betrachtung gilt für Populationen, die sich in ihrer Verbreitung nicht überschneiden (allopatrische Populationen).

Es bleibt anzumerken, daß auch „künstliche" Riffe, die auf Sandflächen angelegt werden, von Mbunas besiedelt werden können. Demzufolge stellen Sandflächen keine absoluten Hindernisse dar. Über die Mechanismen der Verbreitung von Mbunas bzw. der Besiedlung neuer Lebensräume ist bislang nur wenig bekannt. Denkbar wäre, daß Jungtiere, die sich in losgerissenen Pflanzen versteckt halten, mit diesen durch Strömungen an andere Küstenabschnitte verfrachtet werden.

Ein weiterer Aspekt ist, daß nicht alle als strikt felsorientiert einzustufenden Arten Standortvarianten ausgebildet haben. *Petrotilapia tridentiger* ist hier als Beispiel zu nennen. Diese Art lebt felsgebunden und ist an sehr vielen Küstenabschnitten zu finden. Trotzdem haben sich keine Standortvarianten entwickelt, sondern Männchen und Weibchen sind im Süden wie im Norden des Sees weitestgehend gleich gefärbt. *Pseudotropheus* „Msobo" aus Tansania weist dagegen in einem relativ kleinen Küstenbereich zahlreiche Standortvarianten auf (s. u.).

Ein weiteres Phänomen innerhalb der Gruppe der Mbunas wird als **Polymorphismus** (= Vielgestaltigkeit) oder, präziser, als **Polychromatismus** (= Vielfarbigkeit) bezeichnet. Hierunter versteht man die Ausbildung von unterschiedlichen Farbkleidern. Voraussetzung ist, daß es sich bei den entsprechenden Exemplaren um Angehörige einer Art und eines Geschlechts handelt, die zudem noch denselben Lebensraum bewohnen müssen. Ein bekanntes Beispiel ist *Pseudotropheus zebra*. Die Männchen sind zumeist hellblau mit schwarzen Querstreifen, die Weibchen sind graubraun und zeigen ebenfalls ein Querstreifenmuster. Daneben treten hin und wieder Exemplare auf, die keinerlei Streifenmuster, sondern zahlreiche dunkle Körperflecken auf hellem bis rötlichem Untergrund tragen. Derartige Tiere werden als OB-Morphe bezeichnet (engl. orange blotched = orange gefleckt; exakter wäre der Ausdruck „Chrome" statt „Morphe", doch dieses Wort ist nicht gebräuchlich). Die erstgenannte Normalform wird analog BB-Morphe (Blue Black) genannt. OB-Morphen treten häufiger im weiblichen Geschlecht auf. Männliche OB-Exemplare sind selten. Von *P. zebra* ist eine dritte Morphe bekannt, die einheitlich weißlich bis rötlich gefärbt ist, keine Körperflecken aufweist und dementsprechend als O-Morphe bezeichnet wird. O-Morphen gibt es ebenfalls in beiden Geschlechtern. Männliche O-Morphen sind aber noch seltener als OB-Männchen. Ein wichtiges Kriterium zur Definition von Farbmorphen ist, daß es zwischen den verschiedenen Farbmorphen keine fließenden Übergänge gibt,

also klar trennbare Farbgebungen vorhanden sind. Insofern ist die O-Morphe keine „gute" Morphe. Fast alle O-Exemplare haben mehr oder weniger kleine schwarze Pigmentflecken.

Ein weiteres Beispiel für Polychromatismus bietet *P. callainos*. Bei dieser Art gibt es jeweils in beiden Geschlechtern eine B-Morphe (blau; insgesamt hellblau gefärbt), W-Morphe (einheitlich weiß) sowie die OB-Morphe (weiß mit dunklen Körperflecken).

Einen Sonderfall des Polychromatismus stellt der **Sexualdichromatismus** (Geschlechterzweifarbigkeit) dar. Bei *P.* „Daktari" ist z. B. ein ausgeprägter Sexualdichromatismus vorhanden: Die ausgefärbten Männchen sind zitronengelb, die Weibchen dagegen grau bis braun. Mitunter treten bei dieser Art aber auch gelblich gefärbte Weibchen auf, so daß man die obige, allgemeine Aussage entsprechend einschränken muß. Hier ist auch zu erwähnen, daß unterlegene Männchen häufig die Weibchenfärbung annehmen. Die meisten Mbunas zeigen aber generell einen deutlichen Geschlechtsdichromatismus. Die Ausbildung von Farbmorphen ist dagegen auf wenige Arten begrenzt. Besonders häufig ist Polychromatismus bei den Vertretern des *P.-zebra*-Artenkomplexes, in den Gattungen *Labeotropheus* und *Genyochromis* sowie bei einigen Arten aus der *P.-tropheops*-Artengruppe.

Folglich gibt es drei maßgebliche Aspekte, die bezüglich der „Variabilität" von Mbuna-Arten in Frage kommen bzw. bei einem Vergleich von Arten berücksichtigt werden müssen: Standortvarianten bzw. geographische Rassen, Polychromatismus und Geschlechtsdichromatismus.

Die Gattung *Cyathochromis* TREWAVAS **1935**

Die Gattung *Cyathochromis* enthält nur eine Art: *C. obliquidens*. Aufgrund der von anderen Mbunas deutlich abweichenden Bezahnung wurde diese Art in eine eigene Gattung gestellt. Die Zähne von *C. obliquidens* sind in besonderem Maße langstielig und weisen eine löffelartige Spitze auf.

Aquaristisch ist *C. obliquidens* ohne große Bedeutung, da diese Art nur selten eingeführt und gepflegt wird. Es ist bekannt, daß *C. obliquidens* durchsetzungsfreudig ist und deshalb möglichst in einem großen Becken (ab 1,5 m Kantenlänge) in Gesellschaft mit anderen robusten Mbunas gepflegt werden sollte.

Cyathochromis obliquidens TREWAVAS **1935**

Kennzeichen

Relativ großer Mbuna, der eine Gesamtlänge von 15 cm erreichen kann. Die Bezahnung (vgl. Gattungsbeschreibung) ist charakteristisch. Auffällig ist auch der breite schwarze Streifen in der Rückenflosse. Ausgefärbte Männchen zeigen meist (abhängig vom Fundort) einen gelben Rücken- und z. T. auch Brustbereich. Die untere Körperhälfte ist blau. Weibchen und Jungtiere sind grau-gelblich und zeigen ein Zeichnungsmuster aus einem zentralen Längsstreifen und einem zweiten, meist nur in Form einer Punktreihe angedeuteten Längsstreifen in der oberen Körperhälfte. Auch der zentrale Längsstreifen ist mitunter nur als Fleckenreihe ausgebildet. Bei gefärbten Männchen ist das Zeichnungsmuster häufig überlagert und nur noch im Ansatz erkennbar.

Verbreitung

Aus Untersuchungen von RIBBINK und Mitarbeitern ist bekannt, daß diese Art an den Küsten Malawis weitverbreitet ist, sofern geeignete Lebensräume vorhanden sind (RIBBINK et al.

1983: 242–243). Dies trifft auch für die Küstenbereiche Tansanias zu: Wir fanden diesen Cichliden sowohl an den nördlichen Küsten am Fuße der Livingstone Berge als auch im Süden bei Mbamba Bay. Demnach kann mit hoher Wahrscheinlichkeit davon ausgegangen werden, daß *C. obliquidens* seeweit verbreitet ist.

Lebensraum und Ernährung

Typischer Flachwasserbewohner, der gemischte Untergründe von etwa 1 bis 2 m Tiefe bevorzugt und häufig auch in Vallisnerien-Beständen anzutreffen ist. Selten in Wassertiefen über 5 m anzutreffen. Männchen verteidigen Reviere und sind standorttreu. Weibchen leben einzeln oder in kleinen Gruppen. *C. obliquidens* ernährt sich von Aufwuchs und kleinen Wirbellosen.

Ähnliche Arten

Auf den ersten Blick erinnert *C. obliquidens* an *Petrotilapia*-Arten, unterscheidet sich von diesen aber durch die auch mit bloßem Auge erkennbare Bezahnung. Ganzheitlich betrachtet bestehen aber kaum Verwechselungsmöglichkeiten.

Cyathochromis obliquidens (Mbamba Bay)

Cyathochromis obliquidens (Aquarienfoto)

Cyathochromis obliquidens, Weibchen im knietiefen Wasser (Lupingu)

Cyathochromis obliquidens (Ponton, Mbamba Bay)

Cyathochromis obliquidens (Magunga)

Die Gattung *Cynotilapia* REGAN 1922

Die Vertreter der Gattung *Cynotilapia* sind sowohl in Hinblick auf ihre Färbung und Zeichnungsmuster als auch bezüglich ihrer Körperform nahezu identisch mit den Arten aus dem *Pseudotropheus-zebra*-Artenkomplex. Im Gegensatz zu *Pseudotropheus*-Arten haben alle *Cynotilapia* jedoch relativ weit auseinander stehende, einspitzige Zähne (*Pseudotropheus*-Arten haben relativ engstehende und zweispitzige Zähne). Bei größeren Exemplaren sind die einspitzigen Zähne selbst ohne Vergrößerungsglas leicht zu erkennen.

Cynotilapia-Arten ernähren sich in erster Linie von Plankton. Zum Ergreifen und Festhalten dieser Beute sind einspitzige „Hundszähne" natürlich besser geeignet als vergleichsweise stumpfe zweispitzige Zähne. Letztere dienen bei den *Pseudotropheus*-Arten dazu, den Felsaufwuchs förmlich abzugrasen. Die im Vergleich zu anderen Mbunas eher ungewöhnliche Ernährungsweise macht sich im Freiland im Verhalten deutlich bemerkbar. *Cynotilapia* schwimmen in der Regel etwa 1 m vom Felsuntergrund entfernt und halten sich nicht dicht am Fels (bzw. über Steinen) auf wie die meisten *Pseudotropheus*-Arten. An strömungsreichen Stellen findet man manchmal riesige Schwärme von *Cynotilapia afra*, die weit im freien Wasser stehen und Plankton fressen, welches mit der Strömung herangetragen wird. Eine Ausnahme bilden die geschlechtsreifen Männchen. Diese Tiere stehen dicht über dem Untergrund, um ihr Territorium zu verteidigen. Zwar verlassen auch die Männchen mitunter ihre Reviere, um Plankton zu fressen. Dennoch sieht man die Männchen häufig beim Abschaben von Felsaufwuchs. In den Mägen revierverteidigender Männchen wurden dementsprechend häufiger

Aufwuchsbestandteile und Insektenlarven gefunden als bei nichtterritorialen Exemplaren (RIBBINK et al. 1983: 236–237).

Aus Malawi sind 14 Arten bekanntgeworden, doch nur zwei Arten sind wissenschaftlich beschrieben. Die bekannteste und vermutlich am weitesten verbreitete Art ist *C. afra*. Eine weitere auch aquaristisch bekannte Art ist *C. axelrodi*. Diese Art ist in Deutschland unter der falschen Bezeichnung *Pseudotropheus* „Kingsizei" eingeführt worden (ZIERZ 1973, GERHARDT & SPREINAT 1989; die Bezeichnung *P.* „Kingsizei" wird mittlerweile für einen anderen Cichliden verwendet). Die anderen Arten dieser Gattung sind aquaristisch von untergeordneter Bedeutung. In Tansania konnten wir zwei Arten nachweisen: *C. afra* und *C.* „Lion". Nachfolgend sind die bislang bekannten Arten und ihre Verbreitungsgebiete zusammengestellt. Die angegebenen Referenzen beziehen sich auf die Angaben für die Küstenbereiche in Malawi.

Die Vertreter der Gattung *Cynotilapia* lassen sich an den einspitzigen Zähnen erkennen (*Cynotilapia afra* von Lundo Island)

Cynotilapia-Arten und ihre Verbreitung im Malawisee

Art	Referenz	Verbreitungsgebiet
C. afra	(1)	Großes Verbreitungsgebiet im nördlichen See: Nordwestküste: nördlich von Nkhata Bay bis zum Nordende des Sees; Inseln: Likoma und Chisumulu; Nordostküste: gesamter Bereich von Tansania (Ikombe bis Hai Reef an der Grenze zu Moçambique), z. T. mit Standortvarianten vertreten.
C. axelrodi	(1)	Mittelgroßes Verbreitungsgebiet: Nordwestküste: Nkhata Bay bis etwa Lions Cove.
C. „Black Dorsal"	(1)	Sehr kleines Verbreitungsgebiet: Nur bei Mbenji Island
C. „Black Eastern"	(2)	Kleines Verbreitungsgebiet: Südostküste im Bereich von Makanjila/ Fort Maguire (möglicherweise Standortvariante von *C. afra*).
C. „Chinyankwazi"	(1)	Sehr kleines Verbreitungsgebiet: Nur bei den kleinen Inseln Chinyankhwazi u. Chinyamwezi nachgewiesen (Südost-Arm des Sees).
C. „Jalo"	(2)	Sehr kleines Verbreitungsgebiet: Jalo Reef nördlich Nkhota Kota.
C. „Lion"	(1, 2)	Mittelgroßes Verbreitungsgebiet: Nordwestküste: Chadaga, Lions Cove, Mara Rocks (Usisya).
C. „Maleri"	(1)	Sehr kleines Verbreitungsgebiet: Südöstl. Bereich von Maleri Island.
C. „Mara"	(2)	Bei Mara Rocks (Usisya) nachgewiesen, wahrscheinlich Standortvariante von *C. afra*.
C. „Mbamba"	(1)	Großes Verbreitungsgebiet: Nordwestküste: Nkhata Bay bis zum Nordende des Sees; Inseln Likoma und Chisumulu.
C. „Mpanga"	(1)	Sehr kleines Verbreitungsgebiet (?): Mpanga Rocks bei Chilumba.
C. „Ndumbi"	(1)	Sehr kleines Verbreitungsgebiet (?): Ndumbi Rocks (Likoma).
C. „Taiwan"	(2)	Sehr kleines Verbreitungsgebiet: Taiwan Reef (nördlich Chisumulu).
C. „Yellow Dorsal"	(1)	Sehr kleines Verbreitungsgebiet: nur bei Mbenji Island.

(1) = RIBBINK et al. 1983; (2) = KONINGS 1992

Cynotilapia afra (GÜNTHER 1893)

Kennzeichen

Mittelgroßer Mbuna von etwa 9 bis 11 cm
Gesamtlänge. Körper in der Regel mäßig ge-
streckt, aber diesbezüglich variabel, was vermutlich auch in Verbindung mit dem Nahrungsangebot in einem bestimmten Lebensraum zu
sehen ist. Das Zeichnungsmuster besteht aus
dunklen bis schwarzen Querstreifen auf (bei
Männchen) hellblauem Grund. Die Querstreifen treten stimmungsabhängig in Erscheinung
und sind bei dominanten Männchen am stärksten ausgebildet. Die Breite der Querstreifen
kann je nach Population sehr unterschiedlich
sein. Bei sehr breiten Querstreifen (und entsprechend starker Ausbildung der schwarzen Pigmente in den Flossen und im Kopfbereich) entsteht mitunter der Eindruck, das betreffende
Exemplar ist insgesamt schwarz und trägt weiß-
blaue Querstreifen. Ein hohes Maß an Variabilität zeigt *C. afra* auch hinsichtlich der Rückenflossenfärbung der Männchen. Selbst innerhalb
einer Population gibt es mitunter sowohl Männchen mit weißen als auch mit gelben Rückenflossen (RIBBINK et al. 1983: 235–236). Weibchen und halbwüchsige Exemplare sind grau
bis braun und weisen das o. g. Zeichnungsmuster
in abgeschwächtem Maße auf.

Verbreitung

C. afra ist im nördlichen Teil des Sees weitverbreitet. An der Nordwestküste (Malawi) ist diese Art etwa von Nkhata Bay bis nördlich von
Chilumba in allen geeigneten Biotopen zu finden. Weitere Verbreitungsgebiete bilden die
Inseln Likoma und Chisumulu. An der Nordostküste fanden wir *C. afra* ebenfalls vom Norden
(Ikombe) bis zur Grenze Moçambiques (Hai

Reef) in nahezu jedem felsigen bzw. steinigen
Lebensraum.

Lebensraum und Ernährung

Felsige und steinige Untergründe im flachen
Wasser bis in Tiefen von über 40 Metern bilden
die natürlichen Lebensräume von *C. afra*.
Männchen besetzen Reviere an Felsen oder
zwischen Steinen, die intensiv verteidigt werden. Weibchen und junge Exemplare leben einzeln oder in Gruppen, in denen man auch re-
vierlose Männchen findet, etwa 1 m oberhalb
des Untergrundes. Sie ernähren sich überwiegend von Plankton. Bei hohem Plankton-
Aufkommen findet man an manchen Stellen
riesige Schwärme mehrere Meter über dem
Felsgrund im freien Wasser. Territoriale Männchen ernähren sich dagegen mehr von Aufwuchs (vgl. zur Ernährung auch die Gattungsbeschreibung).

Ähnliche Arten

Aus Untersuchungen in Malawi ist bekannt
(RIBBINK et al. 1983: 236), daß *C. afra* an der
Nordwestküste sowie an den Inseln Likoma und
Chisumulu zusammen mit *C.* „Mbamba" vorkommt (sympatrisch lebende Arten). *C.* „Mbamba" ist tendenziell hochrückiger und bevorzugt tieferes Wasser als *C. afra*. Weiterhin zeigt
C. „Mbamba" eine weiße bis gelbe Blesse auf
der Stirn. Sofern man beide Arten in einem Biotop vorfindet und direkt vergleichen kann, ist
eine Unterscheidung der Männchen leicht möglich. Die Weibchen der beiden Arten sind nur
sehr schwer auseinanderzuhalten. Während unserer Untersuchungen in Tansania konnten wir
in keiner Population *C.* „Mbamba" nachweisen.
Allerdings ist das charakteristische Merkmal

Cynotilapia afra (Magunga)

Cynotilapia afra (Ndumbi Reef)

von C. „Mbamba", die helle Stirnblesse, nicht immer klar ausgebildet, während in manchen Populationen von C. *afra* die dunkle Pigmentierung im Stirnbereich nur schwach ausgeprägt ist. Folglich kann nicht mit Sicherheit davon ausgegangen werden, daß C. „Mbamba" an den Küsten Tansanias völlig fehlt. Hierzu sind weitere Untersuchungen notwendig.

Anmerkungen

Die in Tansania bei Lumbira, Lupingu, Magunga, Cove Mountain, Manda, Ndumbi, Lundu, Njambe, Puulu, Hongi Island, Mbahwa Island, Lundo Island, Luhuchi Rocks und Mara Rocks (Mbamba Bay), Undu Point and Hai Reef lebenden Populationen wurden von uns verglichen. Die beigefügten Aufnahmen zeigen die große (geographische) Variabilität der verschiedenen Populationen bezüglich der Färbung der dominanten Männchen. Nachfolgend sind einige Anmerkungen zur Färbung der einzelnen Populationen von Nord nach Süd wiedergegeben. Zu berücksichtigen ist, daß auch innerhalb einer Population große Variationen vorkommen können.

Bei Lumbira weist C. *afra* eine gelbliche Stirnfärbung sowie gelbe Vorderkanten der Bauchflossen auf. Der Saum der Rückenflosse ist ebenfalls z. T. gelb. Die gelblichen Pigmente auf der Stirn sind individuell unterschiedlich stark ausgebildet.

Die Populationen von Lupingu, Magunga, Cove Mountain und Manda entsprechen der „Standardfärbung" (vgl. die Aufnahmen) mit individuell unterschiedlich starken Gelbanteilen in der Rückenflosse.

Bei Ndumbi Reef fanden wir sehr langgestreckte Exemplare mit schmalen Querstreifen und nur wenigen schwarzen Pigmenten. Diese Population dürfte aufgrund der Lage des Unterwasserriffs bei Ndumbi, welches vermutlich von weiten Sandflächen umgeben ist, als isoliert gelten.

Die Küstenbereiche von Lundu, Njambe und Hongi Island werden wieder von „normal" gefärbten C. *afra* besiedelt.

Bei Mbahwa Island leben Exemplare mit sehr starker schwarzer Pigmentierung.

Südlich von Mbahwa Island zeigen die Populationen bei Lundo Island, Mara Rocks und Luhuchi Rocks (beide Mbamba Bay), Undu Point und Hai Reef keine besonderen Variationen. Auffallend war allerdings die kräftige gelbe Pigmentierung in den Rückenflossen der Exemplare von Lundo Island und Luhuchi Rocks.

Cynotilapia afra (Lumbira)

Cynotilapia afra (Lupingu)

Cynotilapia afra (Hongi Island)

Cynotilapia afra (Mbahwa Island)

Cynotilapia afra (Mara Rocks, Mbamba Bay)

Cynotilapia afra (Luhuchi Rocks, Mbamba Bay)

Cynotilapia afra (Undu Point)

Cynotilapia afra (Hai Reef)

167

Cynotilapia „Lion"

Name

Der vorläufige Name bezieht sich auf den Fundort Lions Cove an der Nordwestküste (nördlich von Nkhata Bay), wo diese Art entdeckt wurde (RIBBINK et al. 1983: 237). Eine andere Bezeichnung, die sich auf die tansanische Population bezieht, ist C. „Purple/Yellow" (DEMASON 1993a).

Kennzeichen

Mittelgroßer Cichlide, der unter natürlichen Bedingungen eine Gesamtlänge von etwa 8 bis 10 cm erreicht. Je nach Fundort ist diese Art mehr oder weniger langgestreckt. Der Kopf- und Rückenbereich sind gelb, die Flanken bläulich (stimmungsabhängig). Das Zeichnungsmuster besteht aus dunklen Querstreifen. Die Rückenflosse weist einen individuell unterschiedlich stark ausgeprägten schwarzen Längsstreifen auf (Submarginalband). Die Population von Lions Cove zeigt übrigens kein durchgehendes Submarginalband, sondern Pigmentflecken, die in Verlängerung zu den Körperquerstreifen in die Rückenflosse ragen). Die Weibchen sind gelbbräunlich mit schwächer ausgebildetem Zeichnungsmuster.

Verbreitung

An der Nordwestküste im Bereich von Chadaga, Lions Cove, bis etwa Mara Rocks bei Usisya (KONINGS 1992: 98) nachgewiesen. An der Nordostküste bei Cape Kaiser (DEMASON 1993a), Magunga, Manda und Lundu. Die verschiedenen Fundorte an der Nordostküste liegen an einem etwa 70 km (Luftlinie) langen Küstenabschnitt. Vermutlich wird man diese Art auch noch an den jeweils angrenzenden Küsten zukünftig nachweisen können.

Lebensraum und Ernährung

Gemischte Sandfels- sowie reine Felsuntergründe vom Flachwasser (2–3 m tief) bis in Tiefen von etwa 30 m bilden sowohl an der West- als auch an der Ostküste die Lebensräume von C. „Lion". Nach eigenen Beobachtungen findet man diese Art an der Westküste häufiger über gemischten Untergründen (insbesondere bei Lions Cove), während die bei Magunga, Manda und Lundu lebenden Populationen reine Fels- bzw. Stein-Untergründe besiedeln. Die Männchen verteidigen Reviere zwischen den Felsen. Weibchen trifft man meist einzeln in der Umgebung der Männchen-Reviere. C. „Lion" ernährt sich von Plankton und Aufwuchs (vgl. zur Ernährung auch die Gattungsbeschreibung).

Ähnliche Arten

Innerhalb der Gattung Cynotilapia ist die Färbung dieser Art so charakteristisch, daß keinerlei Verwechselungen auftreten dürften. Zwar gibt es ähnlich gefärbte Pseudotropheus-Arten, doch lassen sich diese aufgrund ihrer zweispitzigen Zähne leicht von Cynotilapia-Arten, welche einspitzige Zähne aufweisen, unterscheiden (siehe auch Gattungsbeschreibung).

Anmerkungen

Nach Ansicht des Verfassers sind die farblichen Unterschiede zwischen den Populationen an der West- und Ostküste nur gering und als geographische Variation einzustufen. Aus diesem Grunde wurde der Name C. „Lion" verwendet und nicht die Bezeichnung C. „Purple/Yellow" (s. „Name"). Zur Kennzeichnung der verschiedenen Populationen sollte der Fundort in Klammern genannt werden, z. B. C. „Lion" (Magunga).

Cynotilapia „Lion" (Magunga)

Cynotilapia „Lion" (Lions Cove)

Cynotilapia „Lion" (Manda)

Cynotilapia „Lion" (Nordwestküste, Aquarienfoto)

Cynotilapia „Lion" (Lundu)

169

Die Gattung *Gephyrochromis* BOULENGER 1901

Charakteristisches Merkmal der etwa 10–12 cm Gesamtlänge erreichenden *Gephyrochromis*-Arten ist die sonderbare Bezahnung, die aus dünnen langstieligen und sehr engstehenden Zähnen besteht. Zur Zeit sind zwei Arten wissenschaftlich beschrieben: *G. lawsi* und *G. moorii*. Eine weitere, bislang unbeschriebene Art ist *G.* „Zebroides" von der Südostküste (Bereich nördlich Makanjila/Fort Maguire; KONINGS 1992: 269). Der bevorzugte Lebensraum liegt in der Sand-Fels-Übergangszone. Felsaufwuchs und kleine Wirbellose bilden wohl die Hauptnahrung (vgl. Fryer 1957).

Die erstgenannte Art wurde 1957 beschrieben und ist von der Nordwestküste nördlich Nkhata Bay bekannt (die Belegexemplare stammten von Nkhata Bay und Florence Bay, Chilumba; FRYER 1957).

G.moorii ist schon 1901 beschrieben worden (BOULENGER 1901: 4), dennoch ist die Identität dieser Art noch nicht endgültig geklärt. Zwar sind vor einiger Zeit Cichliden exportiert worden, auf die die Beschreibung von *G. moorii* zutreffen

könnte, doch der Fundort dieser Tiere ist nicht zuverlässig erfaßt. Das einzige Belegexemplar dieser Art ist seinerzeit am „Nordende" des Sees gefangen worden. TREWAVAS fand weitere Tiere dieser Art bei Karonga, ebenfalls an der Nordwestküste (TREWAVAS 1946: 244).

(Anmerkung: KONINGS (1992: 268) erwähnt zwar, er hätte *G. moorii* im Freiland beobachtet und nennt auch Eigenschaften der von ihm beobachteten Cichlidenart, doch bildet er nur Aquarientiere ab und berichtet, *G. moorii* (bzw. die von ihm beobachtete Art) käme nur südlich von Nkhata Bay vor. Demnach sind die von KONINGS erwähnten Tiere entweder nicht *G. moorii* oder aber die Fundortangabe ist falsch.)

In Tansania fanden wir eine weitere *Gephyrochromis*-Art, die durch ihre gelbe Pigmentierung auffällig ist (*G.* „Yellow"). Aufgrund der oben genannten, offenen Fragen kann jedoch noch nicht mit Bestimmtheit entschieden werden, ob es sich bei *G.* „Yellow" um eine neue Art oder nur um eine geographische Rasse handelt (s. u.).

Gephyrochromis cf. *moorii* (Aquarienfoto)

Gephyrochromis cf. *moorii*, brütendes Weibchen; beachte die engstehenden und langstieligen Zähne (Aquarienfoto).

Gephyrochromis „Yellow"

Name

Die vorläufige Bezeichnung bezieht sich auf die intensive gelbe Färbung im Wangen-, Brust- und Rückenbereich dieser Art.

Kennzeichen

Siehe „Name". Auffällig ist auch der einzelne große Eifleck in der Afterflosse der Männchen. Weibchen sind braun bis grau. Gesamtlänge ungefähr 10–12 cm.

Verbreitung

Nachgewiesen in Mbamba Bay. Vermutlich weitere Verbreitung.

Lebensraum und Ernährung

Die von uns beobachtete Population lebte in der Nähe des direkt am Strand von Mbamba Bay gesunkenen Pontons über Sandgrund. Die Wassertiefe betrug 6–8 m. Es handelte sich um eine kleine Gruppe aus etwa 10 Exemplaren, die sich in der Umgebung des Pontons aufhielten. Innerhalb der Gruppe gab es nur ein vollgefärbtes Männchen. Das Männchen jagte zwar ab und zu andere Mitglieder der Gruppe, dennoch konnten wir nicht erkennen, ob dabei ein bestimmtes Revier verteidigt wurde. Die Tiere nahmen Nahrung von der Sandoberfläche auf, so daß anzunehmen ist, daß kleine Wirbellose hier die Hauptnahrung darstellen.

Ähnliche Arten

G. „Yellow" ist hinsichtlich der Körperform ähnlich zu *G. lawsi*. Möglicherweise ist *G.* „Yellow" als geographische Farbform von *G. lawsi* einzustufen. Hierzu sind weitere Untersuchungen abzuwarten (vgl. auch die Gattungsbeschreibung).

Gephyrochromis „Yellow" (Ponton, Mbamba Bay)

Die Gattung *Labeotropheus*

Zur Gattung *Labeotropheus* werden zwei Arten gerechnet: *L. fuelleborni* und *L. trewavasae*. Charakteristisches Merkmal beider *Labeotropheus*-Arten ist die einzigartige Form des Mauls, welches extrem unterständig ist. Die obere Schnauzenpartie wirkt dabei wie eine über das Maul gezogene Nase. *Labeotropheus*-Arten sind aufgrund ihrer Maulstellung in der Lage, in normaler Schwimmhaltung horizontale Flächen abzuweiden.

L. fuelleborni und *L. trewavasae* unterscheiden sich einzig in ihrer relativen Körperhöhe. *L. fuelleborni* ist hochrückig, während *L. trewavasae* wesentlich langgestreckter ist. Da die relative Körperhöhe, wie auch bei anderen Mbunas, von dem Nahrungsangebot beeinflußt

wird, sind einzelne Exemplare mitunter nur schwer der einen oder anderen Art zuzuordnen. Dies trifft insbesondere auf Aquarienexemplare zu, die in der Regel reichlich gefüttert werden. In manchen Fällen stellt sich die Frage, ob es sich um einen schlanken *L. fuelleborni* oder um einen übermäßig ernährten *L. trewavasae* handelt. Im Freiland ist es dagegen meist sofort möglich, diese Unterscheidung vorzunehmen, sofern man Exemplare beider Arten direkt vergleichen kann. Weiterhin ist festzuhalten, daß *L. trewavasae* tendenziell tiefere Wasserregionen bewohnt (meist tiefer als 5 m), während *L. fuelleborni* ein typischer Flachwasserbewohner ist, der bevorzugt an Felsen direkt unter der Wasseroberfläche lebt.

Labeotropheus fuelleborni

Kennzeichen

Großer, hochrückiger Mbuna, der eine Gesamtlänge über 15 cm erreicht. Typisches Kennzeichen ist in Verbindung mit dem relativ hohen Körper das extrem unterständige Maul (vgl. Gattungsbeschreibung). Ein Zeichnungsmuster ist nur angedeutet und besteht aus dunklen Querstreifen. *L. fuelleborni* ist eine polymorphe Art. Neben der blauen Normalform gibt es in beiden Geschlechtern sowohl O- als auch OB-Morphen. Weiterhin sind zahlreiche geographische Farbvarianten (s. „Anmerkungen") bekannt. Die Weibchen der Normalform sind meist unscheinbar grau bis bräunlich.

Verbreitung

L. fuelleborni ist einer der am weitesten verbreiteten Mbunas. An den Küstenbereichen Malawis wurde diese Art an nahezu jeder Fels- bzw. Steinküste nachgewiesen (RIBBINK et al. 1983: 237). In Tansania fanden wir diese Art ebenfalls an fast jeder Küste. Vermutlich hat diese Art seeweite Verbreitung.

Lebensraum und Ernährung

Felsige Bereiche im flachen Wasser bis etwa 5 m Tiefe bilden den bevorzugten Lebensraum dieser Art. Selten in tieferem Wasser anzutreffen. *L. fuelleborni* ernährt sich überwiegend von Felsaufwuchs, der regelrecht abgeschabt wird. Das unterständige Maul versetzt diese Art in die Lage, auch die nur wenige Zentimeter tief im Wasser liegenden Felsen (die in besonderem Maße Bewuchs aufweisen, da hier die Lichtintensität sehr groß ist) in horizontaler Körperlage zu erreichen. Männchen sind territorial, Weibchen werden in der Regel einzeln angetroffen.

Ähnliche Arten

Aufgrund des typischen Mauls ist diese Art unverwechselbar mit Cichliden aus anderen Gattungen. Zur Unterscheidung dieser Art von *L. trewavasae* siehe Gattungsbeschreibung.

Anmerkungen

Es ist eine Anzahl geographischer Farbvarianten bekannt. Als Normalform wird die insgesamt blaue Form angesehen (alle Angaben beziehen sich auf das männliche Geschlecht), die an den Küsten Malawis überwiegend in den südlichen Bereichen bis etwa Nkhata Bay und bei Likoma und Chisumulu lebt. Variationen zwischen den südlichen Populationen beziehen sich in erster Linie auf die Intensität der blauen Färbung sowie auf die Färbung der Flossen, insbesondere der Rückenflosse (gelb, rötlich, z. T. mit schwarzen Pigmenten). Verschiedene *L.-fuelleborni*-Populationen von der Nordwestküste nördlich von Nkhata Bay zeigen eine gelbliche Bauch- und Flankenfärbung, während der Rücken weiterhin blau ist. Besonders schöne Exemplare dieser Farbform leben an den der Ortschaft Chilumba vorgelagerten Riffen und Inseln.

In Tansania konnten wir an allen Küsten, wo wir diese Art fanden, die einheitlich blaue Form nachweisen. Einzig bei Ngkuyo Island (Mbamba Bay) entdeckten wir blaue Exemplare mit orangen Rückenflossen.

Labeotropheus fuelleborni (Cove Mountain)

Labeotropheus trewavasae FRYER 1956

Kennzeichen

Langgestreckter Cichlide mit extrem unterständigem Maul. Mit etwa 12–13 cm Gesamtlänge kleiner bleibend als *L. fuelleborni*. Das Zeichnungsmuster aus dunklen Querstreifen ist meist nur schwach ausgeprägt. Die Grundfärbung der Männchen ist blau, die der Weibchen braun bis grau. *L. trewavasae* ist eine polymorphe Art, die in beiden Geschlechtern OB- und O-Morphen ausbildet. Der Anteil der O- bzw. OB-Morphen scheint je nach Population zu schwanken, d. h. an bestimmten Stellen findet man besonders häufig die O-Morphe (z. B. bei Thumbi West Island im Süden des Sees), während dieselbe Morphe an anderen Fundorten praktisch nicht auffindbar ist. *L. trewavasae* hat verschiedene geographische Farbvarianten ausgebildet (s. Anmerkungen).

Verbreitung

An den meisten Küstenabschnitten Malawis verbreitet (vgl. RIBBINK et al. 1983: 239–240). In Tansania konnten wir *L. trewavasae* ebenfalls an vielen Küstenbereichen beobachten (Manda, Pombo Reef, Tumbi, Puulu, Puulu Island, Hongi Island, Ngkuyo Island bei Mbamba Bay). Danach ist zu vermuten, daß *L. trewavasae* im gesamten See verbreitet ist. An einigen Stellen der in Malawi untersuchten Bereiche ist *L. trewavasae* jedoch nicht nachgewiesen worden (z. B. bei Chisumulu, vgl. die o. g. Autoren).

Lebensraum und Ernährung

Im Gegensatz zu *L. fuelleborni* bevorzugt *L. trewavasae* nicht das Flachwasser, sondern besiedelt vorzugsweise felsige Bereiche in Wasserschichten tiefer als 5 m. An der tansanischen Küste fanden wir diese Art überwiegend zwischen 10 und 25 m, selten in tieferem Wasser. Die Männchen sind zumeist territorial, verteidigen ihr Revier aber nicht besonders intensiv. Weibchen und halbwüchsige Exemplare leben einzeln oder in kleinen Gruppen. *L. trewavasae* ernährt sich überwiegend von Felsaufwuchs.

Ähnliche Arten

Aufgrund der unterständigen, gattungstypischen Maulform bestehen nur Verwechselungsmöglichkeiten mit *L. fuelleborni*, der jedoch in der Regel wesentlich hochrückiger ist (vgl. hierzu die Gattungsbeschreibung).

Anmerkungen

Ähnlich wie *L. fuelleborni* hat auch *L. trewavasae* geographische Farbrassen ausgebildet. An der südlichen Westküste bis etwa Nkhata Bay sind alle Populationen blau und variieren in erster Linie nur hinsichtlich der Färbung der Rückenflosse (bezogen auf die Männchen). So zeigen die Populationen von Thumbi West Island und Zimbawe Rock (beide Fundorte bei Cape Maclear) eine rotorange Rückenflosse. Die Populationen von Boadzulu Island, Maleri Island und Namalenji Island zeigen ebenfalls eine orange Rückenflosse. An der Westküste nördlich von Nkhata Bay ist in unterschiedlicher Intensität ein gelbbrauner breiter Längsstreifen auf den Flanken ausgebildet (z. B. bei Nkhata Bay) oder die gesamte obere Körperhälfte ist gelblichbraun (z. B. bei Chitendi Island, Chilumba). Die zuletztgenannte Färbung weist auch die Population nördlich von Makanjila (Südostküste, Malawi) auf.

An der tansanischen Küste zeigen alle o. g. Populationen mit Ausnahme der von Ngkuyo

Island die gleiche Färbung wie an der Nordwestküste. Die Ngkuyo-Island-Population ist gänzlich anders gefärbt: Der gesamte Körper ist tiefblau, während die Rückenflosse einen breiten schwarzen Längsstreifen aufweist. Auch die After- und Schwanzflosse sind schwärzlich. Eine solche Farbvariante ist bislang nicht bekanntgeworden. Interessanterweise gibt es bei der kleinen Insel Chinyankhwazi im Südosten des Sees eine *L.-fuelleborni*-Population, die analog gefärbt ist.

Labeotropheus trewavasae, Weibchen (Ngkuyo Island, Mbamba Bay)

Labeotropheus trewavasae (Ngkuyo Island, Mbamba Bay)

Labeotropheus trewavasae (Puulu Island)

Labeotropheus trewavasae (Hongi Island)

Labeotropheus trewavasae (Manda)

Labeotropheus trewavasae, OB-Weibchen (Pombo Reef)

Die Gattung *Labidochromis*

Labidochromis-Arten gelten als die Zwergcichliden des Malawisees. Nur selten werden Gesamtlängen von 10 cm erreicht. Die meisten Arten werden unter natürlichen Bedingungen 7–8 cm groß. Im Aquarium können jedoch fast alle Arten bei reichlicher Fütterung größer werden. Dies gilt im übrigen aber für nahezu alle Mbunas.

Gattungstypisch sind die nach vorn gerichteten Zähne (ein oder zweispitzig) in Verbindung mit dem Verhalten während der Beutesuche. *Labidochromis*-Arten ernähren sich zwar von Felsaufwuchs, doch schaben sie den Aufwuchs nicht ab, sondern suchen gezielt nach kleinen Wirbellosen, die mehr oder weniger einzeln aufgenommen werden. Manche Arten sind auch im männlichen Geschlecht nicht territorial. In kleinen Trupps, in denen sich beide Geschlechter befinden können, ziehen *Labido-chromis*-Arten durch die zumeist steinigen Lebensräume und suchen nach Nahrung. Felsaufwuchs wird in leicht nach unten gebeugter Körperhaltung durchmustert, bis ein Beutetier entdeckt ist. Auf diese Weise entsteht der Eindruck, *Labidochromis*-Arten zupfen nur am Aufwuchs. Dieses Freßverhalten ist charakteristisch, so daß man Vertreter dieser Gattung im Freiland relativ einfach erkennen kann.

Von den Küsten Malawis sind 17 Arten wissenschaftlich beschrieben worden (vgl. zur Übersicht LEWIS 1982; RIBBINK et al. 1983: 229). Einige weitere Arten sind unter Arbeitsnamen oder Handelsbezeichnungen bekannt.

In Tansania leben mindestens acht noch unbeschriebene Arten; eine weitere Art ist *L. maculicauda*, die auch an der Nordwestküste vorkommt.

Labidochromis „Black Dorsal"

Name

Der Name nimmt Bezug auf den breiten schwarzen Längsstreifen in der Rückenflosse, der in beiden Geschlechtern vorhanden ist („schwarze Rückenflosse").

Kennzeichen

Relativ großer *Labidochromis*, der etwa 9 bis 11 cm lang werden kann (Gesamtlänge). Die meisten Exemplare sind aber kleiner. Vorderzähne einspitzig. Männchen mit oben breiten, nach unten oftmals schmaler werdenden schwarzen Querstreifen. Die Querstreifen können sich bis in die Rückenflosse fortsetzen, so daß der vordere Bereich der Rückenflosse (bis auf den weißen Saum) insgesamt schwarz ist. Eiflecken sind auch bei den Männchen vergleichsweise schwach ausgeprägt. Die Weibchen zeigen eine überwiegend weiße Grundfärbung und nur schwach angedeutete Querstreifen.

Verbreitung

Bei Lundo Island und Puulu Island konnten wir Exemplare dieser Art nachweisen. Vermutlich besiedelt *L.* „Black Dorsal" auch die Küstenbereiche zwischen den genannten Fundstellen. Bei Lundo Island war L. „Black Dorsal" relativ häufig an der flachen Ostseite der Insel anzutreffen. Dagegen konnten wir bei Puulu Island nur wenige Exemplare beobachten.

Lebensraum und Ernährung

Felsige und gemischte Untergründe zählen zu den Lebensräumen dieser Art. Überwiegend im flachen Wasser von 5 bis 10 m (bei Lundo Island), aber auch bis in mindestens 35 m Tiefe (Puulu Island). Vermutlich ist diese Art nicht oder nur schwach territorial; selbst voll ausgefärbte Männchen verteidigten keine Reviere. Nach Aquarienbeobachtungen des Verfassers verhalten sich die Männchen untereinander jedoch aggressiv.

L. „Black Dorsal" ernährt sich nach unseren Unterwasserbeobachtungen von Kleintieren, die gezielt dem Felsaufwuchs entnommen werden.

Ähnliche Arten

Von der Insel Chisumulu ist eine farblich ähnliche, aber dennoch gut unterscheidbare Art bekannt: L. chisumulae. Der Verfasser pflegte von beiden Arten mehrere Exemplare in einem Aquarium. Weder die Männchen noch die Weibchen der jeweils anderen Art wurden im Vergleich zu anderen Aquarieninsassen in besonderer Weise beachtet. Dies spricht dafür, daß es sich nicht um Standortvarianten einer Art handelt. Auch ist L. chisumulae deutlich kleiner als L. „Black Dorsal".

L. caeruleus, eine Art, die an der Nordwestküste vorkommt, ist in beiden Geschlechtern insgesamt weiß und zeigt abhängig vom Fundort ebenfalls einen schwarzen Längsstreifen. Die Weibchen der beiden Arten sind sich somit sehr ähnlich.

Anmerkungen

L. „Black Dorsal" ist bereits verschiedentlich in geringen Anzahlen nach Deutschland eingeführt worden.

Labidochromis „Black Dorsal", Weibchen (Puulu Island)

Labidochromis „Black Dorsal" (Lundo Island)

178

Labidochromis „Blue/White"

Name

Der Name bezieht sich auf die unterschiedlichen Färbungen der Geschlechter.

Kennzeichen

Mittelgroßer Mbuna von etwa 7 bis 9 cm Gesamtlänge mit rundlich verlaufender Kopflinie. Männchen sind insgesamt hellblau mit weißem Rückenflossensaum. Das Zeichnungsmuster besteht aus stimmungsabhängig angedeuteten Querstreifen. After- und Bauchflossen weisen schwärzliche Pigmenteinlagerungen auf. Die Weibchen sind einheitlich weiß und tragen nur schwach ausgebildete Eiflecken in der Afterflosse.

Verbreitung

Wir fanden diese Art bei Magunga, an den Felsküsten direkt nördlich von Manda und bei Tumbi Reef. Vermutlich weite Verbreitung, jedoch nirgends häufig. Auch an den o. g. Fundstellen war diese Art nur selten zu beobachten.

Lebensraum und Ernährung

Felsige Untergründe in Tiefen von etwa 10 bis 30 m. Große Männchen bilden Reviere zwischen Steinspalten bzw. -höhlen. Diese Reviere werden aber nur vergleichsweise schwach gegen Eindringlinge verteidigt. Weibchen trafen wir nur einzeln an. L. „Blue/White" ernährt sich wie andere *Labidochromis* von Kleintieren, die im Aufwuchs leben (vgl. Gattungsbeschreibung).

Ähnliche Arten

Aus Malawi sind drei mehr oder weniger einheitlich weiße Arten bekannt. *L. caeruleus, L. pallidus* und *L. mylodon*. Alle diese Arten sind aber auch im männlichen Geschlecht weiß bis schwach bläulich gefärbt, so daß hier Verwechselungen nur bei weiblichen Tieren auftreten könnten.

Labidochromis „Blue/White", Weibchen (Tumbi Reef)

Labidochromis „Blue/White" (Tumbi Reef)

Labidochromis „Blunt Nose"

Name

Auffallend ist die „stumpfe Nase" (engl. blunt nose), so daß diese vorläufige Bezeichnung gewählt wurde.

Kennzeichen

Die leicht über den Oberkiefer vorgeschobene Nase bewirkt das typische Aussehen dieser Art. Männchen langgestreckt mit hellblauem Körper sowie dunkelblauen Querstreifen. Rückenflosse mit dunklem Längsstreifen und dunkelblauer Färbung, die sich als Verlängerung der Querstreifen in die Rückenflosse fortsetzt. Afterflosse im vorderen unteren Bereich ebenfalls dunkelblau. Weibchen grau bis braun mit ähnlichem Zeichnungsmuster.

Verbreitung

Bislang nur an den Felsküsten nördlich von Manda bei Cove Mountain entdeckt. Vermutlich aber weitere Verbreitung zumindest in dem Bereich des Livingstone Gebirges.

Lebensraum und Ernährung

Felsige und steinige Untergründe im flachen Wasser von etwa 3 bis 10 m Tiefe. Die Männchen sind standorttreu und verteidigen kleine Reviere. Es handelt sich um eine versteckt lebende Art, von der wir nur wenige Exemplare beobachteten. Nach unseren Unterwasserbeobachtungen werden Aufwuchs sowie Nahrungspartikel vom Untergrund aufgenommen.

Anmerkungen

Die vorliegende Art ist aufgrund ihrer Kopfform nicht als typischer *Labidochromis*-Vertreter einzustufen. Möglicherweise zeigen genauere Untersuchungen, daß diese Art einer anderen Gattung zuzuordnen ist.

Labidochromis „Blunt Nose" (Cove Mountain)

Labidochromis „Deep Body"

Name

Der vorläufige Arbeitsname bezieht sich auf den hochrückigen Körperbau.

Kennzeichen

Große *Labidochromis*-Art, die etwa 9 bis 10 cm Gesamtlänge erreicht. Starke dunkelblaue bis schwarze Pigmentierung, die sich nicht auf das Querstreifenmuster beschränkt, sondern insbesondere im Kopf- und unteren Körperbereich ausgebildet ist. Die Rückenflosse trägt einen weißen Saum, die Vorderkante der Bauchflossen ist ebenfalls weiß. Weibchen wurden von uns nicht beobachtet. In Analogie zu verwandten Arten ist zu vermuten, daß die Weibchen braun oder grau gefärbt sind und ein schwächer ausgebildetes Querstreifenmuster aufweisen.

Verbreitung

L. „Deep Body" lebt an den Felsküsten nördlich von Manda sowie bei Pombo Reef. Vermutlich weitere Verbreitung.

Lebensraum und Ernährung

Sehr versteckt lebende Art, von der wir nur wenige Exemplare sahen. Felsige und gemischte Untergründe scheinen den bevorzugten Lebensraum darzustellen. Wir fanden diesen Cichliden nur im Flachwasser zwischen etwa 3 und 10 m Tiefe. *L.* „Deep Body" ernährt sich von Kleintieren, die im Felsaufwuchs enthalten sind.

Ähnliche Arten

L. „Deep Body" ähnelt hinsichtlich der Farbgebung *L. zebroides*, einer Art, die

von der winzigen Insel Masimbwe (bei Likoma Island) bekanntgeworden ist (Lewis 1982: 253). Allerdings ist *L.* „Deep Body" größer und hochrückiger sowie auch hinsichtlich des gesamten Erscheinungsbildes deutlich von dieser Art unterscheidbar.

Anmerkungen

Die Größe und hochrückige Körperform unterscheiden *L.* „Deep Body" von fast allen anderen *Labidochromis*-Arten. Hinsichtlich der Ernährungsweise ist diese Art jedoch mit den Vertretern dieser Gattung vergleichbar.

Labidochromis „Deep Body" (Pombo Reef)

Labidochromis „Hongi"

Name

Dieser Cichlide wurde 1990 von FLEISCHER bei der Insel Puulu entdeckt und als *L.* „Puulu" bezeichnet (SEEGERS 1991). Später wurde diese Art auch bei Hongi Island gefangen und in der Aquaristik als *L.* „Hongi" verbreitet (KNABE 1992). Da der letztere Name mittlerweile weite Bekanntheit erlangt hat, ist diese Bezeichnung hier übernommen worden.

Kennzeichen

Kleiner bis mittelgroßer Mbuna, der etwa 8 cm Gesamtlänge erreicht. Zeichnungsmuster aus Querstreifen, die überwiegend auf dem vorderen und oberen Körperbereich ausgeprägt sind. Je nach Herkunft unterschiedlich gefärbt. Am auffälligsten ist die Population von Hongi Island. Die Männchen zeigen eine insgesamt gelb- bis orangefarbene Rückenflosse. Die Körperfärbung ist hellblau mit kontrastierenden dunklen Querstreifen. Der Kehl- und Brustbereich ist gelblich. Die anderen Populationen sind ähnlich, aber weniger intensiv gefärbt. Die Männchen von Ngkuyo Island und Undu Point waren insgesamt eher bräunlich, besaßen keine gelbe Kehle und zeigten nur geringe Gelbanteile in der Rückenflosse. Die Weibchen sind in allen Populationen ähnlich gefärbt und tragen ein einheitlich bräunliches Farbkleid mit angedeutetem Querstreifenmuster.

Verbreitung

Wir fanden diese Art bei Puulu, Hongi Island, Ngkuyo Island (Mbamba Bay) und Undu Point. KNABE (1992) wies *L.* Hongi auch bei Lundo Island nach. Die bislang bekannten Fundstellen erstrecken sich über eine Küstenlinie von etwa 60 bis 70 km. Vermutlich ist *L.* „Hongi" relativ weit an der tansanischen Küste verbreitet.

Lebensraum und Ernährung

L. „Hongi" bevorzugt flaches Wasser bis etwa 10 Meter Tiefe. Bei Puulu Island und Hongi Island prägen große Felsen die Unterwasserlandschaft. Das Revierverhalten war besonders gut bei Hongi Island zu beobachten, da hier die Populationsdichte am größten war und mehrere Männchen nebeneinander in etwa 5 Meter Tiefe ihre Reviere abgesteckt hatten. Die einzelnen großen Felsen boten nur wenig Versteckmöglichkeiten. Als Zentrum eines Reviers diente ein Platz am Fuße eines Felsen über Sandgrund oder aber eine Felseinbuchtung, so daß immer ein Bereich vor einem Felsen in waagerechter als auch in vertikaler Richtung verteidigt wurde. Dabei wurden auch artfremde Fische angegriffen und vertrieben.

Im Felslitoral von Ngkuyo Island wurden nur wenige Exemplare beobachtet, die sehr versteckt zwischen Gesteinsspalten lebten. Bei Undu Point herrscht überwiegend gemischter Untergrund vor. *L.* „Hongi" lebte hier zwischen mittelgroßen Steinen. Revierverteidigende Männchen haben wir bei Undu Point nicht gesehen.

Die Weibchen halten sich einzeln über bzw. zwischen Steinen/Felsen auf.

L. „Hongi" ernährt sich nach *Labidochromis*-Art in erster Linie von kleinen Wirbellosen, die aus dem Felsaufwuchs „herausgepickt" werden.

Ähnliche Arten

Die charakteristische Färbung dominierender Männchen ist unverwechselbar.

Labidochromis „Hongi" (Hongi Island)

Labidochromis „Hongi" (Hongi Island)

Labidochromis „Hongi" (Puulu Island)

Labidochromis „Hongi" (Undu Point)

Labidochromis „Hongi" (Aquarienfoto)

183

Labidochromis „Luhuchi"

Name

Der Name nimmt Bezug auf den Fundort Luhuchi Rocks.

Kennzeichen

Relativ langgestreckter, etwa 8 bis 9 cm Gesamtlänge erreichender Mbuna. Die Körpergrundfärbung ist hellblau. Das Zeichnungsmuster besteht aus dunkelblauen bis schwarzen Querstreifen. Individuell unterschiedlich starke dunkle Pigmente sind in der Rückenflosse ausgeprägt.

Verbreitung

Wir konnten diese Art nur bei Luchuchi Rocks (Mbamba Bay) nachweisen.

Lebensraum und Ernährung

Der Felslitoral bei Luhuchi Rocks besteht in erster Linie aus großen Felsblöcken, die von der Oberfläche bis in eine Tiefe von etwa 10 bis 12 m reichen. Danach herrscht überwiegend sandiger, nur noch mäßig abfallender Untergrund vor (Ostseite von Luhuchi Rocks). L. „Luhuchi" beobachteten wir im Flachwasser direkt unter der Oberfläche bis in etwa 10 m Tiefe. Die Männchen scheinen nur schwach revierbildend zu sein. Weibchen konnten wir nicht beobachten, möglicherweise leben diese sehr versteckt. Zumindest am genannten Fundort handelt es sich um keine häufig vorkommende Art. Nach unseren Beobachtungen ernährt sich L. „Luhuchi" wie andere *Labidochromis*-Arten in erster Linie von Kleintieren im Felsaufwuchs (vgl. die Gattungsbeschreibung).

Ähnliche Arten

L. „Luhuchi" weist Ähnlichkeiten zu L. „Red Top Mbamba Bay" auf. Die letztgenannte Art ist jedoch weniger langgestreckt und wirkt kräftiger im Körperbau. Weiterhin läßt sich L. „Red Top Mbamba Bay" leicht an seinem gelben bis orangen Rückenflossensaum erkennen.

Labidochromis „Luhuchi" (Luhuchi Rocks, Mbamba Bay)

Labidochromis „Luhuchi" (Luhuchi Rocks, Mbamba Bay)

Labidochromis maculicauda

Kennzeichen

Kleiner, langgestreckter Mbuna. Gesamtlänge bis etwa 9 cm. Körpergrundfärbung graubläulich bis bräunlich im männlichen Geschlecht, grau bis beige oder gelb bis orange bei den Weibchen. Die Körpergrundfärbung wird insbesondere bei Jungtieren und Weibchen von zahlreichen horizontal verlaufenden, beigegelblich bis orangefarbenen Punktreihen bestimmt. Zeichnungsmuster variabel. Häufig sind Querstreifen ausgebildet. Individuell verschieden ist manchmal ein dunkler zentraler Längsstreifen sowie ein zweiter Längsstreifen in der oberen Körperhälfte vorhanden, so daß ein schachbrettartiges Muster entsteht. Beide Längsstreifen können zu Punktreihen aufgelöst sein. Hinsichtlich der Körpergrundfärbung und des Zeichnungsmusters ist eine große Variationsbreite gegeben.

Verbreitung

Weite Verbreitung an der Nordwest- und Nordostküste. LEWIS (1982) fing *L. maculicauda* bei Nkhata Bay und Chilumba (Nordwestküste). RIBBINK et al. (1983: 233) konnten diese Art an der Nordwestküste an zahlreichen Stellen zwischen den beiden o. g. Fundorten nachweisen. An der Nordostküste fanden wir *L. maculicauda* an nahezu jedem betauchten Küstenabschnitt, so daß davon auszugehen ist, daß diese Art an der tansanischen Küste weitverbreitet ist (Fundorte: Kirondo, Cove Mountain, Pombo Reef, Lundo Island, Puulu Island, Ngkuyo Island bei Mbamba Bay und Hai Reef).

Lebensraum und Ernährung

Typischer Flachwasserbewohner, der selten tiefer als 10 m angetroffen wird. Bevorzugt wird steiniger bzw. felsiger Untergrund, aber auch gemischte Untergründe werden besiedelt. *L. maculicauda* ist auch im männlichen Geschlecht nicht revierbildend und lebt in kleinen Gruppen von etwa drei bis fünf Tieren, selten einzeln. Diese Trupps sind nicht standorttreu, sondern ziehen, den Felsaufwuchs nach Nahrung absuchend, langsam über den Untergrund.

Labidochromis maculicauda, Weibchen (Cove Mountain)

Labidochromis maculicauda, Männchen und Weibchen (Kirondo)

L. maculicauda ernährt sich wie andere Vertreter dieser Gattung überwiegend von kleinen Wirbellosen, die im Felsaufwuchs leben.

Ähnliche Arten

Aus Malawi sind von der Insel Chisumulu *L. flavigulis* und *L. strigatus* bekanntgeworden. (Diese Arten sind auch bei Likoma nachgewiesen worden; hier wird allerdings vermutet, daß es sich um „künstliche" Populationen handelt, die von Zierfischfängern unbeabsichtigt ausgesetzt worden sind; vgl. Ribbink et al. 1983: 232–233.) Beide Arten weisen starke Ähnlichkeiten zu *L. maculicauda* auf. Insbesondere ältere Aquarienexemplare sind nur schwer zu unterscheiden. Es ist derzeit nicht auszuschließen, daß eine der o. g. Arten als geographische Unterart von *L. maculicauda* gelten muß, sobald Studien zur Variabilität dieser Arten zur Verfügung stehen.

Eine weitere Art, die hier berücksichtigt werden muß, ist *L. textilis*. In der Vergangenheit sind verschiedentlich Exemplare unter diesem Namen für die Aquaristik eingeführt worden. Allerdings ist zweifelhaft, ob die besagten Exemplare korrekt identifiziert und somit artgleich mit *L. textilis* waren. Die Erstbeschreibung von *L. textilis* basierte auf Exemplaren, die, wie sich später herausstellte, zu verschiedenen Arten gehörten. Eine Bearbeitung dieser Belegexemplare ergab aber, daß der Holotypus (als maßgebliches Belegexemplar einer Artbeschreibung) eine neue Art darstellt (Lewis 1982: 202–203). Somit ist der Artstatus von *L. textilis* gültig. Die Lebendfärbung von *L. textilis* ist nicht bekannt. Als Fundort wird die Küste Moçambiques gegenüber von Likoma angenommen. Als ein wesentliches Kennzeichen ist der kräftige und leicht vorstehende Unterkiefer von *L. textilis* zu nennen. Bei *L. maculicauda* ist der Unterkiefer dagegen gleich lang oder kürzer als der Oberkiefer.

Seegers berichtete 1991 über Labidochromis-Arten aus Tansania und führte (u. a.) *L.* „Matema" und *L.* „Lundo" von den entsprechenden Fundorten an. Seegers verwies auf die Ähnlichkeit von *L.* „Matema" zu *L. maculicauda*. Unter Berücksichtigung der Variabilität von *L. maculicauda* könnte es sich sogar bei beiden Arten um *L. maculicauda* handeln.

Anmerkungen

Ein ausgeprägter Geschlechtsdichromatismus ist bei *L. maculicauda* nicht vorhanden. Jüngere Weibchen zeigen oft intensiv gelbe oder orange Punktreihen auf den Schuppen und lassen sich daran gut erkennen. Ältere Weibchen sind eher beige, grau oder sogar bläulich. Auch hinsichtlich der Ausbildung der Eiflecken in der Afterflosse gibt es Weibchen, die den Männchen in dieser Hinsicht kaum nachstehen. Bei den Männchen, die in der Regel größer als die Weibchen sind, überwiegen die blauen oder dunklen Farben.

Die Variabilität dieser Art ist bemerkenswert. Bei Nkhata Bay fand der Verfasser Exemplare, deren Querstreifen sehr unregelmäßig und manchmal geteilt verliefen. Die große Variationsbreite scheint dabei nicht geographisch bedingt zu sein, sondern innerhalb einer bestimmten Population existieren offenbar unterschiedlich gefärbte Exemplare bzw. Tiere mit gleichmäßigen und unregelmäßigen Querstreifen.

Labidochromis maculicauda (Ngkuyo Island)

Labidochromis maculicauda (Lundo Island)

Labidochromis maculicauda, Weibchen (Hai Reef)

Labidochromis flavigulis (Chisumulu Island, Aquarienfoto)

Labidochromis maculicauda (Chirwa Island, Chilumba)

Labidochromis maculicauda (Nkhata Bay)

187

Labidochromis „Perlmutt"

Name

Die Artbezeichnung „Perlmutt" ist der Handelsname dieser wissenschaftlich noch unbeschriebenen Art, der sich auf den „irisierenden Perlmuttglanz" auf den Flanken der Männchen bezieht (LEPEL 1993a).

Kennzeichen

Kleiner Mbuna, der eine Gesamtlänge von etwa 8 bis 9 cm erreicht. Die Grundfärbung ist weißlich. Das Zeichnungsmuster besteht aus breiten dunklen Querstreifen. Bei dominanten Männchen sind die Querstreifen nur noch ansatzweise zu sehen. Die Grundfärbung wird von einem bläulichen Glanz überlagert (vgl. den Handelsnamen). Die Rücken- und Schwanzflossen sind überwiegend im männlichen Geschlecht gelblich.

Verbreitung

LEPEL (1993a) erwähnt als Fundort „nahe Mbamba Bay". Wir fanden einige wenige Exemplare bei den Mbamba Bay vorgelagerten Mara Rocks.

Lebensraum und Ernährung

Die wenigen von uns beobachteten Tiere lebten im Felslitoral über großen Steinen bzw. Felsblöcken in 10 bis 20 m Tiefe. Offenbar seltene Art. Die Nahrungsaufnahme konnte von uns nicht beobachtet werden. Vermutlich ernährt sich diese Art wie andere *Labidochromis*-Vertreter von kleinen Wirbellosen, die im Felsaufwuchs leben.

Ähnliche Arten

Weitere weißliche Labidochromis-Arten aus Tansania sind *L.* „Black Dorsal" und *L.* „Blue/White" (vgl. die vorangehenden Seiten). Bezogen auf diese Arten ist *L.* „Perlmutt" im männlichen Geschlecht an der gelblichen Rücken- bzw. Schwanzflosse, im weiblichen Geschlecht an den breiten dunklen Querstreifen erkennbar.

Labidochromis „Perlmutt", Weibchen (Aquarienfoto)

Labidochromis „Perlmutt", Männchen und Weibchen (Mara Rocks, Mbamba Bay)
Foto: Annette Bentler

Labidochromis „Perlmutt" (Aquarienfoto)

Labidochromis „Perlmutt", halbwüchsiges Männchen (Aquarienfoto)

Labidochromis „Red Top Mbamba Bay"

Name

Die vorläufige Bezeichnung bezieht sich auf die rötlichen Rückenflossenspitzen und den Fundort.

Kennzeichen

Etwa 9 cm Gesamtlänge erreichender Mbuna mit hellblauer Grundfärbung und schwarzen Querstreifen. Die Querstreifen sind überwiegend auf dem Vorderkörper ausgebildet. Rückenflosse mit schwarzen Pigmenteinlagerungen, die sich als Verlängerung der Querstreifen fortsetzen. Die untere Kopfhälfte und der Brustbereich sind bei dominanten Männchen ebenfalls schwarz wie auch die Bauchflossen, die eine kontrastierende weiße Kante aufweisen. Unterlegene Männchen sind dagegen verwaschen blaugrau. Die Rückenflosse trägt einen breiten, weißlichen bis gelben Saum mit gelborangen Spitzen. Individuell unterschiedlich stark sind auch gelborange Pigmente in dem hinteren Teil der Rückenflosse sowie am Rand der Schwanzflosse ausgebildet. Manche Exemplare weisen sogar gelbe Brustflossen auf. Leider konnten wir keine Weibchen beobachten.

Verbreitung

Bislang nur von Ngkuyo Island bei Mbamba Bay bekannt.

Lebensraum und Ernährung

Große Steine und Felsen bilden den Lebensraum von *L.* „Red Top Mbamba Bay" bei Ngkuyo Island. Keine häufige und zudem noch versteckt lebende Art. Die von uns beobachteten Männchen waren territorial und verteidigten in etwa 10 bis 15 m Tiefe einen Unterstand oder eine kleine Steinhöhle als Zentrum ihres Reviers. *L.* „Red Top Mbamba Bay" ernährt sich wie andere *Labidochromis*-Arten von kleinen Wirbellosen, die aus dem Felsaufwuchs herausgesucht werden.

Ähnliche Arten

SEEGERS (1991) berichtete über eine *Labidochromis*-Art, die er an den südlichen und nördlichen Küsten von Mbamba Bay und bei Ngkuyo Island im Felslitoral bis mindestens 5 m Tiefe fand (*L.* „Mbamba Bay"). Nach der beigefügten Abbildung dürfte dieser Cichlide sehr wahrscheinlich artgleich mit *L.* „Red Top Mbamba Bay" sein. SEEGERS beschreibt die Weibchen als „matter und nicht so leuchtend gefärbt" und verweist darauf, daß die Nachzucht dieser Art bereits gelungen ist.

Labidochromis „Red Top Mbamba Bay" (Ngkuyo Island, Mbamba Bay)

Die Gattung *Melanochromis* T<small>REWAVAS</small> 1935

In der Vergangenheit wurden die Vertreter der Gattungen *Melanochromis* und *Pseudotropheus* in erster Linie anhand ihrer Schlundknochen-Bezahnungen (Pharynxknochen-Bezahnung) unterschieden. *Melanochromis*-Arten weisen hier tendenziell weniger und kräftigere Zähne auf (T<small>REWAVAS</small> 1935). Dieser rein morphologische Ansatz führte dazu, daß hinsichtlich der Farbgebung und Körperform recht unterschiedliche Arten innerhalb der Gattung *Melanochromis* zusammengefaßt wurden bzw. hinsichtlich der Körperform sowie des Zeichnungsmusters sehr ähnliche Arten in verschiedene Gattungen eingestuft wurden.

Die Entdeckung weiterer Arten zeigte, daß bestimmte Arten aus den beiden Gattungen aufgrund ihrer gestreckten Körperform in Verbindung mit Längsstreifen offenbar näher miteinander verwandt sind als die anderen Gattungsmitglieder, die nicht diese Merkmale aufweisen (vgl. auch T<small>REWAVAS</small> 1983). In Vorgriff auf eine entsprechende Revision der Gattung wurden deshalb in vielen Publikationen bereits all die Arten als *Melanochromis* angesprochen, die einen langgestreckten Körper und Längsstreifen aufweisen. So wird z. B. *Pseudotropheus auratus* heute als *Melanochromis auratus* geführt. Wichtig ist noch zu erwähnen, daß bei manchen Arten die Geschlechter entgegengesetzt gefärbt sind. So sind zum Beispiel bei *M. parallelus* die beiden Längsstreifen beim Männchen hellblau, beim Weibchen dagegen schwarz. Die Körperpartien, die beim Männchen schwarz gefärbt sind, sind beim Weibchen weiß (reverse Pigmentierung).

Dieser Einteilung nach Körperform und Zeichnungsmuster wird hier gefolgt. Das bedeutet konsequenterweise, daß bei den Arten,

die bislang als *Melanochromis* eingestuft worden sind, aber nicht die o. g. Merkmalskombination aufweisen, der Gattungsname in Anführungszeichen gesetzt wird. Auf diese Weise wird kenntlich gemacht, daß die betreffende Art zukünftig in eine andere Gattung überführt werden muß bzw. der Gattungsstatus bearbeitungswürdig ist (z. B. „*Melanochromis*" *labrosus*).

Zur Zeit sind etwa 25 *Melanochromis*-Arten bekannt. Neben „*M*" *labrosus* konnten wir 3 Arten in Tansania nachweisen. Davon ist *M.* „Northern" bislang ausschließlich aus Tansania bekannt.

Melanochromis melanopterus, die Typusart der Gattung (Aquarienfoto)

„*Melanochromis*" *labrosus* (Lupingu)

Melanochromis „Blue"

Name

RIBBINK et al. (1983: 207) entdeckten diesen Cichliden und bezogen den vorläufigen Namen auf die Färbung dominanter und vollgefärbter Männchen. Die meisten Tiere, die man im Freiland sieht, sind eher graublau bzw. bräunlich mit einem blauen Schimmer.

Kennzeichen

Langgestreckter, mittelgroßer Mbuna mit spitzem Kopf und großem Maul. Gesamtlänge meist etwa 12 cm, selten größer. Zeichnungsmuster aus einem dunklen zentralen Längsstreifen sowie einem weiteren, schwächer ausgebildeten Längsstreifen in der oberen Körperhälfte. Beide Längsstreifen sind vergleichsweise schwach ausgeprägt. Bei manchen Exemplaren sind dunkle Querstreifen in der oberen Körperhälfte angedeutet. Körpergrundfärbung bräunlich, z. T. braungelb. Dominante Männchen sind grau oder bräunlich mit blauem Schimmer. Bei insgesamt sehr dunkel gefärbten Exemplaren ist kein Zeichnungsmuster erkennbar. Die Rückenflosse, insbesondere der Saum und hintere Bereich, sowie der Rand der Schwanz- und Afterflosse sind gelblich oder beigefarben. Die Brustflossen sind mitunter ebenfalls gelb. Eiflecken sind vergleichsweise schwach ausgebildet. Kein deutlich ausgeprägter Geschlechtsdichromatismus.

Verbreitung

M. „Blue" ist an der Nordwestküste im Bereich zwischen Nkhata Bay und Chilumba sowie bei der Insel Likoma nachgewiesen worden (RIBBINK et al. 1983: 207). Nach eigenen Beobachtungen ist M. „Blue" auch an der Küste Tansanias verbreitet. Wir beobachteten diese Art bei Nkanda,

Njambe, Lundo Island, Ngkuyo Island bei Mbamba Bay, Undu Point und Hai Reef. Insgesamt aber eher seltene Art; an keinem Fundort fanden wir diesen Cichliden in großer Anzahl.

Lebensraum und Ernährung

Hinsichtlich des Lebensraums scheint M. „Blue" wenig spezialisiert zu sein. Über felsigen, steinigen und gemischten Untergründen sowie z. T. auch über Sandgrund in der Nähe von Felsen fanden wir diesen Cichliden. Die Wassertiefen betrugen 5 bis 30 Meter. Alle Exemplare waren nicht standorttreu und lebten einzeln. Auch große, gefärbte Männchen zeigten keinerlei Revierverhalten. M. „Blue" ernährt sich wahrscheinlich räuberisch. Mehrfach konnten wir beobachten, wie diese Art zwischen Steinen Jagd auf kleine Cichliden machte. Dieses Jagdverhalten war besonders deutlich, wenn ein maulbrütendes Weibchen seine Jungtiere freigesetzt hatte.

Ähnliche Arten

Hinsichtlich der Körperform und Färbung ist diese Art sehr ähnlich zu M. „Slab". Letztere Art lebt an der mittleren Westküste an den Inselgruppen Mbenji und Maleri. M. „Slab" weist im weiblichen Geschlecht eine weißlich-helle Grundfärbung mit deutlichem Längsstreifenmuster auf. Die Männchen sind bräunlich und zeigen im Gegensatz zu M. „Blue" keine graublaue Färbung. Eine weitere ähnliche Art ist M. „Blotch" von der mittleren Ostküste im Bereich nördlich von Makanjila/Fort Maguire und von Chisumulu Island (RIBBINK et al. 1983: 204). Dieser Cichlide ist ebenfalls bräunlich-dunkel gefärbt, zeigt aber meist ein Schachbrettmuster in der oberen Körperhälfte. Möglicherweise bilden die drei genannten Arten einen engen Verwandtschaftskreis.

Melanochromis „Blue" (Chirwa Island, Chilumba)

Melanochromis „Blue" (Nkanda)

Melanochromis „Blue" (Hai Reef)

Melanochromis „Blue" (Chitendi Island, Chilumba)

Melanochromis „Blotch" (Chisumulu Island)

Melanochromis „Northern"

Name

Diese Art wurde von STAECK während einer Sammelreise1976 an das Nordende des Malawisees im Bereich der Livingstone Berge entdeckt (STAECK 1976; als *Melanochromis spec.*). 1992 wurde diese Art erstmals für die Aquaristik importiert und als *M.* „Northern Blue" bezeichnet (LEPEL 1993a). Um namentliche Verwechselungen mit *M.* „Blue" zu vermeiden, wird hier nur die Bezeichnung *M.* „Northern" verwendet.

Kennzeichen

Mittelgroßer bis großer, langgestreckter Mbuna mit spitzer Kopfform und großer Maulspalte. Gesamtlänge meist um die 12 cm, mitunter auch über 15 cm lang. Dominante Männchen sind einheitlich hellblau mit weißlicher Rücken- und Afterflosse und ohne jegliches Zeichnungsmuster. Nicht vollgefärbte bzw. unterlegene Männchen zeigen eine blaugraue Färbung und zwei schwarze Längsstreifen. Jungtiere, halbwüchsige Männchen und Weibchen sind weißlich mit zwei schwarzen Längsstreifen und häufig auch einem schwarzen Längsstreifen unterhalb des Rückenflossensaums (Submarginalstreifen). Die hinteren Bereiche der Schwanz- und Afterflosse sind gelblich.

Verbreitung

M. „Northern" ist relativ häufig im Bereich der Livingstone Berge nördlich von Manda anzutreffen. Wir fanden diese Art bei Lumbira, Kirondo, Makonde, Magunga, Cove Mountain und an den Felsküsten, die nördlich an Manda grenzen, relativ häufig. Weiterhin beobachteten wir einige Exemplare bei Lundu.

Lebensraum und Ernährung

M."Northern" besiedelt sowohl felsige als auch gemischte Untergründe in Tiefen von etwa 5 bis 25 m. Die meisten Exemplare fanden wir in Wasserschichten tiefer als 10 m. *M.* „Northern" lebt in der Regel einzeln und ist nicht territorial. STAECK (1976) berichtete, daß diese Art ruhelos umherschwimmt und dabei recht große Strecken zurücklegt. Wir konnten beobachten, wie einige Exemplare versuchten, kleine Mbunas zu erbeuten. Vermutlich ernährt sich *M.* „Northern" von kleinen Fischen und Kleintieren.

Ähnliche Arten

Sowohl im Hinblick auf die Gestalt als auch bezüglich der Färbung ähnelt diese Art *M.* „Lepidophage" von der zu Malawi gehörenden Ostküste im Bereich von Makanjila Point (RIBBINK et al. 1983: 204). *M.* „Lepidophage" ist bislang nicht bei Likoma oder Chisumulu nachgewiesen worden.

Anmerkungen

Nach ersten Aquarienbeobachtungen handelt es sich bei *M.* „Northern" um eine vergleichsweise friedfertige Art (LEPEL 1993a). Dies könnte ein weiterer Hinweis dafür sein, daß eine engere Verwandtschaft zu *M.* „Lepidophage" besteht, da auch bei dieser Art die innerartliche Aggression nur schwach ausgeprägt ist.

Melanochromis „Northern" (Makonde)

Melanochromis „Northern", Weibchen (Kirondo)

Melanochromis „Northern" (Kirondo)

Melanochromis „Northern", halbwüchsiges
Männchen (Lumbira)

Melanochromis „Northern" (Manda)

195

Melanochromis parallelus   Burgess & Axelrod **1976**

Kennzeichen

Langgestreckter, mittelgroßer Mbuna, der eine Gesamtlänge von etwa 10 bis 12 cm erreicht. Kopf nicht so spitz wie bei *M.* „Blue" und *M.* „Northern". Männchen tiefblau bis schwarz mit zwei hellblauen bis weißen Längsstreifen. Die Rückenflosse ist schwarz (oder mit einem breiten schwarzen Längsstreifen) und trägt einen weißen Saum. Weibchen und Jungtiere sind weiß bis cremefarben mit zwei schwarzen Längsstreifen. In der Rückenflosse ist ein weiterer schwarzer Längsstreifen vorhanden.

Verbreitung

In Malawi ist diese Art von der Nordwestküste im Bereich zwischen Nkhata Bay und Chilumba sowie von den Inseln Likoma und Chisumulu bekannt. Eine von Zierfischfängern eingeschleppte Population befindet sich zudem an der Insel Thumbi West bei Cape Maclear (Ribbink et al. 1983: 205). In Tansania fanden wir *M. parallelus* an zahlreichen Küstenabschnitten: Cove Mountain, Tumbi Rock, Puulu, Lundu Island, Luhuchi Rocks bei Mbamba Bay und Hai Reef.

Lebensraum und Ernährung

M. parallelus bewohnt felsige und gemischte Untergründe. Der bevorzugte Tiefenbereich liegt nach unseren Beobachtungen etwa zwischen 5 und 15 m Tiefe. Allerdings ist diese Art auch in 40 m Tiefe nachgewiesen worden (Ribbink et al. 1983: 206). Die meisten Exemplare leben einzeln, nur selten findet man kleine Trupps dieser Art. Wahrscheinlich ist *M. parallelus* nicht oder nur schwach revierbildend; selbst vollgefärbte Männchen sind kaum stand-

orttreu. *M parallelus* ist zwar weitverbreitet, kommt aber nur selten in größeren Anzahlen vor; meist findet man nur wenige Einzeltiere während eines Tauchgangs. *M. parallelus* ernährt sich von Kleintieren, die vom Aufwuchs oder Sanduntergrund aufgenommen werden, sowie mitunter von planktischen Organismen. Nach Ribbink et al. (1983: 206) werden auch kleine Fische gefressen.

Ähnliche Arten

M. parallelus ist sehr ähnlich gefärbt wie *M. vermivorus*, eine Art, die überwiegend im südlichen Teil des Sees beheimatet ist (Mbenji Island bis Monkey Bay sowie an einigen Riffen im südöstlichen Bereich des Sees, vgl. Ribbink et al. 1983: 203). Als Unterschied ist zu erwähnen, daß *M. parallelus* meist nicht so spitzköpfig wie *M. vermivorus* ist. Weiterhin weist *M. vermivorus* keine schwarze Rückenflosse bzw. keinen schwarzen Längsstreifen in der Rückenflosse auf, sondern zeigt eine insgesamt eher weißliche bis bläuliche Rückenflosse. Die Weibchen von *M. vermivorus* sind grau und nicht weiß wie die von *M. parallelus*.

Melanochromis parallelus, Männchen in der Umfärbephase (Lundo Island)

Melanochromis parallelus (Aquarienfoto)

Melanochromis parallelus, Weibchen (Puulu)

Melanochromis parallelus (Luhuchi Rocks, Mbamba Bay)

Melanochromis parallelus (Hai Reef)

Melanochromis vermivorus (Chinyankhwazi Island)

197

Die Gattung *Petrotilapia* T<small>REWAVAS</small> **1935**

Die Vertreter der Gattung *Petrotilapia* stellen die größten Mbunas dar. Fast alle Arten werden größer als 15 cm. Ältere Männchen erreichen leicht 18 cm Gesamtlänge. Das wesentliche Merkmal dieser Arten ist, neben ihrer Größe, die Form des Mauls in Verbindung mit der Bezahnung. Die dicken, leicht aufgeworfenen Lippen, nach denen die Vertreter dieser Gattung auch Dicklippenbuntbarsche genannt werden, sind dicht mit engstehenden Zähnen besetzt, die selbst bei geschlossenem Maul ständig sichtbar sind. Auf diese Weise entsteht der Eindruck, daß das Maul insbesondere bei ausgewachsenen Exemplaren immer geöffnet ist und gar nicht vollständig geschlossen werden kann. Eine ähnliche Maulstruktur hat sonst, soweit bekannt, nur noch *P. fainzilberi*. Diese Art ist aber aufgrund der geringeren Größe und des zebraartigen Zeichnungsmusters kaum mit *Petrotilapia*-Arten zu verwechseln.

Die bürstenartig angeordneten und vergleichsweise langstieligen Zähne sind beweglich und am oberen Ende dreispitzig. Damit sind *Petrotilapia*-Arten bestens dazu gerüstet, den Felsaufwuchs nach Freßbarem förmlich „durchzukämmen". Die im Felsaufwuchs enthaltenen Kleinorganismen bilden wie bei den meisten Mbunas die Nahrungsgrundlage. In der Sprache der Chitonga, einer Bevölkerungsgruppe in Malawi, werden Dicklippenbuntbarsche auch „Mbuna kumwa" genannt, was „Felsenklopfer" bedeutet (F<small>RYER</small> & I<small>LES</small> 1972: 70).

Als typische Mbuna besiedeln *Petrotilapia*-Arten felsige oder steinige Untergründe. Vergleichsweise selten trifft man diese Arten über mit Steinen durchsetztem Sandgrund an. Aus Freilandbeobachtungen ist bekannt, daß die Männchen mitunter sehr große Reviere verteidigen. Bei *P. tridentiger* und *P. genalutea* wurden Reviergrößen von durchschnittlich 22 bzw. 20 qm ermittelt (M<small>ARSH</small> et al. 1981). Die Revierverteidigung konzentriert sich aber in erster Linie nur auf Artgenossen.

Fast alle Arten sind morphologisch sehr ähnlich und lassen sich am besten anhand der Färbung dominanter, vollgefärbter Männchen unterscheiden. Als erste Art wurde *P. tridentiger* bereits 1935 wissenschaftlich beschrieben (T<small>RE-</small> <small>WAVAS</small> 1935: 76). Diese Art ist auch heute noch unter Aquarianern vom Namen her wohlbekannt, trotz der Tatsache, daß *P. tridentiger* bislang kaum einmal eingeführt worden ist. Die in der Vergangenheit importierten Petrotilapia gehörten in der Regel zu anderen Arten (S<small>PREINAT</small> 1991). Erst 1981 wurden zwei weitere Arten (*P. genalutea* und *P. nigra*) wissenschaftlich beschrieben, als man mit Hilfe von Freilandbeobachtungen erkannt hatte, daß sich unter den morphologisch nahezu identischen Tieren nicht verschiedene Farbformen, sondern „gute", sympatrische (an einer Stelle lebende) Arten verbergen (M<small>ARSH</small> et al. 1981, M<small>ARSH</small> 1983). R<small>IBBINK</small> und Mitarbeiter, die weite Küstenbereiche Malawis Anfang der achtziger Jahre untersuchten, kamen zu dem Ergebnis, daß es neben den drei wissenschaftlich beschriebenen Arten weitere 14 Arten gibt. Diese Arten sind bis heute nur unter sogenannten Arbeitsnamen bekannt, da noch keine wissenschaftlichen Erstbeschreibungen erfolgten (R<small>IBBINK</small> et al. 1983: 209–228). In der jüngeren Literatur erwähnt K<small>ONINGS</small> (1992: 353, 354) zwei weitere Arten, bei denen es sich aber vermutlich nur um Standortvarianten der von Ribbink et al. vorstellten Arten handelt.

Generell ist es bei den engverwandten Vertretern dieses Artkomplexes sehr schwierig zu beurteilen, ob es sich bei einer bestimmten Population um eine anders gefärbte Standortvariante (geographische Form) einer bereits bekannten Art oder um eine eigenständige, andere Art handelt.

Somit könnte es sein, daß einige der von RIBBINK et al. vorgestellten Arten Standortvarianten bereits bekannter Arten darstellen bzw. zukünftig als Standortvarianten einiger weniger Arten zusammengefaßt werden. Die entsprechenden vergleichenden Untersuchungen zur Klärung dieser Vermutung stehen jedoch noch aus.

In Tansania fanden wir *P. tridentiger* sowie zwei weitere, neue Arten. Diese drei Arten leben sympatrisch an vielen Küstenabschnitten Tansanias.

Petrotilapia-Arten zeichnen sich durch die bürstenartige Bezahnung aus (*Petrotilapia tridentiger* von Boadzulu Island)

Ein Schwarm von *Petrotilapia* „Pointed Head" steht in der Strömung bei Tumbi Rocks.

Petrotilapia „Pointed Head"

Name

Aufgrund der im Vergleich zu anderen *Petrotilapia*-Arten spitzeren Kopfform wurde dieser Arbeitsname gewählt.

Kennzeichen

Großer Mbuna, der etwa 14 bis 16 cm Gesamtlänge erreicht. Körpergrundfärbung der Männchen graublau bis bräunlich. Kopfbereich, insbesondere unterhalb des Auges sowie Schulter und Brust gelblich. Das Ausmaß der Gelbfärbung ist variabel. Manchmal sind gelbe Pigmente auch auf den Flanken sichtbar. Es gibt weiterhin Populationen, in denen die Männchen überwiegend gelblich bis bräunlich sind und nur wenige Blauanteile aufweisen. Rückenflosse mit schwarzem Längsstreifen und weißlichen bis gelben Spitzen. Das Zeichnungsmuster ist bei dominanten Männchen nur schwach ausbildet und besteht aus wenigen schmalen, dunklen Querstreifen. Mitunter ist auch ein zentraler dunkler Längsstreifen erkennbar. Die Weibchen sind beigefarben bis (selten) bräunlich. Das vorherrschende Element im Zeichnungsmuster ist ein breiter zentraler Längsstreifen, der auch zu breiten Flecken aufgelöst sein kann. Ein zweiter Längsstreifen, der mittig in der oberen Körperhälfte verläuft, ist meist nur schwach zu sehen. Unterlegene oder nicht vollgefärbte Männchen zeigen ebenfalls dieses Zeichnungsmuster.

Verbreitung

Vermutlich weite Verbreitung an der tansanischen Küste. Wir fanden diese Art bei Ikombe, Nkanda, Lumbira, Kirondo, Lupingu, Pombo Reef, Lundu, Tumbi Rock, Puulu Island, Undu Point und Hai Reef.

Lebensraum und Ernährung

Steiniger Grund mit großen Felsbrocken scheint den bevorzugten Lebensraum dieser Art darzustellen. Die meisten Exemplare trafen wir im flachen Wasser von etwa 3 bis 8 m Tiefe an. Nur selten sahen wir P. „Pointed Head" unterhalb von 10 m Tiefe. Die Männchen verteidigen Reviere, deren Zentrum meist vor großen Steinen bzw. Felsen liegt. Da die Individuendichte nur gering war, ließ sich die Reviergröße nicht abschätzen. Zumeist hielten sich die Männchen in einem Umkreis von etwa 5 m auf. Die Weibchen leben einzeln oder in kleinen Gruppen von drei bis fünf Exemplaren. Bei Tumbi Rocks beobachteten wir allerdings Gruppen von mehreren hundert Tieren, in denen sich überwiegend Weibchen, aber auch einige nicht vollgefärbte Männchen aufhielten. An dieser Stelle herrschte Strömung. Die Tiere standen gemeinsam in der Strömung und fraßen hin und wieder vom Aufwuchs der umliegenden Felsen.

Ähnliche Arten

In bezug auf die Kriterien Kopfform, Färbung und Zeichnungsmuster der Weibchen sind sich die Arten P. „Pointed Head", P. „Chitande" und *P. genalutea* sehr ähnlich. Hinsichtlich der Verbreitungsgebiete dieser drei Arten gibt es keine Überschneidungen. P. „Chitande" ist im Bereich um Chilumba (Chitendi Island, engl. Chitande) verbreitet, während *P. genalutea* an der Westküste vom Süden (Chemwezi) bis Ruarwe im Norden sowie an der Ostküste bei Makanjila vorkommt (RIBBINK et al. 1983: 228, 211). Aufgrund der großen Ähnlichkeit könnte es sich bei den genannten Arten um Standortvarianten bzw. geographische Rassen einer weitverbreiteten Art handeln. Umfassende vergleichende Untersuchungen stehen hierzu allerdings noch aus, so daß der zur Zeit gültigen Unterscheidung von P. „Chitande" und P. *genalutea* in zwei Arten gefolgt wird und dementsprechend auch P. „Pointed Head" als separate Art aufgeführt ist.

Verschiedene Populationen von P. „Tansania" (s. u.) sind im männlichen Geschlecht ebenfalls ähnlich gefärbt wie P. „Pointed Head". Da diese beiden Arten über weite Küstenbereiche dieselben Lebensräume bewohnen, besteht jedoch kein Zweifel daran, daß es sich um eigenständige Arten handelt. Im Freiland ist es durch vergleichende Beobachtungen leicht möglich, auch die Männchen beider Arten sofort zu unterscheiden.

Anmerkungen

Nach unseren Beobachtungen scheinen die Populationen nördlich von der Ruhuru Mündung eine stärker blaue Körperfärbung mit gelb abgesetztem Kopfbereich aufzuweisen, während die Populationen südlich des Ruhuru insgesamt eher gelblich bis bräunlich sind.

Petrotilapia „Pointed Head" (Hai Reef)

Petrotilapia „Pointed Head" (Pombo Reef)

Petrotilapia „Tanzania"

Name

Diese Art erschien uns aufgrund ihres charakteristischen Zeichnungsmusters und ihres häufigen Vorkommens als typisch für die tansanischen Küstenbereiche.

Kennzeichen

Je nach Fundort mittelgroßer bis großer Mbuna (etwa 13 bis 17 cm Gesamtlänge). Ein wesentliches Erkennungsmerkmal von P. „Tanzania" ist das schachbrettartige, aus dunklen Quer- und Längsstreifen bestehende Zeichnungsmuster. Der erste, stärker ausgeprägte Längsstreifen verläuft mittig über die Flanken, der zweite befindet sich etwa mittig zwischen dem Ansatz der Rückenflosse und dem ersten Streifen. Beide Längsstreifen können individuell verschieden stark zu Punktreihen aufgelöst sein. Bei den Männchen ist das Zeichnungsmuster allerdings meist durch andere Pigmente überlagert und folglich nur andeutungsweise sichtbar. Die Weibchen sind beigefarben bis hellbraun. Hinsichtlich der Männchenfärbung ist diese Art sehr variabel von fast schwarz bis gelb mit unterschiedlichen Blauanteilen (vgl. Anmerkungen). Bei manchen Populationen ist ein schwarzer Längsstreifen in der Rückenflosse vorhanden.

Verbreitung

An der tansanischen Küste weitverbreitete Art, die wir wesentlich zahlreicher an den jeweiligen Fundorten antrafen als P. „Pointed Head" oder P. tridentiger. Nachgewiesen bei Ikombe, Nkanda, Kirondo, Makonde, Lupingu, Magunga, an der Felsküste nördlich Manda, Ndumbi Reef, Njambe, Tumbi Reef, Puulu Island, Hongi Island, Mara Rocks und Ngkuyo Island bei Mbamba Bay sowie an den südlichen Felsküsten von Mbamba Bay und bei Hai Reef.

Lebensraum und Ernährung

Felsige und z. T. auch gemischte Untergründe mit überwiegend großen Steinen und Felsen werden besiedelt. Hinsichtlich der bevorzugten Wassertiefe konnten wir feststellen, daß diese Art im Vergleich zu den beiden anderen an der tansanischen Küste vorkommenden Arten eher in tieferem Wasser zwischen etwa 10 bis 20 m anzutreffen ist. Welcher Tiefenbereich bevorzugt wird, dürfte im wesentlichen von der Untergrundbeschaffenheit in einer jeweiligen Tiefe und vom Konkurrenzdruck anderer Arten abhängen. Die Männchen sind standorttreu, zeigen aber zumindest gegenüber anderen Arten kaum Aggressionen. Inwieweit eine strikte Revierverteidigung gegen artgleiche Männchen erfolgt, ließ sich nicht abschätzen, da nur selten zwei standorttreue Männchen nebeneinander beobachtet werden konnten. Weibchen leben einzeln oder in kleinen Gruppen von etwa drei bis sechs Tieren. P. „Tanzania" ernährt sich von Felsaufwuchs, der vom Substrat abgeschabt bzw. durchkämmt wird (vgl. Gattungsbeschreibung).

Ähnliche Arten

Es ist unübersehbar, daß die dunkelfarbigen Populationen von P. „Tanzania" anderen dunkelblau oder schwarz gefärbten Petrotilapia-Arten sehr ähnlich sehen. Als nächster Verwandter dürfte P. „Black Flank" gelten, eine Art, die bei Chilumba (Mpanga Rocks, Chitendi Island) an der Nordwestküste vorkommt. P. „Black Flank" ist im männlichen Geschlecht schwarz oder dunkelpurpurfarben. Die Weib-

Petrotilapia „Tanzania" (Magunga)

Petrotilapia „Tanzania", Weibchen (Kirondo)

Petrotilapia „Tanzania" (Kirondo)

Petrotilapia „Tanzania" (Manda)

Petrotilapia „Tanzania" (Ndumbi Reef)

chen zeigen ebenso wie die von *P.* „Tanzania" ein schachbrettartiges Zeichnungsmuster (RIBBINK et al. 1983: 228). Weitere dunkle *Petrotilapia*-Arten sind *P. nigra* aus dem südlichen Teil des Sees (Monkey und Bereich um Cape Maclear) und *P.* „Gold", der bei den kleinen Inseln Chinyankhwazi und Chinyamwezi nachgewiesen wurde (RIBBINK et al. 1983: 211). Bei letzterer Art sind die Weibchen gelb bis golden gefärbt. KONINGS erwähnt mit *P.* „Makanjila Gold" eine Population von der zu Malawi gehörenden Ostküste, die sehr ähnlich zu *P.* „Gold" ist. Eine weitere schwarz gefärbte Population wurde am Jaro (Jalo) Riff (mittlere Westküste) entdeckt und als *P.* „Jalo" bezeichnet (KONINGS 1992: 352, 354). Bei Lions Cove wurde ebenfalls eine dunkelblau bis purpurfarbene *Petrotilapia*-Population nachgewiesen („Dunkelblauer *Petrotilapia*"; SPREINAT 1991). Nach dem bisherigen Kenntnisstand bilden die o. g. dunklen oder schwarzen *Petrotilapia* einen Kreis von engverwandten Arten (oder Unterarten), die jeweils unterschiedliche Küstenabschnitte besiedeln. Bemerkenswert sind hier allerdings die hellen Standortformen von *P.* „Tanzania", z. B. von Magunga und Hai Reef. Diese Populationen entziehen sich der obigen Argumentation und verweisen auf die Notwendigkeit einer differenzierenden Betrachtungsweise.

Anmerkungen

Wie bereits oben erwähnt, handelt es sich bei *P.* „Tanzania" um eine bezüglich der Größe und der Färbung im männlichen Geschlecht sehr variable Art. Bei Kirondo beobachteten wir vollgefärbte und sexuell aktive Männchen, die nur etwa 13 cm groß waren. In allen anderen Populationen wurden dagegen mit etwa 15 bis 16 cm Gesamtlänge wesentlich größere Exemplare vorgefunden.

Hinsichtlich der Variationen der Männchenfärbung ist festzustellen, daß die nördlichen Populationen von Ikombe, Nkanda, Kirondo, Makonde und Lupingu alle nahezu vollständig schwarz sind. Bei Magunga dagegen sind die Männchen intensiv gelb gefärbt. Wenige Kilometer südlich fanden wir an den Felsküsten nördlich von Manda wieder dunkelblaue bis schwarze Männchen. Dies erscheint insbesondere deshalb ungewöhnlich, da sich zwischen Lupingu und Magunga bzw. Magunga und Manda ausschließlich Felsküsten befinden und keinerlei Anzeichen für trennende Barrieren vorhanden sind.

Südlich der Ruhuru-Mündung leben bei Ndumbi Reef dunkelblaue Männchen, die sich äußerlich nicht von der Manda-Population unterscheiden. In den Populationen von Njambe, Tumbi Reef, Hongi Island, Puulu Island und Mbamba Bay (südliche Felsküste, Ngkuyo Island, Mara Rocks) sind eher bräunliche Männchen mit unterschiedlich starken Gelbanteilen vorzufinden. Südlich der Mbamba Bay sind die Männchen bei Hai Reef gelblich mit hellblauem Rücken und oberem Kopfbereich. Die blaue Färbung ist individuell verschieden deutlich auch auf den unteren Flanken vorhanden. Die Rückenflosse dieser Exemplare ist gelblich ohne dunklen Längsstreifen. Im Falle der Population von Hai Reef erscheint es dem Verfasser zweifelhaft, ob diese Form noch der Art *P.* „Tanzania" hinzuzurechnen ist; das Zeichnungsmuster der Weibchen spricht allerdings dafür.

Petrotilapia „Tanzania" (Hai Reef)

Petrotilapia „Tanzania", Weibchen (Ngkuyo Island, Mbamba Bay)

Petrotilapia „Tanzania" (Ngkuyo Island, Mbamba Bay)

Petrotilapia „Tanzania", Weibchen (Hai Reef)

Petrotilapia „Tanzania" (Puulu)

205

Petrotilapia tridentiger

Kennzeichen

Einer der größten Mbunas, der bis 18 cm Gesamtlänge erreichen kann. Männchen sind durch eine hellblaue Körper- und Flossenfärbung gekennzeichnet. Die Weibchen sind graubraun bis bläulich. Kein deutlicher Geschlechtsdichromatismus wie bei anderen *Petrotilapia*-Arten. Zeichnungsmuster kaum vorhanden; andeutungsweise sind manchmal dunkle Querstreifen erkennbar.

Verbreitung

In Malawi weitverbreitete Art, die an vielen Küstenabschnitten nachgewiesen worden ist (südliche Westküste: von Chemwezi und Boadzulu Island bis etwa Cape Maclear; nördliche Westküste: Nkhata Bay bis nördlich Chilumba; nicht verbreitet an der zu Malawi gehörenden Ostküste sowie an den Inseln Likoma und Chisumulu; vgl. RIBBINK et al. 1983: 210).

In Tansania konnten wir diese Art bei Nkanda, Lumbira, Lundu, Puulu Island und Hongi Island nachweisen. Besonders viele Exemplare sahen wir bei Hongi Island.

Lebensraum und Ernährung

P. tridentiger lebt im flachen Wasser von etwa 3 bis 5 m Tiefe und ist nur selten unterhalb von 10 m anzutreffen. Als Lebensraum dienen steinige und felsige Untergründe, wobei insbesondere große Felsen bevorzugt werden. Die Männchen sind strikt territorial und verteidigen intensiv ihre Reviere. Weibchen leben einzeln, seltener in kleinen Gruppen. RIBBINK et al. (1983: 211) berichteten, daß diese Art mitunter auch in Schulen von bis zu 200 Tieren vorkommt. *P. tridentiger* ernährt sich wie andere Arten dieser Gattung in erster Linie von Felsaufwuchs und den darin enthaltenen Kleintieren (vgl. Gattungsbeschreibung).

Ähnliche Arten

Aufgrund der einheitlich blauen Färbung besteht kaum eine Verwechselungsmöglichkeit mit anderen Arten der Gattung. Andere blau gefärbte Arten wie *P.* „Small Blue" oder *P.* „Ruarwe" tragen ein Zeichnungsmuster oder gelbliche Pigmente in den Flossen bzw. im Brustbereich.

Anmerkungen

Trotz des großen Verbreitungsgebietes hat *P. tridentiger* keine geographischen Farbformen ausgebildet. Dies könnte bedeuten, daß entweder die Entwicklung in allen Populationen gleich verläuft (bzw. keine sichtbare Entwicklung stattfindet) oder daß die im Falle der Mbunas üblicherweise wirksamen geographischen Barrieren (z. B. Sandbuchten) keine trennende Wirkung ausüben und somit ein „Genaustausch" über die gesamte Population erfolgt. Letzteres wäre ungewöhnlich, da *P. tridentiger* stark felsorientiert lebt. Die Gründe, warum manche Mbunas geographische Rassen ausbilden, während andere Arten keine diesbezüglichen Entwicklungen aufweisen, sind nur wenig erforscht.

Petrotilapia tridentiger (Hongi Island)

Petrotilapia tridentiger, Weibchen (Chilumba)

Petrotilapia tridentiger (Hongi Island)

Petrotilapia tridentiger (Chilumba)

Petrotilapia tridentiger (Boadzulu Island)

Die Gattung *Pseudotropheus*

In dieser Gattung sind die meisten Mbunas zusammengefaßt. Fast alle der mittlerweile etwa 170 bekannten Arten leben felsgebunden und ernähren sich überwiegend von Felsaufwuchs. Der Aufwuchs wird mehr oder weniger vom Untergrund abgeschabt. *Pseudotropheus*-Arten haben hierfür zweispitzige Zähne entwickelt.

Bereits 1956 wurde darauf verwiesen, daß die Gattung *Pseudotropheus* nur unzureichend definiert ist (Fryer 1956a: 88). Im Zuge der insbesondere in den siebziger und achtziger Jahren stark angestiegenen Artenzahlen wird immer mehr deutlich, daß eine Revision und Aufgliederung der Gattung erforderlich ist. Ribbink und Mitarbeiter, die den ersten „vorläufigen" Überblick nach jahrelangen Studien am See 1983 vorgelegt haben, teilen die Vertreter dieser Gattung in drei Arten-Gruppen und drei Artenkomplexe ein (Ribbink et al. 1983: 157):

P.-elongatus-Artengruppe

P.-"Aggressive"-Artengruppe

P.-"Miscellaneous"-Artengruppe (engl. miscellaneous = vermischt, hier: diverse)

P.-zebra-Artenkomplex

P.-williamsi-Artenkomplex

P.-tropheops-Artenkomplex

Bei einem Artenkomplex wird im Unterschied zu einer Artengruppe davon ausgegangen, daß es sich um eine monophyletische Einheit handelt. Dies bedeutet, daß alle Mitglieder eines Artenkomplexes auf eine nur ihnen gemeinsame Stammart zurückgehen, also alle gleich untereinander verwandt sind („geschlossene Abstammungsgemeinschaft" oder „Monophylum"; der interessierte Leser sei hier auf Ax 1984, „Das Phylogenetische System" verwiesen). Im Falle

von Artengruppen sind nicht alle Mitglieder gleich eng miteinander verwandt, d. h. es gibt innerhalb der betrachteten Gruppe mehrere Stammarten, aus denen sich die verschiedenen Mitglieder jeweils entwickelt haben („Polyphylum").

Es bleibt anzumerken, daß die Kriterien, nach denen sich beurteilen läßt, ob bestimmte Mbuna-Arten eine monophyletische oder polyphyletische Einheit darstellen, nur schwerlich zweifelsfrei faßbar sind und somit hinsichtlich der Einteilung von Arten unterschiedliche Meinungen bestehen. Eine allgemeingültige Definition solcher Kriterien gibt es nicht.

So ist es beispielsweise nach Ansicht des Verfassers keineswegs eindeutig, daß die Vertreter des *P.-tropheops*-Artenkomplexes tatsächlich untereinander gleich eng miteinander verwandt sind (s. u.).

Generell ist die o. g. Untergliederung der Gattung *Pseudotropheus* nachvollziehbar und erleichtert den Überblick über diese heterogene „Sammelgattung". Aus diesen Gründen wird im folgende Text die Einteilung von Ribbink und Mitarbeiten im wesentlichen übernommen und auf die in Tansania entdeckten Arten angewandt. Demzufolge werden die Vertreter des *P.-tropheops-*, *P.-zebra*-Artenkomplexes sowie der *P.-elongatus*-Artengruppe entsprechend in eigenen Kapiteln behandelt.

Aus den anderen Gruppen bzw. Komplexen wurden verhältnismäßig wenig Arten entdeckt. Nur ein Vertreter des *P.-williamsi*-Artenkomplexes sowie zwei Arten aus der *P.*-Aggressive-Artengruppe konnten in Tansania nachgewiesen werden. Deshalb sind die Arten der noch verbleibenden Artengruppen bzw. -komplexe nicht weiter aufgeteilt, sondern gemeinsam in alphabetischer Reihenfolge aufgeführt.

Pseudotropheus „Aggressive Puulu"

Name

Die strikte Revierverteidigung der Männchen sowie der Fundort spiegeln sich in der Namensgebung wider.

Kennzeichen

Mäßig langgestreckter, mittelgroßer Mbuna, der etwa 12 cm Gesamtlänge aufweist. Kopfform rundlich mit leicht vorgezogenem Maul. Zeichnungsmuster nur andeutungsweise aus dunklen Querstreifen vorhanden. Die Körpergrundfärbung der Männchen ist blau. Der Kopf unterhalb des Auges sowie der Kehl- und Brustbereich sind kräftig gelb. Der hintere Teil der Rückenflosse sowie die After- und Schwanzflosse sind schwärzlich. Weibchen zeigen eine graubraune Grundfärbung und schwache Querstreifen.

Verbreitung

Wir fanden wenige Exemplare dieser Art an den felsigen Küsten nördlich der Ortschaft Puulu.

Lebensraum und Ernährung

Die bei Puulu beobachtete Population lebte in etwa 5 m Tiefe. Der Untergrund war mit kleinen bis mittelgroßen Steinen dicht belegt. Die Männchen verteidigten ungefähr 0,8 m im horizontalen Durchmesser große Reviere gegen fast jeden Eindringling. Zentrum der Reviere war jeweils eine kleine Höhle oder ein überhängender Stein bzw. ein entsprechender Unterstand. Die Weibchen lebten einzeln und vergleichsweise versteckt zwischen den Steinen. P. „Aggressive Puulu" ernährte sich wie andere *Pseudotropheus* von Felsaufwuchs.

Ähnliche Arten

Wie der Name bereits andeutet, ist diese Art in die von RIBBINK et al. (1983: 190) aufgestellte *P.*-"Aggressive"-Artengruppe einzuordnen. Als verwandte oder ähnliche Arten aus dieser Gruppe sind *P.* „Aggressive Blue" von der südlichen Westküste (Monkey Bay, Cape Maclear, Maleri Islands) sowie *P.* „Aggressive Grey" von Likoma zu nennen (RIBBINK et al. 1983: 190, 193). Die letztgenannte Art ist zwar hinsichtlich der blaugrauen Grundfärbung und der Körperform ähnlich, doch zeigt sie keinen gelb, sondern dunkelgrau abgesetzten Kopf- und Brustbereich. Eine weitere Art der genannten Gruppe ist *P. tursiops*, die wir ebenfalls in Tansania nachweisen konnten.

Pseudotropheus „Aggressive Puulu" (Puulu)

Pseudotropheus „Black Dorsal Tanzania"

Name

Der Name bezieht sich auf den in vielen Populationen dieser Art kräftig ausgebildeten Längsstreifen in der Rückenflosse. Der Zusatz „Tanzania" ist erforderlich, um die Art von ähnlichen Populationen in Malawi abzugrenzen, die als *P*. „Zebra Black Dorsal" oder *P*. „Black Dorsal" bezeichnet werden (s. „Ähnliche Arten").

Kennzeichen

Mittelgroße Art, die je nach Fundort etwa 12 bis 13 cm Gesamtlänge erreichen kann. Hinsichtlich der relativen Körperhöhe und Färbung beider Geschlechter ist *P*. „Black Dorsal Tanzania" variabel. Tendenziell sind ältere und größere Exemplare hochrückiger. Die Grundfärbung der Männchen ist hellblau mit unterschiedlich breiten schwarzen oder dunkelblauen Querstreifen. Der Kopfbereich unterhalb des Auges sowie die Brust sind meist dunkel abgesetzt. Rückenflosse mit je nach Population mehr oder weniger kräftigem dunklen Längsstreifen. Die Grundfärbung der Weibchen variiert von graubraun über dunkelgelb bis kräftig gelborange. Die Weibchen zeigen keinen oder nur einen schwach ausgebildeten Rückenflossenlängsstreifen. Das Zeichnungsmuster der Weibchen besteht aus nur andeutungsweise zu sehenden dunklen Querstreifen.

Verbreitung

Felsküste nördlich von Manda, Mbahwa Island, Lundo Island, Mbamba Bay, Undu Point und Hai Reef. Besonders häufig fanden wir diese Art im Süden bei Undu Point und Hai Reef.

Lebensraum und Ernährung

P. „Black Dorsal Tanzania" lebt bevorzugt über gemischten Untergründen in Tiefen von etwa 5 bis 15 m, seltener in 20 m Tiefe. Männchen verteidigen Reviere (ca. 1 m im Durchmesser) und sind sehr standorttreu. Mittelpunkt des Reviers ist meist eine Höhle oder ein höhlenartiger Unterstand zwischen Steinen. Die Weibchen schwimmen einzeln oder (selten) in kleinen Gruppen und halten sich in der Umgebung der Männchen-Reviere auf. *P*. „Black Dorsal Tanzania" ernährt sich von Felsaufwuchs und nimmt auch Freßbares vom sandigen Untergrund auf.

Ähnliche Arten

Wie bereits unter „Name" angemerkt, sind aus Malawi ähnliche Populationen bekannt. Als *P*. „Zebra Black Dorsal" wurden von RIBBINK et al. (1983: 162) Populationen bezeichnet, die bei der Maleri-Inselgruppe im Südwesten des Sees vorkommen (Maleri, Nankoma, Nakanthenga). Eine andere Population dieser Art wurde bei Chindunga Rocks (Chipoka) nachgewiesen (SPREINAT 1988b). Eine weitere, nahverwandte Population, die ebenfalls an der Südwestküste bei der Insel Thumbi West (Cape Maclear) lebt, wurde als *P. heteropictus* bezeichnet (RIBBINK et al. 1983: 162). Hierbei handelte es sich jedoch um eine Falschidentifizierung. *P. heteropictus* STAECK 1979 ist ein ganz anderer Cichlide und stammt von Chisumulu (*P. heteropictus* wurde als scheinbar neue Art unter dem Namen *P*. „Newsi" aufgeführt; SPREINAT 1994). Auch die genannten fünf *P*.-"Black Dorsal"-Populationen aus dem Süden bevorzugen gemischte oder sedimentreiche Untergründe. Die Ähnlichkeit

Pseudotropheus „Black Dorsal Tanzania" (Undu Point)

Pseudotropheus „Black Dorsal Tanzania", Weibchen (Undu Point)

der Populationen aus Malawi mit den räumlich weit entfernten Populationen aus Tansania ist erstaunlich.

Anmerkungen

Aufgrund der nur mäßigen Ähnlichkeit zu den Angehörigen des *P.-zebra*-Artenkomplexes ist diese Art nicht unter dem besagten Artenkomplex aufgeführt und der Zusatz „Zebra" fallengelassen. Nach Ansicht des Verfassers sind *P.* „Black Dorsal" und *P.* „Black Dorsal Tanzania" nur in die weitere Verwandtschaft der eigentlichen „Zebra"-Artigen einzuordnen.

Pseudotropheus „Black Dorsal Tanzania" (Lundo Island)

Pseudotropheus „Black Dorsal Tanzania" (Mbahwa Island)

Pseudotropheus „Black Dorsal Tanzania", Weibchen (Lundo Island)

Pseudotropheus „Black Dorsal Tanzania" (Lundo Island)

Pseudotropheus „Black Dorsal Tanzania", Weibchen (Hai Reef)

212

Pseudotropheus „Black Dorsal Tanzania" (Hai Reef)

Pseudotropheus „Black Dorsal Tanzania", Weibchen (Hai Reef)

Pseudotropheus „Black Dorsal", Weibchen (Maleri Island)

Pseudotropheus „Black Dorsal" (Nakanthenga Island)

Pseudotropheus „Black Dorsal", Weibchen (Thumbi West Island, Cape Maclear)

Pseudotropheus „Black Dorsal" (Thumbi West Island, Cape Maclear)

213

Pseudotropheus „Broad Bar"

Name

Der Name bezieht sich auf die breiten dunklen Querstreifen.

Kennzeichen

Mittelgroßer, relativ hochrückiger Mbuna, der meist eine Gesamtlänge von etwa 10 bis 13 cm aufweist. Typisches Merkmal sind die breiten dunklen Querstreifen, von denen sich fünf unterhalb der Rückenflosse befinden. Diese Querstreifen verlaufen teilweise auch bis in die Rückenflosse. Die Körpergrundfärbung ist silbrigblau (Männchen) bzw. silbriggrau (Weibchen). Kein ausgeprägter Geschlechtsdichromatismus. Männchen mit kräftigen Eiflecken in der Afterflosse. Die Weibchen tragen keine oder nur sehr schwach ausgebildete Eiflecken.

Verbreitung

Nachgewiesen bei Nkanda, Lupingu, Magunga und Lundu. Vermutlich weitere Verbreitung. An keinem Fundort fanden wir diese Art in großer Anzahl.

Lebensraum und Ernährung

P. „Broad Bar" lebt über felsigem und gemischtem Untergrund im tiefen Wasser. Die meisten Exemplare fanden wir in Tiefen von 30 bis 40 m. Insgesamt aber eher seltene Art. Revierbildung wurde nicht beobachtet. *P.* „Broad Bar" führt eine für Mbunas ungewöhnliche Lebensweise. Eine Bindung an den Untergrund ist nur schwach vorhanden. Die Tiere schwimmen in der Regel ein bis zwei Meter vom Untergrund entfernt und sind nicht standorttreu. Sobald etwas entdeckt wird, kommt *P.* „Broad Bar" zielstrebig angeschwommen. Wir mußten diese Art mitunter von der Ka-

mera wegscheuchen, um die notwendige Aufnahmedistanz einhalten zu können, da insbesondere das reflektierende Plexiglas-Gehäuse der Kamera ausgiebig untersucht wurde. Zur Ernährung können wir keine Beobachtungen vorlegen. Vermutlich ist *P.* „Broad Bar" ein vergleichsweise unspezialisierter Allesfresser.

Ähnliche Arten

Ein hoher Körperbau in Verbindung mit breiten Querstreifen ist selten innerhalb der Gruppe der Mbunas. Ältere Männchen von *P. crabro* zeigen ebenfalls breite Querstreifen, doch hat diese Art eine gelblichbraune Grundfärbung und ist nicht so hochrückig. Im natürlichen Lebensraum ist diese Art kaum mit anderen Mbunas zu verwechseln.

Anmerkungen

Berücksichtigt man die für Mbunas untypische bzw. wenig spezialisierte Lebensweise und den fehlenden Geschlechtsdichromatismus, so könnte man vermuten, daß *P.* „Broad Bar" ein ursprünglich gebliebener Mbuna ist und einer (ehemaligen) Mbuna-Stammart näher steht als die hochentwickelten Spezialisten dieser Gruppe.

Felsküste südlich von Lundu

Pseudotropheus „Broad Bar" (Lundu)

Pseudotropheus „Broad Bar", Weibchen (Lundu)

Pseudotropheus „Daktari"

Name

„Daktari" ist eine Handelsbezeichnung dieser Art (BENTLER 1993), die keinen Bezug zu irgendeiner Eigenschaft des Fisches hat (Kishuaheli: Daktari = Doktor; gemeint ist hier vermutlich ein afrikanischer Arzt, der den Fängern, die diese Art entdeckten, behilflich war). Die Handelsbezeichnung wurde hier übernommen. Eine andere Bezeichnung ist *P.* „Yellow Acei" (DeMASON 1994a).

Kennzeichen

Mittelgroßer, langgestreckter Mbuna, der unter natürlichen Bedingungen eine Gesamtlänge von etwa 10 cm erreicht. Die Weibchen sind etwas kleiner. Dominante Männchen sind zitronengelb und weisen schwarze Schwanzflossenkanten auf. Mitunter weist auch die Afterflosse schwärzliche Pigmenteinlagerungen auf. Die Weibchen sind einfarbig bräunlich und zeigen die schwarzen Schwanzflossenkanten in abgeschwächter Form. Es treten aber offenbar auch Weibchen auf, die gelblich gefärbt sind. Als Zeichnungsmuster sind mitunter schwache Querstreifen vorhanden.

Verbreitung

Die bislang bekannten Fundorte dieser Art sind Hai Reef an der Grenze zu Mocambique und wenige Kilometer nördlich davon das Felsriff bei Undu Point. Bei Undu Point konnten wir nur wenige Exemplare dieser Art beobachten. Bei Hai Reef ist *P.* „Daktari" einer der häufigsten Mbunas und tritt in großer Anzahl auf.

Lebensraum und Ernährung

P. „Daktari" bevorzugt Sand-Stein- bzw. Sand-Fels-Untergrund im flachen Wasser von etwa 3–4 m bis in Tiefen von etwa 15 m. Geschlechtsreife Männchen leben territorial. Das Revier befindet sich meist an einem Stein, vor dem eine kleine Mulde angelegt wird, die das Zentrum des Reviers bildet. Die Reviergröße beträgt etwa 0,5 qm (0,8 × 0,8 m). Die Weibchen und halbwüchsigen Tiere leben in den angrenzenden Flächen und scheinen nicht territorial zu sein. *P.* „Daktari" ernährt sich in der Regel von Aufwuchs, der von Felsen und Steinen abgeschabt wird. Wir konnten aber auch beobachten, daß diese Art in lockeren Schwärmen etwa 1–2 m über dem Untergrund im freien Wasser steht und Plankton frißt, wenn dieses mit der Strömung herangetragen wird. Bei entsprechendem Planktonaufkommen verlassen auch die Männchen zeitweise ihre Reviere und schließen sich diesen lockeren Verbänden an.

Ähnliche Arten

Ebenfalls eine gelbe Färbung im männlichen Geschlecht weisen *P.* „Lime", *P. lombardoi* und *P. barlowi* auf. Die beiden letztgenannten Arten sind jedoch hochrückiger, so daß kaum eine Verwechselungsgefahr besteht. *P.* „Lime" könnte eine nahverwandte Art sein.

Anmerkungen

Üblicherweise sind Malawisee-Cichliden im männlichen Geschlecht blau, grün oder schwarz gefärbt, zeigen also kalte Farbtöne. Die Weibchen sind dagegen braun, gelb oder rötlich und weisen warme Farben auf. In nur ganz wenigen Fällen sind Männchen gelb oder rot gefärbt und die Weibchen blau (z. B. bei *P. lombardoi*, eine Art, bei der die Weibchen blau gestreift sind. Nur alte Weibchen von *P. lombardoi* können gelb werden).

Pseudotropheus „Daktari" (Hai Reef)

Pseudotropheus „Daktari", Weibchen (Hai Reef)

Pseudotropheus „Daktari" (Hai Reef)

Pseudotropheus „Daktari", balzendes Männchen
(Hai Reef)

Pseudotropheus „Daktari" (Hai Reef)

Kennzeichen

Kleiner Mbuna, der eine Gesamtlänge von etwa 6 bis 8 cm erreicht. Männchen und Weibchen sind gleichgefärbt. Die Körpergrundfärbung ist blau bis hellblau. Das Zeichnungsmuster besteht aus dunkelblauen bis schwarzen Querstreifen, die bei manchen Exemplaren unregelmäßig verlaufen. Die Rückenflosse ist in der Regel schwarz mit weißem Saum. Bei einigen Exemplaren zeigt die Rückenflosse einen breiten schwarzen Längsstreifen und schwarze Flecken, die sich als Verlängerung der schwarzen Querstreifen in die Rückenflosse ziehen. Die Schwanzflosse ist schwarz mit länglichen, hellblauen Farbeinlagerungen und weißem Rand. Die After- und Bauchflossen sind ebenfalls schwarz mit weißem Saum bzw. weißen Kanten.

Verbreitung

Pombo Reef und Ndumbi Reef waren die einzigen Fundstellen, an denen wir diese Art beobachten konnten.

Lebensraum und Ernährung

P. demasoni besiedelt an den genannten Fundstellen gemischte, steinige und auch felsige Untergründe im flachen Wasser von 2 bis etwa 8 m Tiefe. Die meisten von uns beobachteten Exemplare lebten einzeln und waren in einem bestimmten Bereich weitgehend standorttreu. Allerdings wurde dieser Bereich nicht gegen andere Fische verteidigt. Weiterhin konnten wir feststellen, daß die genannten Bereiche auch verlassen wurden. An manchen Stellen fanden wir mehrere Exemplare zusammen. Die innerartliche Aggression scheint nur schwach ausgeprägt zu sein, da sich diese Tiere weitgehend friedlich verhielten. *P. demasoni* ernährt sich von Felsaufwuchs. Bemerkenswert ist, daß sich diese Art trotz ihrer auffallenden Färbung und geringen Körpergröße sehr offen über dem Untergrund bewegt und keinesfalls versteckt lebt. Dabei ist diese kleine Art kein schneller Schwimmer und eher als behäbig einzustufen. *P. demasoni* ist kein häufiger Cichlide, hebt sich aber von allen anderen Cichliden ab und fällt deshalb sofort auf.

Ähnliche Arten

Die geringe Körpergröße in Verbindung mit der charakteristischen Färbung und dem Verhalten sind unverwechselbar.

Anmerkungen

Diese Art wurde von uns zuerst bei Pombo Reef und später auch bei Ndumbi Reef entdeckt. KONINGS, der diese Küstenbereiche nach uns betauchte, fing einige Exemplare bei Pombo Reef, die er zu Ehren von Laif DeMASON beschrieb, so daß kurzfristig ein gültiger Name zur Verfügung stand.

Wir fanden mehrere Jungtiere, die eine geschätzte Gesamtlänge von etwa 2 bis 3 cm aufwiesen. Diese Jungtiere waren wie die ausgewachsenen und sexuell aktiven Exemplare gefärbt. Weiterhin beobachteten wir Männchen, die gleichgefärbte, etwas kleinere Exemplare intensiv anbalzten. Demzufolge handelt es sich um eine Art, bei der Männchen und Weibchen identisch gefärbt sind. Dies ist insofern bemerkenswert, als daß die weitaus meisten Mbunas einen deutlichen Geschlechtsdichromatismus aufweisen.

Pseudotropheus demasoni (Pombo Reef)

Pseudotropheus demasoni, ca. 3 cm großes
Jungtier (Pombo Reef)

Pseudotropheus demasoni (Pombo Reef)

Pseudotropheus demasoni (Pombo Reef)

Pseudotropheus demasoni (Pombo Reef)

Pseudotropheus „Dolphin"

Name

Der delphinartig gerundete Vorderkopf war bei dieser Art das namengebende Merkmal.

Kennzeichen

Mittelgroßer bis großer, mäßig hochrückiger Mbuna. Gesamtlängen etwa 12 bis 14 cm. Rundlicher Vorderkopf mit leicht vorstehender Maulpartie. Köpergrundfärbung hellblau. Zahlreiche breite schwarze Querstreifen, so daß die Grundfärbung auf den Flanken in Form von schmalen hellen Streifen abgesetzt wirkt. Kopfbereich tiefschwarz, ebenso die Bauchflossen. Rückenflosse teils mit schwarzem Längsstreifen, teils ganz schwarz mit kontrastierend weißem Saum. After- und Schwanzflosse ebenfalls mit schwarzen Pigmenten. Männchen tragen zahlreiche kleine Eiflecken in der Afterflosse. Die Weibchen sind ähnlich wie die Männchen gefärbt, jedoch insgesamt eher gräulich bis dunkel.

Verbreitung

Bei Tumbi Rocks und an den Felsküsten nördlich von Puulu nachgewiesen. Möglicherweise besitzt diese Art eine weitere Verbreitung auch an den angrenzenden Küstenabschnitten.

Lebensraum und Ernährung

An den o. g. Fundstellen lebte diese Art in etwa 5 bis 10 m Tiefe über felsigem Untergrund. Die Männchen sind sehr standorttreu und verteidigen intensiv ihre Reviere. Weibchen scheinen einzeln vorzukommen, doch läßt sich dies nicht abschließend beurteilen, da wir nur wenige Weibchen sahen. *P*. „Dolphin" ernährt sich nach unseren Beobachtungen in erster Linie von Felsaufwuchs.

Ähnliche Arten

Aufgrund der Größe, Kopfform und der charakteristischen Färbung ist diese Art sehr auffällig. Als vergleichbare Art ist mit Einschränkungen *P*. „Chinyankwazi" von der gleichnamigen Insel aus dem Südostarm des Sees zu nennen (RIBBINK et al. 1983: 195). Diese Art weist eine ähnliche Färbung, aber nicht die typische Kopfform von *P*. „Dolphin" auf.

Pseudotropheus „Dolphin" (Puulu)

Pseudotropheus „Dolphin" (Tumbi Rocks)

Pseudotropheus „Dolphin" (Puulu)

Pseudotropheus „Dolphin" (Tumbi Rocks)

221

Pseudotropheus „Msobo"

Name

Diese Art ist seit Anfang der neunziger Jahre unter diesem Handelsnamen in der Aquaristik bekannt (SPREINAT 1993a).

Kennzeichen

Mittelgroßer Mbuna mit mäßig gestrecktem, kräftigen Körperbau. Die Gesamtlänge beträgt meist 8 bis 10 cm. Stirnlinie insbesondere bei älteren Tieren leicht nach außen gewölbt und mit kleiner Einbuchtung oberhalb des Mauls bzw. leicht vorspringender Schnauze. Das Zeichnungsmuster und die Färbung sind je nach Population äußerst variabel. Männchen sind generell hellblau bis schwarz mit unterschiedlichem Zeichnungsmuster. Weibchen und Jungtiere sind populationsabhängig graugelblich bis intensiv orange ohne jegliches Zeichnungsmuster (nur sehr selten sind bei den Weibchen angedeutete Querstreifen zu sehen). Die geographische Variation ist unter „Anmerkungen" beschrieben.

Verbreitung

Wir konnten P. „Msobo" zwischen Magunga und Lundo Island an zahlreichen Küstenabschnitten beobachten (Magunga, Cove Mountain, Felsküste nördlich von Manda, Ndumbi Reef, Pombo Reef, Lundu, Njambe, Tumbi Rocks, Tumbi Reef, Felsküste nördlich Puulu, Puulu Island, Mbahwa Island und Lundo Island). Nach Aussagen der Zierfischfänger von E. Johansen, Mbeya, lebt diese Art auch noch nördlich von Magunga bei Cape Kaiser. Südlich von Lundo Island konnten wir diese Art weder bei Mbamba Bay und Undu Point noch bei Hai Reef nachweisen.

Lebensraum und Ernährung

Je nach Population bilden felsige, steinige und z. T. auch gemischte Untergründe von etwa 5 bis 30 m Tiefe den Lebensraum von P. „Msobo".

Bei Magunga z. B. fanden wir eine sehr hohe Individuendichte in 5 bis 10 m Tiefe über Steingrund. Im flachen Wasser waren Jungfischschwärme zu beobachten. Bei Tumbi Rocks war diese Art ebenfalls in etwa 5 bis 15 m Tiefe sehr zahlreich vertreten. Der Untergrund hier bestand aber aus größeren Steinen und Felsen. Wenige hundert Meter südlich, bei Tumbi Reef, fanden wir einige P. „Msobo" in tiefem Wasser von etwa 25 bis 30 m über gemischtem Untergrund. Im Felslitoral der Insel Mbahwa beobachteten wir die höchste Individuendichte in 15 bis 20 m Tiefe, obwohl das Ufer dieser Insel von der Oberfläche bis zum Sockelbereich einheitlich aus großen Felsen gebildet wird. Möglicherweise spielt hier die Konkurrenz durch andere Arten, die P. „Msobo" in tiefere Wasserschichten verdrängen, eine wichtige Rolle. Die südlichste Population, die wir fanden, lebt bei Lundo Island an der Südwestspitze der Insel. Hier besteht der steilabfallende Untergrund überwiegend aus geröllartig angeordneten Steinen, die mit Felsen durchsetzt sind. P. „Msobo" lebt hier in großer Anzahl zwischen ungefähr 5 und 10 m Tiefe. Jungtiere bildeten Schwärme von über 100 Exemplaren. Dagegen fanden wir an der Südostküste von Lundo Island keinen P. „Msobo". Der Untergrund ist an dieser dem Festland zugewandten Stelle flachabfallend und besteht überwiegend aus Sand und einigen Felsen; nur im Flachwasser ist der Untergrund steinig bzw. felsig.

Die Männchen sind strikt territorial und verteidigen ihre Reviere mit Nachdruck. Zen-

Pseudotropheus „Msobo“ (Magunga)

Pseudotropheus „Msobo“, Weibchen (Magunga)

trum des Reviers ist eine Steinhöhle, ein Unterstand oder auch nur die Vorderseite eines Felsens. Weibchen und Halbwüchsige leben einzeln oder in kleinen, selten (s. o.) in größeren Gruppen. P. „Msobo" ernährt sich in erster Linie von Aufwuchs, der in ähnlicher Weise wie bei *P. zebra* vom Untergrund abgeschabt wird. Wie alle Mbunas, verschmäht auch *P.* „Msobo" kein Plankton. Bei Tumbi Rock z. B. herrschte Strömung, die Plankton herantrug. Hier standen auch die revierbesitzenden Männchen oberhalb der Felsen und schnappten nach Plankton.

Ähnliche Arten

Eine ähnliche Art wurde von RIBBINK et al. (1983: 198) an der Insel Likoma (Membe Point und Maingano) im tieferen Wasser zwischen 10 und 35 m entdeckt und als *P.* „Membe Deep" bezeichnet. Die Weibchen dieser Art sind ebenfalls gelblich, während die Männchen hellblau gefärbt sind und eine schwarze untere Körperhälfte aufweisen (etwa wie die Population von Tumbi Reef, aber ohne jegliche Querstreifen oder Flecken auf den Flanken). Wahrscheinlich besitzen diese und die Populationen aus Tansania einen gemeinsamen Ursprung und haben sich je nach Standort in farblicher Hinsicht höchst unterschiedlich entwickelt (geographische Rassenbildung).

Anmerkungen

Hinsichtlich der geographischen Variation der Männchenfärbungen ist tendenziell festzustellen, daß die nördlichen Populationen (Magunga bis Manda) eher unregelmäßige horizontale, schwarze Pigmentelemente aufweisen. Die mittleren Populationen (Ndumbi Reef bis Lundu), die in Richtung Manda wohl durch die Mündung des Ruhuru begrenzt werden, sind insgesamt fast schwarz mit nur wenigen hellblauen Körperflecken. Die südlichen Populationen (Njambe bis Lundo Island) sind dagegen

hellblau und tragen ein mehr oder weniger stark ausgeprägtes Querstreifenmuster sowie eine schwarze Färbung im unteren Kopf- und Körperbereich.

Nachfolgend sind die charakteristischen Farbmerkmale der verschiedenen Populationen zusammengefaßt. Zu berücksichtigen ist, daß auch innerhalb einer Population eine gewisse Schwankungsbreite vorhanden ist. Dieses betrifft nicht nur die Männchen, sondern auch die Weibchen. Generell ist festzuhalten, daß jüngere Weibchen die kräftigeren Farben aufweisen. So konnten wir bei Lundo Island sowohl graugelbe (ältere) als auch fast orangegelbe (jüngere) Weibchen nachweisen. Aquarienbeobachtungen haben gezeigt, daß sich ältere Mbuna-Weibchen farblich den Männchen annähern. Ein besonderer Aspekt hier ist schließlich, daß brütende Weibchen in erstaunlicher Weise das jeweilige Männchen-Farbmuster für die Zeit des Austragens der Eier bzw. Larven annehmen und dann auch meist Revierverhalten zeigen. Nach dem endgültigen Freisetzen der Brut entwickeln die Weibchen allmählich wieder ihre Normalfärbung.

Bei den abgebildeten Aufnahmen wurden stets solche Exemplare ausgewählt, die nach unseren Unterwasserbeobachtungen typisch für eine jeweilige Population sind.

Magunga bis Manda: Männchen schwarz mit überwiegend auf der oberen Körperhälfte unregelmäßig verlaufenden hellblauen Elementen. Der Anteil der hellen Bereiche schwankt individuell. Die Rückenflosse weist einen deutlichen schwarzen Längsstreifen auf. Unterlegene Männchen sind fast einheitlich blau gefärbt. Weibchen sind gelb bis orange. Bei Magunga sind auch ältere Weibchen orangefarben.

Ndumbi Reef bis Lundu: Männchen fast komplett schwarz mit zwei schmalen hellen Stirnstreifen zwischen den Augen. Einige wenige hellblaue Elemente verlaufen in Längsrichtung auf der Stirn und unter dem Ansatz der

Pseudotropheus „Msobo", Männchen in der Umfärbephase (Magunga)

Pseudotropheus „Msobo" (Cove Mountain)

Pseudotropheus „Msobo", unterlegenes Männchen (Cove Mountain)

Pseudotropheus „Msobo" (Cove Mountain)

Pseudotropheus „Msobo" (Manda)

Pseudotropheus „Msobo", Weibchen (Cove Mountain)

225

Rückenflosse. Die hinteren Ränder der Rücken-, Schwanz- und Afterflosse sind auffallend gelb. Weibchen sind überwiegend gelb, selten graugelb gefärbt.

Njambe bis Lundo Island: Männchen mit hellblauer Körpergrundfärbung und schwarzen engen Querstreifen. Unterer Kopfbereich sowie Brust und Bauch schwarz. Bei Tumbi Reef weisen die Männchen nur ansatzweise Querstreifen auf (hier wurden allerdings nicht viele Exemplare beobachtet). Bis Puulu Island zeigen die Männchen einen schwarzen Längsstreifen in der Rückenflosse. Bei Mbahwa Island und Lundo Island ist dieser nur angedeutet oder die Rückenflosse ist rein hellblau bzw. weißlich. Die Weibchen variieren in allen Populationen von graugelb bis gelb.

P. „Msobo" ist mittlerweile zu einem beliebten Aquarienfisch geworden. Verschiedene Populationen werden im Handel angeboten. Zu berücksichtigen ist, daß auch jeweils die Weibchen vom selben Fundort stammen sollten wie die Männchen, um die natürliche Variation der verschiedenen Populationen auch im Aquarium aufrechterhalten zu können. P. „Msobo" ist bereits häufig nachgezüchtet worden. Die männlichen Jungtiere färben sich ab einer Größe von etwa 3 bis 4 cm (1,5 bis 2 Monate alt) langsam um.

Pseudotropheus „Msobo" (Pombo Reef)

Pseudotropheus „Msobo", Weibchen (Pombo Reef)

Pseudotropheus „Msobo" (Lundu)

Pseudotropheus „Msobo" (Ndumbi Reef)

Pseudotropheus „Msobo", Weibchen (Lundu)

Pseudotropheus „Msobo", Weibchen (Njambe)

Pseudotropheus „Msobo" (Njambe)

Pseudotropheus „Msobo", brütendes Weibchen (Tumbi Rocks)

Pseudotropheus „Msobo" (Tumbi Reef)

Pseudotropheus „Msobo" (Puulu)

Pseudotropheus „Membe Deep" (Membe Point, Likoma Island)

Pseudotropheus „Msobo", Weibchen (Lundo Island)

Pseudotropheus „Msobo" (Lundo Island)

Pseudotropheus „Orange Cap"

Name

Der Name nimmt Bezug auf den bräunlichen bis orangefarbenen Kopf- und Nackenbereich.

Kennzeichen

Kleiner, langgestreckter Mbuna mit leicht vorstehendem Oberkiefer. Die meisten Exemplare sind etwa 7 bis 9 cm groß. Männchen tragen eine blaugraue bis blaue Grundfärbung. Der Bereich von der Oberlippe über den Vorderkopf bis zum Nacken ist bräunlich bis orangefarben. Die Rückenflossenspitzen sind rötlich und weiß (Pombo-Reef-Population). Zeichnungsmuster aus dunklen Querstreifen nur sehr schwach und bei den Männchen stimmungsabhängig ausgeprägt. Weibchen grau bis bräunlich.

Verbreitung

Diese Art fanden wir bei Pombo Reef und Undu Point. Vermutlich existieren weitere Populationen zwischen diesen ca. 100 km auseinander liegenden Fundorten.

Lebensraum und Ernährung

Die beiden Populationen lebten über steinigen, teils gemischten Untergründen in etwa 3 bis 8 m Tiefe. Keine häufige Art an den jeweiligen Fundstellen. Männchen verteidigen kleine Reviere, deren Zentrum meist eine Steinspalte ist, und sind deshalb auch durch ihr Verhalten auffälliger als Weibchen. Letztere fanden wir einzeln und relativ versteckt zwischen Steinen lebend. Die von uns beobachteten Tiere ernährten sich von Felsaufwuchs.

Ähnliche Arten

Bei Ndumbi Reef entdeckten wir eine vergleichbare Art, die im nachfolgenden Text als *P.* „Red Top Ndumbi" aufgeführt ist. Hinsichtlich des Körperbaus und auch einiger Färbungselemente (orangerote Stirnzeichnung, blaue Körpergrundfärbung ohne deutliches Zeichnungsmuster) ist dieser Cichlide ähnlich zu *P.* „Orange Cap". Als Unterschied ist jedoch die Lebensweise festzuhalten. *P.* „Red Top Ndumbi" ist nicht territorial. Beim gegenwärtigen Kenntnisstand ist deshalb davon auszugehen, daß es sich um verschiedene Arten handelt.

Anmerkungen

Die Population von Undu Point zeigt keinen farblich deutlich abgegrenzten Vorderkopf- und Nackenbereich, sondern die unterschiedlichen Farben fließen ineinander. Der Verfasser geht davon aus, daß es sich bei diesen Unterschieden um eine geographische Variation handelt, da sich die beiden Populationen bezüglich des Verhaltens und des gesamten Erscheinungsbildes sehr ähnlich sind. Ein weiterer Unterschied, der auf den Aufnahmen zu erkennen ist, besteht übrigens in der Anzahl der Eiflecken in den Afterflossen. Allerdings sind hier vergleichende Untersuchungen an einer größeren Anzahl von Exemplaren durchzuführen, um diesen Unterschied abschließend beurteilen zu können.

228

Pseudotropheus „Orange Cap" (Pombo Reef)

Pseudotropheus „Orange Cap", Weibchen
(Pombo Reef)

Pseudotropheus „Orange Cap" (Pombo Reef)

Pseudotropheus „Orange Cap" (Undu Point)

Pseudotropheus „Orange Cap" (Undu Point)

Pseudotropheus „Plain"

Name

Der Name bezieht sich auf die im Vergleich zu anderen Mbunas unscheinbare Färbung der Männchen (engl. plain = schlicht).

Kennzeichen

Kleiner, gedrungen wirkender Mbuna, der etwa 7 bis 9 cm Gesamtlänge aufweist. Auffallend ist der runde Kopf sowie das kleine, stumpf wirkende Maul. Männchen sind auf dem Rücken und oberen Kopfbereich olivfarben. Der Bereich unterhalb des Auges sowie die unteren Flanken sind bläulich. Das Zeichnungsmuster der dominanten Männchen besteht aus schmalen dunklen Querstreifen. In der Rückenflosse ist ein markanter schwarzer Längsstreifen ausgebildet. Die Weibchen sind einfarbig braun und zeigen neben den Querstreifen mitunter einen zentralen Längs- sowie einen weiteren Längsstreifen im Rückenbereich. Aufgrund der

Längsstreifen entsteht so auf der oberen Körperhälfte ein schachbrettartiges Muster.

Verbreitung

Bei Nkanda und Kirondo nachgewiesen. Vermutlich weitere Verbreitung im Bereich des Livingstone Gebirges. Keine häufig vorkommende Art.

Lebensraum und Ernährung

Sowohl bei Nkanda als auch bei Kirondo fanden wir *P.* „Plain" zwischen Steinen und Felsen im Flachwasser von etwa 3 bis 6 m Tiefe. Männchen verteidigen kleine Reviere zwischen Steinspalten. Weibchen scheinen einzeln vorzukommen. *P.* „Plain" lebt eher versteckt und ist aufgrund der wenig plakativen Färbung nur schwer zu entdecken. Möglicherweise ist diese Art häufiger vertreten als es nach unseren Unterwasserbeobachtungen den Anschein hat. *P.* „Plain" ernährt sich von Felsaufwuchs.

Pseudotropheus „Plain" (Nkanda)   *Pseudotropheus* „Plain" (Kirondo)

Pseudotropheus „Pombo Yellow Breast"

Name

Maßgeblich für die Namensgebung waren der Fundort bei Pombo Reef sowie die gelbe Brustfärbung.

Kennzeichen

Kleiner, etwa 7 bis 9 cm großer, langgestreckter Mbuna. Oberkiefer leicht vorstehend. Die Grundfärbung der Männchen ist blau. Der untere Kopfbereich sowie Kehle und Brust sind stimmungsabhängig intensiv gelb gefärbt. Weibchen tragen ein einfarbig graues bis braunes Farbkleid. Das Zeichnungsmuster ist bei den Männchen nur in Form schwacher, dunkler Querstreifen sichtbar. Bei den Weibchen sind die Querstreifen meist deutlicher erkennbar. Weiterhin zeigen die Weibchen einen zentralen sowie einen zweiten, schwächeren Längsstreifen im Rückenbereich.

Verbreitung

Nur bei Pombo Reef nachgewiesen, wo diese Art relativ häufig zu sein scheint.

Lebensraum und Ernährung

Der Lebensraum von *P.* „Pombo Yellow Breast" liegt über steinigem und gemischtem Untergrund im flachen Wasser von 3 bis 6 m Tiefe. Die Männchen verteidigen kleine Reviere (etwa 0,5 m im Durchmesser), deren Zentrum meist eine Steinspalte oder Höhle bildet. Die Weibchen scheinen einzeln zu leben und sind nicht oder nur wenig standorttreu. *P.* „Pombo Yellow Breast" ernährt sich in vergleichbarer Weise von Felsaufwuchs wie andere *Pseudotropheus*-Arten.

Ähnliche Arten

Hinsichtlich der Körper- und Maulstruktur vergleichbare Arten sind *P.* „Orange Cap" und *P.* „Red Top Ndumbi". Diese Arten sind jedoch anders gefärbt. Inwieweit diese Arten enger miteinander verwandt sind, bleibt zukünftigen Untersuchungen vorbehalten.

Pseudotropheus „Pombo Yellow Breast", Weibchen (Pombo Reef)

Pseudotropheus „Pombo Yellow Breast" (Pombo Reef)

Pseudotropheus „Red Top Ndumbi"

Name

Der Name bezieht sich auf die orangerote Rük-
kenflosse sowie auf den Fundort Ndumbi Reef.

Kennzeichen

Kleiner, langgestreckter Mbuna mit stumpfer
Kopfform. Gesamtlänge etwa 7 bis 8 cm. Unterkiefer gleichlang oder etwas kürzer als der Oberkiefer. Männchen mit blauer Grundfärbung und
orángeroten Rücken- und Bauchflossen. Im
Kopfbereich befinden sich vom Oberkiefer bis
zum Ansatz der Rückenflosse individuell unterschiedlich stark ausgebildete orangerote Flecken.
Leider konnten wir keine Weibchen beobachten.

Verbreitung

P. „Red Top Ndumbi" wurde von uns nur bei
Ndumbi Reef nachgewiesen.

Lebensraum und Ernährung

Die Ortschaft Ndumbi liegt in einer Sandbucht.
Das gleichnamige Riff besteht überwiegend aus
großen Steinen und Felsen auf Sandgrund. *P.*
„Red Top Ndumbi" lebt hier strikt felsorientiert.
Wir beobachteten einige Männchen in etwa 5
bis 8 m Tiefe. Diese Art scheint nicht territorial zu sein. Die Männchen schwammen mehr
oder weniger ziellos über den Untergrund und
weideten ab und zu den Felsaufwuchs ab. Hierbei wurden relativ weite Strecken zurückgelegt
(geschätzt: 10 bis 15 m). Manche Männchen
suchten bestimmte Felsen wiederholt auf, so
daß der Eindruck entstand, daß *P.* „Red Top
Ndumbi" zwar nicht revierbildend ist, sich aber
bevorzugt in bestimmten Bereichen bewegt.
Diese Art dürfte sich in Analogie zu verwandten Arten überwiegend von Aufwuchs ernähren.

Ähnliche Arten

Eine hinsichtlich der Körperform sowie auch in
bezug auf die Färbung (blaue Körpergrundfärbung, rötliche Pigmente im Kopfbereich) ähnliche Art ist *P.* „Orange Cap". Diese Art lebt
u. a. bei Pombo Reef, der von Ndumbi Reef
nächsten Felsansammlung in südlicher Richtung. Unabhängig davon, ob die o. g. Gemeinsamkeiten als Indiz für eine engere Verwandtschaft zu interpretieren sind, ist ein wesentlicher
Unterschied im Verhalten hervorzuheben. Im
Gegensatz zu *P.* „Orange Cap" ist *P.* „Red Top
Ndumbi" nicht revierbildend und weist somit
zumindest im männlichen Geschlecht eine
gänzlich andere Lebensweise auf. Der Verfasser geht deshalb davon aus, daß die zwei Arten
nicht engverwandt sind.

Anmerkungen

Auf den ersten Blick ist zu vermuten, daß *P.*
„Red Top Ndumbi" eher als *Labidochromis*-Art
einzustufen ist. *P.* „Red Top Ndumbi" frißt aber
nicht in der typischen, zupfenden Weise wie es
Labidochromis-Arten tun (vgl. den Gattungstext zu *Labidochromis*).

Pseudotropheus „Red Top Ndumbi" (Ndumbi
Reef)

Pseudotropheus „Red Top Ndumbi" (Ndumbi Reef)

Uferbereich bei Ndumbi

233

Pseudotropheus tursiops

Kennzeichen

Mittelgroßer, mäßig gestreckter Mbuna. Gesamtlänge etwa 10 bis 12 cm. Charakteristisches Merkmal ist das rundliche Stirnprofil mit der etwas vorspringenden Schnauze, wodurch diese Art eine delphinartige Kopfform erhält (*Tursiops* ist eine Delphin-Gattung). Diese vorgezogene Schnauze ist insbesondere bei älteren Exemplaren deutlich ausgeprägt. Dominante Männchen sind mitunter vollständig hellblau, mit schwärzlichen Pigmenteinlagerungen in Rücken-, After-, Bauch- und Schwanzflossen. Das Zeichnungsmuster, welches am besten bei den Weibchen zu sehen ist, besteht aus zwei Längsstreifen und schwach ausgebildeten Querstreifen. Der erste Längsstreifen ist deutlich zu sehen und verläuft in der Körpermitte. Der zweite Längsstreifen liegt in der oberen Körperhälfte mittig zwischen dem ersten und dem Ansatz der Rückenflosse. Beide Längsstreifen sind häufig zu Punktreihen aufgelöst. Die Weibchen sind grau bis beige, manchmal auch bräunlich.

Verbreitung

P. tursiops wurde zuerst an der Insel Chisumulu nachgewiesen (BURGESS & AXELROD 1975). STAECK (1977: 180) fand diesen Cichliden in dem zu Tansania gehörenden „nordöstlichen Teil des Gewässers". Unsere Beobachtungen beziehen sich auf Populationen, die wir bei Kirondo, Lupingu und an der Felsküste nördlich von Manda antrafen. Sehr wahrscheinlich ist *P. tursiops* im nördlichen Teil des Malawisees weitverbreitet und besiedelt sowohl die West- als auch die Ostküste (vgl. auch „Ähnliche Arten").

Lebensraum und Ernährung

P. tursiops bevorzugt steinigen bis felsigen Untergrund im flachen Wasser bis etwa 5 m Tiefe. Die Männchen sind strikt territorial und verteidigen ihre Reviere auch gegen artfremde Fische. *P. tursiops* ist ein typischer Aufwuchsfresser. RIBBINK und Mitarbeiter, die die Lebensgewohnheiten dieser Art an der Insel Chisumulu untersuchten, kommen zu dem Ergebnis, daß *P. tursiops* sogenannte „Algengärten" anlegt, indem alle potentiellen Eindringlinge aus dem Revier energisch ferngehalten werden. Auf diese Weise wird der Felsaufwuchs nur vom Revierinhaber abgeweidet, und es kommt verglichen mit den benachbarten Flächen zu einem verstärkten Wachstum der Algen im Revier. Bei Chisumulu ließen sich 70 % der Männchen-Reviere als Algengärten erkennen. Die obigen Autoren berichten weiter, daß auch die Weibchen teilweise revierbildend sind (RIBBINK et al. 1983: 193).

Ähnliche Arten

Eine engverwandte Art ist *P.* „Tursiops Mbenji" von der Mbenji-Inselgruppe an der mittleren Westküste des Sees (RIBBINK et al. 1983: 192). Dieser Cichlide unterscheidet sich von *P. tursiops* durch die zahlreichen schwarzen Querstreifen sowie eine insgesamt starke schwarze Pigmentierung. Die Weibchen dieser Art sind eher bräunlich als grau.

KONINGS (1992: 434) berichtete über *P.* „Tursiops Chitande", der an der Nordwestküste im Bereich zwischen Chitendi Island (englisch: Chitande) bei Chilumba und Matambukira nachgewiesen wurde. Sehr wahrscheinlich handelt es sich bei diesen Populationen um *P. tursiops*.

Anmerkungen

P. tursiops wird der sogenannten *P.*-"Aggressive"-Artengruppe zugerechnet. In dieser Gruppe werden Arten geführt, die besonders intensiv ihre Reviere verteidigen. Ein weiteres Merkmal ist, daß auch die Weibchen teilweise revierbildend sind (RIBBINK et al. 1983: 190).

Pseudotropheus tursiops, brütendes Weibchen (Lupingu)

Pseudotropheus tursiops (Manda)

Pseudotropheus tursiops (Chirwa Island, Chilumba)

Pseudotropheus „Tursiops Mbenji" (Mbenji Island, Aquarienfoto)

Pseudotropheus „Variable Tanzania"

Name

Diese Art ist hinsichtlich des Zeichnungsmusters variabel. Der Zusatz „Tanzania" ist notwendig, da bestimmte Cichliden von der Nordwestküste ebenfalls als „Variable" bezeichnet werden (s. „Ähnliche Arten). In jüngerer Zeit ist diese Art in der Aquaristik unter der Bezeichnung „Labidochromis Blue Puulu" angeboten worden.

Kennzeichen

Kleiner, gedrungen wirkender Mbuna, der eine Gesamtlänge von etwa 7 bis 9 cm aufweist. Die Grundfärbung ist im männlichen Geschlecht hellblau. Je nach Population und auch individuell variierend tragen die Männchen schwarze Querstreifen, die im hinteren Körperbereich schwächer werden. Die Rückenflosse ist weißlich oder hellblau mit unterschiedlich stark ausgebildeten schwarzen Pigmenten. Die Afterflosse trägt meist einen schwarzen Streifen. Die Weibchen sind einfarbig bräunlich, manchmal auch mit bläulichem Glanz auf den Flanken und in der Rückenflosse. Jungtiere sind insgesamt gelbbraun ohne jegliches Zeichnungsmuster.

Verbreitung

Diese Art scheint eine weite Verbreitung an der tansanischen Küste zu besitzen. Wir fanden *P.* „Variable Tanzania" bei Tumbi Rock, nördlich Puulu, Lundo Island und Luhuchi Rocks (Mbamba Bay).

Lebensraum und Ernährung

P. „Variable Tanzania" lebt im Flachwasser (etwa 3 bis 10 m Tiefe) über steinigen Untergründen. Anscheinend bevorzugt diese Art kleine bis mittelgroße Steine. Die Männchen sind revierbildend und vertreiben auch artfremde Fische aus ihren Territorien, soweit sie aufgrund ihrer geringen Körpergröße dazu in der Lage sind. Zentrum des Reviers ist in der Regel eine Steinspalte oder -höhle. Die wenig auffälligen Weibchen fanden wir einzeln zwischen Steinen lebend. *P.* „Variable Tanzania" ernährt sich überwiegend von Felsaufwuchs.

Ähnliche Arten

Für eine Anzahl von Populationen wird in der aquaristischen Literatur der Name *P.* „Variable" verwendet (KONINGS 1992: 434–436). Diese Populationen variieren erheblich in bezug auf die Färbung und teilweise auch in der Kopfform. Es bleibt zukünftigen Untersuchungen überlassen zu klären, inwieweit es sich hier um Rassen einer Art oder eigenständige Arten handelt. *P.* „Variable Tanzania" weist Ähnlichkeiten zu manchen blaugefärbten Populationen von der Nordwestküste auf (vgl. SPREINAT 1993a; *P.* cf. „Polit"). Der Name „Variable Tanzania" bedeutet aber nicht, daß die Tansania-Populationen als artgleich mit den zuvorgenannten Cichliden-Populationen einzustufen sind.

Anmerkungen

Die stärksten Querstreifen tragen die Männchen, die wir nördlich von Puulu fanden. Bei Lundo Island gibt es sowohl Männchen mit schwachen Querstreifen als auch rein blaue Exemplare, wobei letztere überwiegen. Bei Luhuchi Rocks (Mbamba Bay) fanden wir nur hellblaue Männchen ohne Zeichnungsmuster.

Pseudotropheus „Variable Tanzania" (Lundo Island)

Pseudotropheus „Variable Tanzania", Weibchen
(Lundo Island)

Pseudotropheus „Variable Tanzania" (Tumbi Reef)

Pseudotropheus „Variable Tanzania" (Puulu)

Pseudotropheus „Variable Tanzania", dominantes
und unterlegenes Männchen (Puulu)

Pseudotropheus „Yellow Tail"

Name

Der Name bezieht sich auf die bei einigen Männchen intensiv gelbe Färbung in der Schwanzflosse und -wurzel.

Kennzeichen

Mittelgroßer, mäßig hochrückiger Mbuna, der hinsichtlich des Körperbaus und der Maulform *P. zebra* ähnelt. Gesamtlänge meist um 10 bis 12 cm. Körpergrundfärbung der Männchen hellblau mit individuell unterschiedlich stark ausgebildeten bräunlichgelben Pigmenten. Das Zeichnungsmuster besteht aus breiten, dunkelbraunen bis schwarzen Querstreifen, die sich teilweise bis in die Rückenflosse fortsetzen. Meist ist ein dunkler Längsstreifen in der Rücken- und Afterflosse vorhanden. Der Rückenflossensaum ist weiß oder gelblich. Die Schwanzflosse und Schwanzwurzel ist ebenfalls gelblich. Dominante Männchen sind bezüglich der Ausprägung der bräunlichgelben und blauen Farben variabel. Weibchen sind meist einheitlich beige bis hellbraun, manchmal mit schwärzlichen Pigmenten in den Bauch- und Afterflossen. Querstreifen sind bei den Weibchen stimmungsabhängig in abgeschwächtem Maße zu sehen.

Verbreitung

Bei Magunga, Cove Mountain sowie an der Felsküste nördlich von Manda verbreitet. Aufgrund der nach Norden weitgehend einheitlich felsigen Küstenstruktur ist zu vermuten, daß diese Art auch noch weiter nördlich vorkommt.

Lebensraum und Ernährung

Felsige und steinige Bereiche von etwa 10 bis 20 m Tiefe bilden die Lebensräume dieses Cichliden. Die Männchen sind standorttreu und revierbildend, während die Weibchen einzeln oder, seltener, in kleinen Gruppen von zwei bis vier Tieren vorkommen. An den o. g. Fundorten ist diese Art recht auffällig. Insbesondere die revierverteidigenden Männchen lassen sich anhand der gelben Schwanzflosse schnell erkennen. *P.* „Yellow Tail" ernährt sich nach unseren Beobachtungen in erster Linie von Felsaufwuchs, der ähnlich wie von *P. zebra* vom Untergrund abgeschabt wird.

Ähnliche Arten

Insbesondere die jüngeren Männchen, die noch nicht so hochrückig sind, erinnern hinsichtlich Körperform und Farbgebung an manche Vertreter der *P.-elongatus*-Artengruppe. Von den in Tansania lebenden Arten ist hier vor allem *P.* „Elongatus Robust" zu erwähnen. *P.* „Elongatus Robust" bewohnt an der Küste nördlich von Manda dieselben Lebensräume wie *P.* „Yellow Tail", so daß auszuschließen ist, daß es sich nur um geographische Varianten einer Art handelt.

Anmerkungen

Die Männchen der drei Populationen sind teilweise sehr unterschiedlich gefärbt. Diese Unterschiede betreffen auch Männchen innerhalb einer Populationen und beziehen sich in erster Linie auf die Anordnung der Querstreifen sowie den Anteil der gelbbraunen und blauen Färbung. Es war uns nicht möglich, Unterschiede bei den Weibchen festzustellen oder die verschiedenen „Farbformen" definitiv zu unterscheiden, da wir auch Übergangsfärbungen fanden. Somit ist anzunehmen, daß *P.* „Yellow Tail" eine Art mit entsprechend großen Schwankungsbreiten bezüglich der Männchenfärbung ist.

Pseudotropheus „Yellow Tail" (Cove Mountain)

Pseudotropheus „Yellow Tail" (Manda)

Pseudotropheus „Yellow Tail", Weibchen (Cove Mountain)

Pseudotropheus „Yellow Tail" (Manda)

Pseudotropheus „Yellow Tail" (Magunga)

Die *Pseudotropheus-elongatus*-Artengruppe

Pseudotropheus elongatus wurde 1956 von FRYER beschrieben. Von den damals bekannten Mbunas hob sich dieser Cichlide aufgrund seiner ungewöhnlich schlanken Körperform ab, so daß der Artname (elongatus = langgestreckt) treffend erschien (FRYER 1956). Heute ist eine Reihe von langgestreckten Arten bekannt, die in der *P.-elongatus*-Artengruppe zusammengefaßt werden. RIBBINK et al. (1983: 184) führten 23 Arten, die an den Küsten Malawis leben, unter vorläufigen Arbeitsnamen auf. Nur drei dieser Arten sind zwischenzeitlich wissenschaftlich beschrieben worden (*P. ater*, *P. cyaneus*, *P. flavus*; STAUFFER 1988). Die Taxonomie dieser Artengruppe ist nicht einfach. In mehreren Fällen ist nicht eindeutig, ob an verschiedenen Küsten lebende und einander ähnliche Populationen als geographische Rassen (Standortvarianten) oder als eigenständige Arten einzustufen sind. In Tansania fanden wir acht Arten.

Die Vertreter dieser Artengruppe sind mittelgroße Mbunas mit endständigem Maul, die in der Regel strikt stein- bzw. felsgebunden leben. Alle Arten ernähren sich überwiegend von Aufwuchs. Die Männchen sind meist revierbildend.

Anzumerken ist, daß *P. elongatus* anhand von drei Belegexemplaren beschrieben wurde, die FRYER in Mbamba Bay, also an der tansanischen Küste des Sees gesammelt hatte (FRYER 1956a: 85). Obwohl in der Vergangenheit immer wieder langgestreckte Cichliden in der Aquaristik als *P. elongatus* angesprochen wurden, dürfte es sich wohl in keinem Fall um den „echten" *P. elongatus* gehandelt haben. Bei Mbamba Bay fanden wir zwei Vertreter der *P.-elongatus*-Artengruppe (*P.* „Elongatus Mbamba" und *P.* „Elongatus Ngkuyo"), auf die die Erstbeschreibung von *P. elongatus* zutreffen könnte. Da der Verfasser bislang keine Gelegenheit hatte, die von FRYER hinterlegten Typusexemplare zu untersuchen, werden beide Arten hier mit vorläufigen Arbeitsnamen angesprochen. (Diese Problematik wird z. Zt. bearbeitet; SEEGERS, in Vorbereitung.)

Pseudotropheus „Elongatus Deep Water" (Mbamba Bay, südliche Küste)

Pseudotropheus „Elongatus Deep Water"

Name

Der Name bezieht sich auf die Lebensweise im tiefen Wasser.

Kennzeichen

Vergleichsweise hochrückige und große Art. Die meisten Exemplare weisen Gesamtlängen von ungefähr 10 bis 12 cm auf. Die Männchen tragen dunkelbraune bis schwarze Querstreifen auf hellblauem Grund. Der Kopfbereich ist stark dunkel pigmentiert. Die Rückenflosse ist schwarz bzw. trägt einen breiten schwarzen Längsstreifen. Der Rückenflossensaum ist weißlich bis gelb. Der hintere Teil der Rückenflosse ist bei manchen Exemplaren ebenfalls gelblich, während die Afterflosse schwärzlich gefärbt ist. Die Weibchen sind einheitlich hellbraun und zeigen ein schwaches Querstreifenmuster. Die Afterflosse ist gelblich.

Verbreitung

Wir fanden von dieser Art nur eine Population, die an den südlichen Felsküsten von Mbamba Bay (etwa auf Höhe der Insel Ngkuyo) lebt. Vermutlich weitere Verbreitung.

Lebensraum und Ernährung

Die Felsküste südlich Mbamba Bay besteht in erster Linie aus großen Felsen, die sich unter Wasser bis in etwa 40 m Tiefe fortsetzen. *P.* „Elongatus Deep Water" beobachteten wir in 38 m Tiefe. Diese Art lebt hier zwischen den Felsen über sandigem Untergrund. Das Wasser war durch Sedimentpartikel vergleichsweise trübe. Die Männchen verhalten sich standorttreu. Weibchen und halbwüchsige Exemplare leben einzeln oder in losen Gruppen. Es ist bemerkenswert, daß uns diese Art nicht auch im flacheren Wasser aufgefallen ist.

Ähnliche Arten

Bezogen auf die in Tansania vorkommenden Arten dürften andere hochrückigere Arten wie *P.* „Elongatus Robust" und *P.* „Elongatus Sand" als verwandte Cichliden zählen.

Pseudotropheus „Elongatus Deep Water", Weibchen (Mbamba Bay, südliche Küste)

Pseudotropheus „Elongatus Luhuchi"

Name

Der Name nimmt Bezug auf den Fundort Luhuchi Rocks bei Mbamba Bay.

Kennzeichen

Mäßig langgestreckter Vertreter der *P.-elongatus*-Artengruppe. Gesamtlänge etwa 8 bis 10 cm. Im Vergleich zu anderen Cichliden dieser Artengruppe ist das breite Maul auffallend. Die Grundfärbung der Männchen ist hellblau. Dominante Männchen zeigen ein kontrastierendes schwarzes Querstreifenmuster. Der untere Kopf- und Körperbereich erscheint schwarz abgesetzt. Auch die Rücken-, After- und Bauchflossen sind schwarz. Die Rücken- und Bauchflossen zeigen einen weißen Saum bzw. eine weiße Vorderkante. Ausgewachsene Weibchen sind beige bis weißgrau mit gelblichen After- und Bauchflossen. Das Querstreifenmuster ist nur andeutungsweise zu sehen. Junge Weibchen sind einheitlich gelb gefärbt. Vermutlich sind die Jungtiere zunächst gelb und färben sich dann geschlechterabhängig um.

Verbreitung

Von dieser Art fanden wir zwei Populationen, die am südlichen Rand von Mbamba Bay bei Luhuchi Rocks und Maunyuni Rocks leben.

Lebensraum und Ernährung

Luhuchi Rocks und Maunyuni Rocks sind Riffe, die überwiegend aus großen Felsen bestehen und von der Oberfläche bis in etwa 10 m Tiefe reichen. In dieser Tiefe verläuft der Untergrund in sandige, nahezu ebenflächige Bereiche. P. „Elongatus Luhuchi" verteilt sich über das genannte Tiefenprofil. Die Männchen leben über bzw. zwischen den Felsen und sind strikt territorial. Weibchen und halbwüchsige Exemplare fanden wir in losen Gruppen etwas oberhalb des Untergrundes. P. „Elongatus Luhuchi" ernährt sich in erster Linie von Felsaufwuchs. Zum Zeitpunkt unserer Beobachtungen fraßen viele Exemplare auch Plankton.

Ähnliche Arten

P. „Elongatus Luhuchi" ähnelt aufgrund seines Streifenmusters und seiner gesamten Erscheinung P. „Elongatus Ornatus" von der Insel Likoma (RIBBINK et al. 1983: 188–189). Diese Art ist aber langgestreckter. Weiterhin sind die Weibchen von P. „Elongatus Ornatus" bereits als Jungtiere beigefarben und tragen einen breiten schwarzen Längsstreifen in der Rückenflosse.

Anmerkungen

Aufgrund der Lebensweise (Gruppenbildung der Weibchen etwas oberhalb des Untergrundes) ähnelt dieser Cichlide den Vertretern der Gattung *Cynotilapia*. Eine Untersuchung der Bezahnung ergab, daß diese Art zweispitzige Zähne aufweist und somit zweifelsfrei als Vertreter der Gattung *Pseudotropheus* einzustufen ist.

Pseudotropheus „Elongatus Luhuchi" (Luhuchi Rocks, Mbamba Bay)

Pseudotropheus „Elongatus Luhuchi", Weibchen
(Luhuchi Rocks, Mbamba Bay)

Pseudotropheus „Elongatus Luhuchi" (Luhuchi
Rocks, Mbamba Bay)

Pseudotropheus „Elongatus Luhuchi", junges
Weibchen (Luhuchi Rocks, Mbamba Bay)

Pseudotropheus „Elongatus Luhuchi" (Luhuchi
Rocks, Mbamba Bay)

243

Pseudotropheus „Elongatus Mbamba"

Name

Dieser Cichlide ist einer der häufigsten Vertreter der *P.-elongatus*-Artengruppe in Mbamba Bay.

Kennzeichen

Langgestreckte, verhältnismäßig kleine Art, die durch ihre blauschwarze Färbung auffällt. Die Gesamtlänge beträgt etwa 8 bis 9 cm. Die Männchen sind blau bis dunkelblau mit dunklen bis schwarzen Querstreifen. Die Querstreifen sind individuell unterschiedlich ausgebildet. Bei einigen Männchen erscheint der Kopf und Vorderkörper schwarz und Querstreifen sind nur ansatzweise im vorderen Körperbereich erkennbar. Der hintere Körperbereich ist bei diesen Exemplaren einheitlich blau. Die Weibchen sind meist insgesamt dunkelgrau bis bräunlich und zeigen angedeutete Querstreifen.

Verbreitung

Diese Art scheint eine weite Verbreitung an der tansanischen Küste zu besitzen. Wir fanden *P.* „Elongatus Mbamba" bei Tumbi Rocks, Puulu Island sowie bei Mbamba Bay (Mara Rocks, Ngkuyo Island und südliche Felsküste).

Lebensraum und Ernährung

Bei Ngkuyo Island lebt *P.* „Elongatus Mbamba" über großen Felsen bis in Tiefen von etwa 20 m. Die Männchen sind standorttreu, zeigen aber ein nur schwach ausgeprägtes Revierverhalten. Weibchen und nicht dominante Männchen lebten hier in losen Gruppen von etwa 20 Tieren auf den Oberflächen von Felsen. An anderen Küstenbereichen fanden wir diese Art auch über mittelgroßen und großen Steinen. *P.* „Elongatus Mbamba" ist ein typischer Aufwuchsfresser.

Im Bereich von Mbamba Bay zählt diese Art zusammen mit *P.* „Elongatus Ngkuyo" zu den häufigsten Vertretern dieser Artengruppe.

Ähnliche Arten

Aus Malawi sind ebenfalls langgestreckte Arten mit blauschwarzer Färbung bekanntgeworden. Sehr ähnlich ist *P.* „Elongatus Aggressive" aus dem Süden des Sees (Nkudzi bis Mumbo Island; RIBBINK et al. 1983: 184).

Anmerkungen

Wie bereits in den allgemeinen Anmerkungen zu dieser Artengruppe erwähnt, stammt der „echte" *P. elongatus* aus Mbamba Bay (FRYER 1956: 85). Nach der Farbbeschreibung von Fryer könnte es sich bei *P.* „Elongatus Mbamba" um *P. elongatus* handeln. Eine zweite Art, die ebenfalls häufig in Mbamba Bay anzutreffen ist und aufgrund ihrer Färbung in diesem Zusammenhang zu berücksichtigen ist, stellt *P.* „Elongatus Ngkuyo" dar. Um entscheiden zu können, ob eine und, falls ja, welche der beiden Arten als identisch mit *P. elongatus* einzustufen ist, ist eine vergleichende Untersuchung unter Einbeziehung der von FRYER hinterlegten Typusexemplare erforderlich.

RIBBINK et al. (1983: 189) berichteten über *P. elongatus* von Nkhata Bay. Es ist allerdings nicht nachgewiesen worden, daß diese Population mit den von FRYER beschriebenen Exemplaren artgleich ist, da RIBBINK und Mitarbeiter keine Untersuchungen in Tansania durchführten. Selbiges gilt auch für die Ausführungen von KONINGS (1992: 373). Erst wenn klar ist, welcher Cichlide von Mbamba Bay seinerzeit als *P. elongatus* beschrieben worden ist, kann geprüft werden, ob diese Art auch bei Nkhata Bay vorkommt.

Pseudotropheus „Elongatus Mbamba" (Ngkuyo Island, Mbamba Bay)

Pseudotropheus „Elongatus Mbamba" (Ngkuyo Island, Mbamba Bay)

Pseudotropheus „Elongatus Mbamba" (Mbamba Bay, Südküste)

Pseudotropheus „Elongatus Mbamba" (Mara Rocks, Mbamba Bay)

Pseudotropheus „Elongatus Mbamba" (Mara Rocks, Mbamba Bay)

Pseudotropheus „Elongatus Ngkuyo"

Name

Der Name bezieht sich auf den Fundort Ngkuyo Island bei Mbamba Bay, wo diese Art häufig anzutreffen ist.

Kennzeichen

Mittelgroße, langgestreckte Art mit gelblicher Schwanzflosse. Die meisten Exemplare sind etwa 9 bis 10 cm groß (Gesamtlänge). Dominante Männchen zeigen ein dunkelbraunes bis dunkelblaues Querstreifenmuster auf hellblauem Grund. Kopf und Vorderkörper sind meist stärker mit dunklen Pigmenten besetzt als die hinteren Körperbereiche. Auffallend sind die gelbe Schwanzflosse sowie der gelbe hintere Teil der Rückenflosse. Die Weibchen sind bräunlich bis graublau und tragen ebenfalls gelbliche Schwanzflossen. Das Querstreifenmuster ist in abgeschwächtem Maße auch bei den Weibchen sichtbar.

Verbreitung

P. „Elongatus Ngkuyo" konnten wir im Bereich von Mbamba Bay (nördliche Felsküsten, Luhuchi Rocks, Ngkuyo Island) sowie bei Hai Reef nachweisen.

Lebensraum und Ernährung

Diese Art ist sowohl über Untergründen mit mittelgroßen bis großen Steinen als auch in reinen Felsbereichen anzutreffen. Letztere scheinen bevorzugt zu werden. *P.* „Elongatus Ngkuyo" lebt sowohl im Flachwasser als auch in Tiefen von mindestens 20 m. Die Männchen sind standorttreu, verteidigen ihre Reviere aber nur vergleichsweise schwach. Mitunter beobachteten wir Männchen wie Weibchen in losen Verbänden auf den Oberflächen großer Felsen gemeinsam beim Abfressen des Aufwuchses.

Ähnliche Arten

An der Nordwestküste im Bereich von Chilumba (Mpanga Rocks, auch Chirwa Island; eig. Beobachtung) lebt *P.* „Elongatus Mpanga" (RIBBINK et al. 1983: 190). Diese Art hat ebenfalls eine gelbe Schwanzflosse und ist auch in anderer Hinsicht sehr ähnlich, so daß es sich bei beiden Populationen um einen engeren Verwandtschaftskreis handeln könnte.

Vgl. auch die Anmerkungen zu *P.* „Elongatus Mbamba".

Anmerkungen

Bei Hai Reef fanden wir keine Exemplare mit intensiv gelber, sondern graubeigefarbener Schwanzflosse.

Ngkuyo Island

Pseudotropheus „Elongatus Ngkuyo" (Ngkuyo Island, Mbamba Bay)

Pseudotropheus „Elongatus Ngkuyo" (Ngkuyo Island, Mbamba Bay)

Pseudotropheus „Elongatus Ngkuyo", Weibchen (Ngkuyo Island, Mbamba Bay)

Pseudotropheus „Elongatus Ngkuyo" (Ngkuyo Island, Mbamba Bay)

Pseudotropheus „Elongatus Ngkuyo" (Ngkuyo Island, Mbamba

Pseudotropheus „Elongatus Robust"

Name

Der für die Vertreter der *P.-elongatus*-Arten-gruppe kräftige Körperbau sowie das robuste Erscheinungsbild dieser Art spiegeln sich in der Namensgebung wider.

Kennzeichen

Vergleichsweise großer und hochrückiger Cichlide, der eine Gesamtlänge von etwa 11 bis 13 cm erreicht. Die Körpergrundfärbung dominanter Männchen ist hellblau bis weißlich. Als Zeichnungsmuster sind breite dunkelblaue bis schwarze Querstreifen ausgebildet. Die Rückenflosse ist entweder schwarz oder trägt einen schwarzen Längsstreifen. Der Rückenflossensaum ist weißlich. Die Weibchen sind eher bräunlich und zeigen ebenfalls breite Querstreifen. *P.* „Elongatus Robust" zeigt keinen auffälligen Geschlechtsdichromatismus.

Verbreitung

P. „Elongatus Robust" ist an der tansanischen Küste wahrscheinlich weitverbreitet. Wir fanden diesen Cichliden bei Cove Mountain, an den Felsküsten nördlich von Manda, bei Mara Rocks (Mbamba Bay) sowie bei Hai Reef.

Lebensraum und Ernährung

Felsige, steinige und gemischte Untergründe werden von dieser Art besiedelt. Wir konnten *P.* „Elongatus Robust" vom Flachwasser (3 m Tiefe) bis in Tiefen über 20 m nachweisen. Die Männchen leben standorttreu und verteidigen Reviere. Die Weibchen fanden wir einzeln zwischen oder über Steinen bzw. Felsen. *P.* „Elongatus Robust" ernährt sich überwiegend von Aufwuchs.

Ähnliche Arten

Hinsichtlich der relativen Körperhöhe ist aus Tansania *P.* „Elongatus Deep Water" zu nennen. Eine insgesamt sehr ähnliche Art ist *P.* „Elongatus Sand" (s. u.).

Aus Malawi ist eine Anzahl weiterer Arten bekannt, die möglicherweise einen engeren Verwandtschaftskreis bilden, zu dem auch *P.* „Elongatus Robust" zu zählen wäre. In erster Linie sind hier verschiedene Populationen von den Inseln Likoma und Chisumulu zu erwähnen (*P.* „Elongatus Mbako", *P.* „Elongatus Chisumulu" und *P.* „Elongatus Gold Bar"; RIBBINK et al. 1983: 219). Eine ebenfalls ähnliche Population wurde bei „Makanjila Island" (Ostküste Malawi) gefangen und als *P. modestus* beschrieben (JOHNSON 1974). Möglicherweise zeigen zukünftige Untersuchungen, daß viele der hochrückigen Arten als *P.-modestus*-Artenkomplex zusammengefaßt werden können.

Hai Reef befindet sich kurz vor der Grenze zu Moçambique.

Pseudotropheus „Elongatus Robust" (Manda)

Pseudotropheus „Elongatus Robust", Weibchen
(Cove Mountain)

Pseudotropheus „Elongatus Robust" (Manda)

Pseudotropheus „Elongatus Robust", Weibchen
(Mara Rocks, Mbamba Bay)

Pseudotropheus „Elongatus Robust" (Mara Rocks,
Mbamba Bay)

Pseudotropheus „Elongatus Sand"

Name

Die für einen Mbuna untypische Lebensweise über sandigen Untergründen ist im Namen festgehalten.

Kennzeichen

Vergleichsweise großer und hochrückiger Vertreter der *P.-elongatus*-Artengruppe, der eine Gesamtlänge von etwa 11 bis 13 cm erreicht. Dominante Männchen tragen ein Zeichnungsmuster aus breiten schwarzen Querstreifen auf hellblauem Grund. Die Rückenflosse ist schwarz mit weißem Saum. Die Weibchen sind analog gefärbt, weisen aber mehr bräunliche Farbtöne auf.

Verbreitung

Wir fanden diese Art bei Nkanda sowie am Ponton in Mbamba Bay. Vermutlich weite Verbreitung in geeigneten Lebensräumen.

Lebensraum und Ernährung

Wir beobachteten *P.* „Elongatus Sand" über sandigen Untergründen in der Nähe von Felsen bzw. in der näheren Umgebung des am Strand von Mbamba Bay gesunkenen Pontons. Am Ponton lag die Wassertiefe zwischen 8 und 16 m. Offenbar legt *P.* „Elongatus Sand" weite Strecken über Sand zurück, denn diese Art suchte nicht die Deckung des Pontons, sondern lebte auf den umliegenden Sandflächen. Obwohl wir mehrere vollgefärbte Männchen beobachteten, konnte wir keinerlei Revierverhalten feststellen. Männchen wie Weibchen schwammen einzeln oder in kleinen Gruppen. Einige Tiere nahmen Nahrung vom Untergrund auf. Bei Nkanda fingen wir ein Pärchen dieses

Cichliden in einer Reuse, die in 56 m Tiefe auf Grund gelegen hatte (gemessen mit einem an der Reuse befestigten Schlepptiefenanzeiger).

Ähnliche Arten

Es ist unübersehbar, daß *P.* „Elongatus Sand" eine hohe Ähnlichkeit zu *P.* „Elongatus Robust" aufweist. Zwar sprechen die unterschiedliche Lebensweise sowie das bei *P.* „Elongatus Sand" fehlende Revierverhalten dafür, daß es sich um eine andere Art handelt. Es kann aber nach dem gegenwärtigen Kenntnisstand nicht mit letzter Sicherheit ausgeschlossen werden, daß es sich bei *P.* „Elongatus Sand" nicht um die „Sand-Form" von *P.* „Elongatus Robust" handelt. Zur Klärung dieser Frage sind eingehendere Untersuchungen erforderlich.

Das Livingstone Gebirge bei Nkanda.

Pseudotropheus „Elongatus Sand" (Ponton, Mbamba Bay)

Pseudotropheus „Elongatus Sand", Weibchen (Ponton, Mbamba Bay)

Pseudotropheus „Elongatus Spot"

Name

Der Name bezieht sich auf die leuchtende Punktreihe auf der oberen Körperhälfte.

Kennzeichen

Mittelgroßer, extrem langgestreckter Cichlide, der eine Gesamtlänge von etwa 9 bis 11 cm aufweist. Dominante Männchen sind tiefbraun, fast schwarz. Zwischen den Augen sind zwei hellblaue Streifen sichtbar. Derartige Interorbitalstreifen zeigen viele Mbunas, doch fallen sie bei dieser Art besonders auf. Auf dem vorderen Rückenbereich ist eine Anzahl von senkrechten kurzen hellblauen Strichen erkennbar. Diese Striche sind als letzte Reste der hellblauen Grundfärbung zu interpretieren, die bei verwandten Arten mit Querstreifenmuster noch vollständig zwischen den dunklen Querstreifen erkennbar ist. Bei manchen Männchen ist der hintere Bereich des Körpers, insbesondere die Schwanzwurzel heller gefärbt und zeigt Ansätze eines Querstreifenmusters. Die Ausbildung kompletter Querstreifen scheint auch populationsabhängig zu sein (s. u.). Unterlegene Männchen sind hellbräunlich. Die Weibchen sind grau bis leicht bläulich und tragen ein angedeutetes Querstreifenmuster. In den Rücken- und Afterflossen ist ein schwarzer Längsstreifen ausgebildet. Im unteren und oberen Bereich der Schwanzflosse befinden sich ebenfalls schwarze Streifen.

Verbreitung

P. „Elongatus Spot" besitzt ein weites Verbreitungsgebiet. Wir fanden diese Art bei Puulu Island, Hongi Island, Lundo Island, an den Felsküsten nördlich Mbamba Bay sowie bei Undu Point.

Lebensraum und Ernährung

Diese Art bevorzugt Felsen oder große Steine im flachen Wasser von etwa 3 bis 5 m Tiefe, dringt aber bis in Tiefen von mindestens 15 m vor. Bei Hongi Island ist P. „Elongatus Spot" relativ häufig anzutreffen. Männchen und Weibchen leben hier auf den Oberflächen der Felsen und fressen Aufwuchs. Dominante Männchen verhalten sich standorttreu, verteidigen ihre Reviere aber nicht mit Nachdruck gegen andere Cichliden.

Ähnliche Arten

Anhand der extrem langgestreckten Körperform in Verbindung mit den „Leuchtpunkten" auf dem oberen Rückenbereich ist diese Art leicht zu erkennen. Ein in bezug auf diese Eigenschaften ähnlicher Cichlide ist als P. „Elongatus Ruarwe" (Nordwestküste) bekanntgeworden (KONINGS 1992: 384).

Anmerkungen

In der Population von Hongi Island fanden wir dominante Männchen, die ein nahezu vollständiges Querstreifenmuster aufwiesen. Bei diesen Exemplaren waren die hellen Striche nach unten entsprechend verlängert bzw. die dunklen Pigmente verliefen auch in der unteren Körperhälfte nicht ineinander, sondern waren in Form von Querstreifen ausgebildet. Weiterhin ist anzumerken, daß die dunkle Grundfärbung in der Population von Puulu Island eher blauschwarz und nicht bräunlich wie in den anderen Populationen ist.

Pseudotropheus „Elongatus Spot" (Mbamba Bay, Nordküste)

Pseudotropheus „Elongatus Spot", Weibchen (Lundo Island)

Pseudotropheus „Elongatus Spot" (Lundo Island)

Pseudotropheus „Elongatus Spot" (Puulu Island)

Pseudotropheus „Elongatus Spot" (Undu Point)

253

Die *Pseudotropheus-tropheops*-Artengruppe

In der *P.-tropheops*-Artengruppe werden Mbunas zusammengefaßt, die als gemeinsame Merkmale eine steil ansteigende Stirnlinie sowie eine besondere Freßtechnik aufweisen. Der Felsaufwuchs wird mit einer seitlichen und nach oben gerichteten Kopfbewegung abgebissen bzw. abgerissen. Allein anhand dieser Verhaltensweise sind die Vertreter dieser Artengruppe im Freiland zu erkennen.

Die meisten Arten besiedeln felsige oder steinige Bereiche und sind spezialisierte Aufwuchsfresser. Die Männchen sind territorial.

An den Küsten von Malawi sind 34 Populationen nachgewiesen worden (RIBBINK et al. 1983: 168). Die Autoren verwendeten den Ausdruck Artenkomplex, um deutlich zu machen, daß es sich um eine monophyletische Einheit handelt (vgl. den einleitenden Text zu den Mbunas). Dies bedeutet, daß alle Arten oder Populationen auf eine nur ihnen gemeinsame Stammart zurückgehen, also alle gleich eng miteinander verwandt sind. Nach Ansicht des Verfassers lassen sich mindestens vier Arten, die sich durch einen gestreckteren Körperbau auszeichnen, als gesonderte Stammeslinie abgrenzen (*P.* „Tropheops Red Fin", *P.* „Tropheops Sand", *P.* „Tropheops Membe", *P.* „Tropheops Mumbo"; die letztgenannte Art wurde von den genannten Autoren als „Zebra Mumbo" eingestuft, doch läßt sich dieser Cichlide anhand der Freßtechnik eindeutig als „Tropheops" bestimmen).

Wissenschaftlich beschriebene Arten sind *P. tropheops* REGAN 1922, *P. microstoma* TREWAVAS 1935, *P. novemfasciatus* REGAN 1922 sowie *P. macropthalmus* AHL 1927. Während die Belegexemplare der ersten drei Arten in Malawi gesammelt worden sind (TREWAVAS 1935:

75), stammt *P. macropthalmus* von der Nordostküste (Lumbira; seinerzeit Langenburg) des Sees (AHL 1927: 54). Leider basieren diese älteren Erstbeschreibungen allein auf morphologischen Kriterien. Damals war unbekannt, daß es eine Anzahl von nahverwandten Arten gibt, die sich morphologisch kaum unterscheiden, wohl aber anhand der Farbkleider abgegrenzt werden können. Da die Lebendfärbung der seinerzeit gefangenen Belegexemplare unbekannt blieb, ist die Identität dieser Arten nicht aufgeklärt. Es dürfte kriminalistische Detailarbeit erfordern, um zu zeigen, welche Populationen im See zu den damals beschriebenen Arten gehören.

Darüber hinaus ist diese Artengruppe als taxonomisch äußerst schwierig einzustufen, da sich viele Arten sehr ähnlich sind. An manchen Stellen teilen sich fünf verschiedene Arten einen Lebensraum (sympatrische Arten), so daß offensichtlich ist, daß es sich um „gute" Arten handelt. Bei Populationen, die an verschiedenen Küstenabschnitten leben, ist es dagegen sehr schwer festzustellen, ob es sich um Standortvarianten einer weitverbreiteten Art oder bereits um eigenständige Arten handelt.

Vor diesem Hintergrund ist zu betonen, daß die hier vorgelegten Ergebnisse nur erste Ansätze darstellen können.

Nachfolgend sind 12 Arten aus Tansania in Text und Bild wiedergegeben, die besonders häufig vorkommen oder uns anderweitig aufgefallen sind. Einige dieser Arten sind bereits von Küstenabschnitten aus Malawi bekannt.

Pseudotropheus „Tropheops Big Blue Yellow"

Name

Der Name bezieht sich auf die Farbgebung und Größe dieser Art.

Kennzeichen

Mittelgroßer bis großer Mbuna, der eine Gesamtlängen von ungefähr 12 bis 14 cm erreicht. Neben der für die Vertreter dieser Artengruppe typischen steil ansteigenden Stirnlinie, fällt P. „Tropheops Big Blue Yellow" durch den gelben Wangen- und Bauchbereich in Verbindung mit der kräftig blauen Grundfärbung auf. Die Ausbildung der gelben Färbung ist individuell unterschiedlich. Das Zeichnungsmuster besteht aus schwach ausgebildeten Querstreifen. Die Weibchen zeigen eine silbrig-blaugraue Grundfärbung mit angedeuteten Querstreifen.

Verbreitung

Wir fanden diesen Cichliden bei Lupingu, Cove Mountain, Tumbi Rocks und Lundo Island.

Lebensraum und Ernährung

P. „Tropheops Big Blue Yellow" besiedelt felsige und gemischte Untergründe. Die bevorzugte Wassertiefe liegt etwa zwischen 3 und 10 m. Die Männchen sind territorial. Weibchen fanden wir einzeln. Wie fast alle Vertreter dieser Artengruppe ernährt sich P. „Tropheops Big Blue Yellow" überwiegend von Felsaufwuchs.

Ähnliche Arten

Von den in Tansania lebenden Arten sind insbesondere P. „Tropheops Yellow Head" und P. „Tropheops Rusty Hongi" hier zu nennen. Von beiden Arten unterscheidet sich P. „Tropheops Big Blue Yellow" durch seine klare und kräftig blaue Grundfärbung. Ähnliche Arten aus Malawi sind P. „Tropheops Mbenji Blue", P. „Tropheops Lilac Maleri" und P. „Tropheops Yellow Chin" (RIBBINK et al. 1983: 173, 175).

Pseudotropheus „Tropheops Big Blue Yellow"
(Cove Mountain)

Pseudotropheus „Tropheops Big Blue Yellow"
(Lundo Island)

Pseudotropheus „Tropheops Checkered"

Name

Der Name bezieht sich auf das schachbrettartige Zeichnungsmuster aus horizontalen und vertikalen Elementen.

Kennzeichen

Mittelgroßer, mäßig hochrückiger Mbuna mit gelborangem Brust- und Schulterbereich. Die Gesamtlänge beträgt etwa 10 bis 12 cm. Das Zeichnungsmuster besteht aus einem zentralen Längsstreifen sowie einem zweiten, meist schwächer ausgeprägten Längsstreifen, der etwa mittig auf der oberen Körperhälfte verläuft. Beide Längsstreifen sind in der Regel unterbrochen bzw. zu Punktreihen aufgelöst. Dunkle Querstreifen sind insbesondere bei dominanten Männchen erkennbar. Weibchen zeigen nur angedeutete Querstreifen. Bemerkenswert ist, daß auch der zweite Längsstreifen selbst bei voll gefärbten Männchen sichtbar ist, so daß eine schachbrettartige Musterung im Schulterbereich zu sehen ist. Die Grundfärbung der Männchen ist blaugrünlich. Der Brust-, Schulter- und vordere Rückenbereich sind mit gelben bis orangen Pigmenten überzogen. Der hintere Bereich des Kiemendeckels ist ebenfalls gelborange. Ähnlich gefärbt sind auch die Bauchflossen, die zudem einen schwarzen Längsstreifen sowie eine weiße Vorderkante zeigen. Die Weibchen tragen eine graue bis bräunliche Grundfärbung.

Verbreitung

P. „Tropheops Checkered" fanden wir an den Küsten im nördlichen Bereich des Livingstone Gebirges (Ikombe, Nkanda, Lumbira, Kirondo und Lupingu).

Lebensraum und Ernährung

Diese Art besiedelt steinige und gemischte Untergründe in Tiefen von etwa 3 bis 15 m. Nur selten konnten wir P. „Tropheops Checkered" in tieferen Wasserschichten nachweisen. Die Männchen sind strikt territorial, während die Weibchen einzeln oder, je nach Populationsdichte, in kleinen Gruppen leben. P. „Tropheops Checkered" ernährt sich von Aufwuchs, nimmt aber auch Nahrung vom Untergrund oder aus den Sedimentschichten, die sich auf Steinen abgelagert haben, auf.

Ähnliche Arten

Bemerkenswert ist, daß wir diese Art nur an den nördlichen Küsten vorfanden. Südlich der Ruhuru-Mündung lebt P. „Tropheops Rusty Hongi". Dieser Cichlide weist eine vergleichbare Farbgebung auf, besitzt aber kein schachbrettartiges Zeichnungsmuster im männlichen Geschlecht.

Pseudotropheus „Tropheops Checkered", Weibchen (Kirondo)

256

Pseudotropheus „Tropheops Checkered" (Ikombe)

Pseudotropheus „Tropheops Checkered" (Kirondo)

257

Pseudotropheus „Tropheops Chilumba"

Name

Der Name ist in der Aquaristik bereits seit Anfang der achtziger Jahre für diesen Cichliden gebräuchlich. Chilumba ist eine bekannte Ortschaft am nördlichen Westufer des Sees.

Kennzeichen

Mittelgroßer, im Alter hochrückiger Mbuna, der meist eine Gesamtlänge von etwa 10 bis 12 cm aufweist. Die Männchen sind bläulich bis dunkelblau und tragen auf den Flanken schwarze Querstreifen. Die Flossen sind schwärzlich. Die Rückenflosse weist einen weißen Saum auf. Jungtiere und Weibchen sind einheitlich orangegelb. Als Zeichnungsmuster sind manchmal Querstreifen oder ein zentraler Längsstreifen schwach angedeutet. Die farbliche Variabilität der dominanten Männchen ist unter „Anmerkungen" aufgeführt.

Verbreitung

P. „Tropheops Chilumba" ist an der Nordwestküste im Bereich von Chilumba häufig anzutreffen (Chitendi Island, Katari Island, Mpanga Rocks, Chirwa Island, Chewere; eig. Beobachtungen). In Tansania fanden wir diesen Cichliden in Mbamba Bay bei Mara Rocks. Vermutlich weitere Verbreitung im Bereich von Mbamba Bay. Es ist bemerkenswert, daß *P.* „Tropheops Chilumba" offenbar nicht analog zur Westküste an den nördlichen Küsten Tansanias anzutreffen ist, stattdessen aber wesentlich weiter südlich.

Lebensraum und Ernährung

Diese Art besiedelt steinige und felsige Untergründe. Der Lebensraum, in dem wir *P.* „Tropheops Chilumba" bei Mara Rocks beobachteten, besteht aus großen, weitgehend sedimentfreien Felsen. An der Nordwestküste im Bereich von Chilumba bewohnt *P.* „Tropheops Chilumba" Untergründe mit mittelgroßen und großen Steinen und kann dort z. T. auch in der gemischten Zone angetroffen werden. Je nach Fundort lebt diese Art in Tiefen von 3 bis 15 m. Die Männchen sind strikt territorial. Als Revier wird in der Regel eine Stein- oder Felsoberfläche verteidigt. Bei Mara Rocks fanden wir nur wenige Exemplare. Im Bereich von Chilumba zählt *P.* „Tropheops Chilumba" zu den häufigsten Vertretern dieser Artengruppe. Die Weibchen kommen meist einzeln vor. *P.* „Tropheops Chilumba" ernährt sich in erster Linie von Aufwuchs.

Ähnliche Arten

Im Südosten des Sees lebt bei West Reef und Eccles Reef *P.* „Tropheops Black Dorsal" (RIB-BINK et al. 1983: 171), der in beiden Geschlechtern eine ähnliche Färbung aufweist. Die Männchen zeigen eine bläuliche Grundfärbung und schwärzliche Flossen. Die Weibchen sind gelb.

Anmerkungen

Erstaunlich ist die farbliche Variabilität der Population von Chilumba. Einige Männchen tragen einen roten Fleck am oberen Ende des Kiemendeckels, der sich insbesondere bei hellgefärbten Tieren deutlich abhebt. Weiterhin zeigen manche Exemplare zusätzlich rote Pigmente in den Rükken- und Bauchflossen. In seltenen Fällen ist fast der gesamte Kopf rötlich gefärbt. Diese Variation trafen wir nicht in der Population von Mara Rocks (Mbamba Bay) an. Allerdings konnten wir hier nur verhältnismäßig wenige Exemplare beobachten, so daß Aussagen zur farblichen Variabilität nur eingeschränkt möglich sind.

Pseudotropheus „Tropheops Chilumba" (Mara Rocks, Mbamba Bay)

Pseudotropheus „Tropheops Chilumba" (Mpanga Rocks, Chilumba)

Pseudotropheus „Tropheops Chilumba" (Aquarien-foto)

Pseudotropheus „Tropheops Chilumba", Weibchen (Chitendi Island, Chilumba)

Pseudotropheus „Tropheops Chilumba" (Chewere, Chilumba)

259

Pseudotropheus „Tropheops Chitande Yellow"

Name

Der Arbeitsname wurde von Ribbink et al. (1983: 180) vorgeschlagen, die diese Art u. a. bei Chitendi Island (engl. „Chitande") nachwiesen.

Kennzeichen

Mit etwa 11 bis 13 cm Gesamtlänge zählt dieser Cichlide zu den mittelgroßen Mbunas. Dominante Männchen sind einheitlich leuchtend gelb gefärbt. In manchen Populationen trägt die Afterflosse einen schwarzen Längsstreifen. Die Weibchen sind einfarbig grau und zeigen mitunter ein angedeutetes Längs- und Querstreifenmuster. Der zentrale Längsstreifen ist meist zu Flecken aufgelöst.

Verbreitung

An den Küsten Malawis ist *P.* „Tropheops Chitande Yellow" bei Chilumba verbreitet (Chitendi Island, Chirwa Island). In Tansania fanden wir *P.* „Tropheops Chitande Yellow" bei Ikombe, Kirondo, Pombo Reef und Hongi Island. Vermutlich weite Verbreitung im Bereich zwischen Ikombe und Hongi Island.

Lebensraum und Ernährung

An den Küsten Tansanias beobachteten wir *P.* „Tropheops Chitande Yellow" vorwiegend über steinigen und felsigen Untergründen, selten auch in gemischten Bereichen. Ribbink et al. berichten dagegen, daß diese Art an der Nordwestküste ein typischer Bewohner gemischter Untergründe sei. Die Männchen verteidigen Reviere, die zumeist zwischen oder vor Steinen liegen. Durch ihre leuchtende Färbung und das territoriale Verhalten sind die Männchen sehr auffällig. Die Weibchen leben einzeln und sind im Gegensatz zu den Männchen nur schwer zu entdecken. Wie fast alle Vertreter dieser Artengruppe ernährt sich *P.* „Tropheops Chitande Yellow" überwiegend von Aufwuchs.

Ähnliche Arten

Eine andere Art, die im männlichen Geschlecht eine mehr oder weniger gelbe Grundfärbung aufweist, ist *P.* „Tropheops Olive" (s. u.). Dieser Cichlide zeigt jedoch meist keine rein gelbe Pigmentierung. Insbesondere der untere Kopf- und Körperbereich ist schwärzlich. Das Zeichnungsmuster besteht bei dieser Art aus deutlichen Quer- und Längsstreifen, die ein schachbrettartiges Muster bilden. Südlich der Ruhuru-Mündung tritt ein weiterer ähnlicher Cichlide auf, der im folgenden Text als *P.* „Tropheops Yellow Head" aufgeführt ist. Einige Populationen dieser Art zeigen auch gelbe Pigmente auf den Flanken, so daß bei manchen Exemplaren nicht eindeutig erkennbar war, ob es sich um *P.* „Tropheops Yellow Head" mit besonders stark ausgeprägten gelben Pigmenten oder um *P.* „Tropheops Chitande Yellow" mit schwacher gelber Färbung handelte.

Pseudotropheus „Tropheops Chitande Yellow"
(Hongi Island)

Pseudotropheus „Tropheops Chitande Yellow" (Ikombe)

Pseudotropheus „Tropheops Chitande Yellow" (Chirwa Island, Chilumba)

Pseudotropheus „Tropheops Chitande Yellow" (Kirondo)

261

Pseudotropheus „Tropheops Mbamba"

Name

Der Name bezieht sich auf den Fundort Mbamba Bay, wo diese Art häufig vorkommt.

Kennzeichen

Mittelgroßer, vergleichsweise langgestreckter Vertreter der *P.-tropheops*-Artengruppe. Die Gesamtlänge der meisten Exemplare liegt bei 10 bis 12 cm. Dominante Männchen sind bläulich und zeigen einen gelben Kehl- und Brustbereich. Die Rücken- und Bauchflossen sind ebenfalls gelblich. Die Afterflosse trägt einen schwarzen Längsstreifen. Die Weibchen sind einfarbig grau bis braun und tragen ein aus schwachen Quer- und einem zentralen Längsstreifen angedeutetes Zeichnungsmuster.

Verbreitung

Die Verbreitung von *P.* „Tropheops Mbamba" scheint auf die südlichen Küsten Tansanias beschränkt zu sein. Wir fanden diese Art bei Puulu Island und besonders häufig bei Mbamba Bay (Luhuchi Rocks, Mara Rocks, Ngkuyo Island).

Lebensraum und Ernährung

Bei Mbamba Bay besteht der Lebensraum von *P.* „Tropheops Mbamba" überwiegend aus Felsen und großen Steinen. An der Insel Puulu fanden wir diese Art auch in der gemischten Zone, stets aber an Steinen orientiert lebend. Die Männchen sind territorial und verteidigen intensiv ihre Reviere, die sich auf Felsoberflächen oder zwischen großen Steinen befinden. Die Weibchen scheinen überwiegend einzeln vorzukommen. *P.* „Tropheops Mbamba" ernährt sich in erster Linie von Felsaufwuchs.

Ähnliche Arten

Von den anderen tansanischen Arten dieser Gruppe, die eine vergleichbare Färbung aufweisen (*P.* „Tropheops Big Blue Yellow", *P.* „Tropheops Yellow Head", *P.* „Tropheops Rusty Hongi"), unterscheidet sich *P.* „Tropheops Mbamba" durch seine verhältnismäßig gestreckte Körperform und geringe Größe. Aus Malawi sind sehr ähnliche und ebenfalls gestreckte Populationen unter den Bezeichnungen *P.* „Tropheops Lilac Mumbo" (Mumbo Island) und *P.* „Tropheops Yellow Chin" (Likoma, Chisumulu) bekanntgeworden (RIBBINK et al. 1983: 173, 175). Weitere ähnliche Populationen leben an der zu Malawi gehörenden Ostküste (Makanjila/Fort Maguire) sowie an der Nordwestküste bei Chilumba (eig. Beobachtungen).

Anmerkungen

Die Ausbildung der gelben Färbung im Brust- und Bauchbereich variiert offenbar innerhalb einer Population erheblich. Bei Ngkuyo Island (Mbamba Bay) fanden wir einige Männchen, bei denen mehr als die Hälfte der Flanken gelb gefärbt war.

Pseudotropheus „Tropheops Mbamba",
Weibchen (Ngkuyo Island, Mbamba Bay)

Pseudotropheus „Tropheops Mbamba" (Ngkuyo Island, Mbamba Bay)

Pseudotropheus „Tropheops Mbamba",
Weibchen (Mara Rocks, Mbamba Bay)

Pseudotropheus „Tropheops Mbamba" (Puulu
Island)

Pseudotropheus „Tropheops Mbamba" (Mara
Rocks, Mbamba Bay)

Pseudotropheus „Tropheops Mbamba" (Ngkuyo
Island, Mbamba Bay)

263

Pseudotropheus „Tropheops Mutant"

Von diesem interessant gefärbten Cichliden fanden wir nur ein einziges Exemplar. Es handelte sich um ein Männchen, welches uns bei Cove Mountain in einer Tiefe von 6 m auffiel. Es lebte genau an der Grenze vom auslaufenden Sandgrund zum tieferliegenden, steinigen bzw. gemischten Untergrund und verteidigte intensiv ein Revier von etwa 1 × 1 m gegen alle anderen Fische. Das Zentrum des Reviers war die ebenmäßige Oberfläche eines länglichen Steins (ca. 1 × 0,5 m).

Obwohl wir dieses Männchen mehr als 20 Minuten beobachteten, konnten wir keine Weibchen entdecken. Ungewöhnlich ist die kontrastreiche und unter Wasser von weitem zu erkennende, schwarzgelbe Färbung. Wir untersuchten intensiv die nähere Umgebung, fanden aber keinen weiteren Cichliden mit einer vergleichbaren Färbung. Somit ist nicht auszuschließen, daß das Männchen ein ungewöhnlich gefärbtes Exemplar von P. „Tropheops Chitande Yellow" darstellte, welches durch eine Farbmutation schwarze Pigmente ausgebildet hat. Möglicherweise werden zukünftig weitere Exemplare dieses interessant gefärbten Cichliden gefunden, so daß geklärt werden kann, ob es sich um eine eigenständige Art handelt oder nicht.

Pseudotropheus „Tropheops Mutant" (Cove Mountain)

Pseudotropheus „Tropheops Olive"

Name

Der Name wurde von RIBBINK und Mitarbeitern (1983: 177) vergeben, die diesen Cichliden an der Nordwestküste entdeckten.

Kennzeichen

Mittelgroße, mäßig hochrückige Mbuna-Art. Die Gesamtlänge beträgt in der Regel 10 bis 12 cm. Die Körpergrundfärbung der Männchen ist grünlichgelb. Je nach Ausfärbung des Männchens schimmert das schwarze, schachbrettartige Zeichnungsmuster als schwärzliche Pigmenteinlagerungen auf den Flanken durch. Bei dominanten Männchen sind die Kehle sowie der untere Körperbereich häufig schwarz. Die Weibchen sind weißlich bis grau und tragen ein charakteristisches Zeichnungsmuster aus dunklen bis schwarzen Querstreifen sowie zwei teilweise unterbrochenen Längsstreifen, so daß sich ein schachbrettartiges Muster ergibt. Bei manchen Weibchen sind auch die Querstreifen unterbrochen. Die Querstreifen setzen sich häufig als dunkle Flecken in der Rückenflosse fort.

Verbreitung

In Malawi lebt *P.* „Tropheops Olive" an der Nordwestküste im Bereich von Chirombo (südlich Nkhata Bay) bis etwa Chilumba (RIBBINK et al. 1983: 177). In Tansania fanden wir diese Art bei Kirondo, Cove Mountain und an den Felsküsten nördlich von Manda. Vermutlich ist *P.* „Tropheops Olive" an den nördlichen Küsten von Tansania weitverbreitet.

Lebensraum und Ernährung

P. „Tropheops Olive" bevorzugt Lebensräume mit großen Steinen oder Felsen im flachen Wasser. Die meisten Exemplare beobachteten wir zwischen 3 und 5 m Tiefe. Die Männchen sind strikt territorial und verteidigen ihre Reviere gegen jeden Eindringling. Die Weibchen leben einzeln oder in kleinen Gruppen. *P.* „Tropheops Olive" ernährt sich wie fast alle Vertreter dieser Artengruppe von Felsaufwuchs.

Ähnliche Arten

Jungtiere, Weibchen sowie nicht voll gefärbte Männchen lassen sich leicht anhand des schachbrettartigen Zeichnungsmusters erkennen. Dominante Männchen, die nur wenig schwarze Pigmente aufweisen, sind mitunter fast so gelb wie die Männchen von *P.* „Tropheops Chitande Yellow".

Pseudotropheus „Tropheops Olive", Weibchen (Cove Mountain)

Pseudotropheus „Tropheops Olive" (Kirondo)

Pseudotropheus „Tropheops Olive" (Mpanga Rocks, Chilumba)

Pseudotropheus „Tropheops Olive", Weibchen (Mpanga Rocks, Chilumba)

Pseudotropheus „Tropheops Red Fin"

Name

Der Name bezieht sich auf die rötliche bis gelbe Afterflosse der Weibchen (Ribbink et al. 1983: 179).

Kennzeichen

Langgestreckter Vertreter der *P.-tropheops*-Artengruppe, der eine Gesamtlänge von etwa 10 bis 13 cm aufweist. Dominante Männchen zeigen eine überwiegend gelbe Färbung. Der Kopf sowie der untere Körperbereich sind bei manchen Männchen bräunlich bis bläulich. Individuell unterschiedlich sind dunkle Querstreifen ausgebildet. Die Afterflosse trägt schwärzliche Pigmente oder einen schwarzen Längsstreifen. Die Rückenflosse ist bräunlich bis leuchtend gelb. Die Weibchen besitzen eine graue bis beige Grundfärbung. Die Afterflosse oder mindestens der hintere Bereich der Afterflosse ist gelb bis orange. Manche Weibchen und Jungtiere weisen auch gelborange Pigmente in der unteren Hälfte der Schwanzflosse auf. Weiterhin zeigen die Weibchen einen schwarzen Längsstreifen in der Rückenflosse, was insofern bemerkenswert ist, als daß die Männchen keinen solchen Längsstreifen bzw. nur einige schwarze Pigmente in der Rückenflosse besitzen. Ein Querstreifenmuster ist bei den Weibchen nur schwach angedeutet. Die Population von Njambe zeigt in beiden Geschlechtern eine von allen anderen Populationen abweichende Färbung (s. u.).

*Pseudotropheus „*Tropheops Red Fin" (Hai Reef)

Verbreitung

In Malawi ist *P.* „Tropheops Red Fin" an der Nordwestküste im Bereich von Mara Rocks (Usisya) bis etwa Chilumba verbreitet. An der tansanischen Küste fanden wir diese Art bei Njambe, Puulu Island, Hongi Island, Lundo Island, Mbamba Bay (Ngkuyo Island, Mara Rocks), Undu Point sowie bei Hai Reef. An allen Fundorten war *P.* „Tropheops Red Fin" häufig anzutreffen.

Lebensraum und Ernährung

P. „Tropheops Red Fin" besiedelt gleichermaßen felsige und gemischte Untergründe und ist vom Flachwasser bis in Tiefen von mindestens 35 m anzutreffen. Die Männchen verhalten sich territorial. Meist wird ein Bereich am Fuße eines Felsens oder zwischen Steinen verteidigt. Manche Männchen betrachten auch die ebene Oberfläche eines Felsens als Revier und verteidigen diese entsprechend. Die Weibchen leben einzeln oder in kleinen Gruppen. *P.* „Tropheops Red Fin" ernährt sich von Felsaufwuchs, nimmt aber auch Nahrung vom Untergrund bzw. aus den Sedimentschichten auf, die sich je nach Wassertiefe und Biotop auf Steinen oder Felsen ablagern.

Ähnliche Arten

P. „Tropheops Red Fin" fällt durch seine im Verhältnis zu anderen Vertretern der *P.-tropheops*-Artengruppe schlanke Körperform auf. Weitere langgestreckte Arten sind *P.* „Tropheops Sand" (s. u.) sowie *P.* „Tropheops Mumbo" und *P.* „Tropheops Membe" von Mumbo Island bzw. Likoma. Die letztgenannte Art dürfte aufgrund ihrer Färbung enger mit *P.* „Tropheops Red Fin" verwandt sein. Anhand der schlanken Körperform lassen sich diese Arten gegenüber den anderen, hochrückigeren Vertretern dieser Gruppe abgrenzen (vgl. auch die Einleitung zu dieser Artengruppe).

Anmerkungen

Bis auf eine Ausnahme sind alle Populationen dieser Art sowohl an der Nordwestküste als auch an der tansanischen Küste in beiden Geschlechtern jeweils vergleichbar gefärbt. Die Ausnahme stellt die Njambe-Population dar, die im männlichen Geschlecht sehr dunkel gefärbt ist und in der Rückenflosse einen breiten schwarzen Längsstreifen sowie einen weißen Saum trägt. Die Weibchen der Njambe-Population sind hellbeige und zeigen ebenfalls einen schwarzen Längsstreifen mit weißem Saum in der Rückenflosse. Bemerkenswert ist, daß die Weibchen hier keine gelborange Afterflosse besitzen. Stattdessen ist hier ein breiter schwarzer Längsstreifen ausgebildet. Auch die oberen und unteren Bereiche der Schwanzflosse enthalten schwarze Pigmente. Der Lebensraum bei Njambe wich ebenfalls deutlich von den Biotopen ab, in denen wir diese Art sonst antrafen. Nur wenige, vereinzelte große Steine und Felsen befanden sich hier auf sandigem und kiesigem Grund. Insbesondere die Weibchen von *P.* „Tropheops Red Fin" entfernten sich sehr weit von den schützenden Felsen und nahmen Nahrungspartikel vom Untergrund auf. Die Männchen verteidigten Reviere am Fuße von Felsen. Die Populationsdichte war hier allerdings deutlich kleiner als an anderen Stellen.

Pseudotropheus „Tropheops Red Fin" (Tansania, Aquarienfoto)

268

Pseudotropheus „Tropheops Red Fin", Weibchen (Njambe)

Pseudotropheus „Tropheops Red Fin" (Njambe)

Pseudotropheus „Tropheops Red Fin", Weibchen (Mara Rocks, Mbamba Bay)

Pseudotropheus „Tropheops Red Fin" (Hongi Island)

Pseudotropheus „Tropheops Red Fin" (Ngkuyo Island, Mbamba Bay)

Pseudotropheus „Tropheops Red Fin", Weibchen (Ngkuyo Island, Mbamba Bay)

269

Pseudotropheus „Tropheops Rusty Hongi"

Name

Der Name bezieht sich auf den gelblichen bis rostfarbenen Brustbereich.

Kennzeichen

Mittelgroßer, mäßig hochrückiger Vertreter der *P.-tropheops*-Artengruppe, der eine Gesamtlänge von etwa 11 bis 13 cm aufweist. Dominante Männchen tragen eine blaue bis schwärzliche Grundfärbung, die besonders intensiv auf dem Kopf und Vorderkörper ausgebildet ist. Der hintere Teil des Kiemendeckels sowie der Brust- und Bauchbereich sind gelblich. Stimmungsabhängig sind dunkle Querstreifen zu sehen. Die Weibchen sind graubraun und zeigen ein Zeichnungsmuster aus Querstreifen. Häufig sind auch zwei unterbrochene Längsstreifen erkennbar.

Verbreitung

P. „Tropheops Rusty Hongi" fanden wir bei Tumbi Rocks, Hongi Island und Lundo Island.

Möglicherweise weitere Verbreitung. Keine häufig anzutreffende Art.

Lebensraum und Ernährung

Der Lebensraum dieses Cichliden liegt über felsigen und steinigen Untergründen. *P.* „Tropheops Rusty Hongi" bevorzugt offenbar flache Wasserschichten; selten trafen wir diese Art in Wassertiefen von mehr als 10 m an. Die Männchen sind revierbildend. Wir sahen nur wenige, einzeln lebende Weibchen. *P.* „Tropheops Rusty Hongi" ernährt sich überwiegend von Aufwuchs, der vom Untergrund abgezupft wird.

Ähnliche Arten

Eine ähnliche Art ist *P.* „Tropheops Checkered". Diesen Cichliden fanden wir nur nördlich der Ruhuru Mündung. Möglicherweise handelt es sich bei *P.* „Tropheops Rusty Hongi" um eine engverwandte Art oder aber um die südliche Standortvariante von *P.* „Tropheops Chekkered".

Pseudotropheus „Tropheops Rusty Hongi" (Lundo Island)

Pseudotropheus „Tropheops Rusty Hongi" (Hongi Island)

Die Insel Hongi besteht überwiegend aus großen Felsblöcken, die sich auch unter Wasser fortsetzen.

271

Pseudotropheus „Tropheops Sand"

Name

Der Name bezieht sich auf die Lebensweise dieses Cichliden über vorwiegend sandigen Untergründen.

Kennzeichen

Mittelgroßer, verhältnismäßig langgestreckter „Tropheops" mit flachem Kopfprofil. Die meisten Exemplare sind etwa 10 bis 12 cm groß (Gesamtlänge). Die Grundfärbung der Männchen ist überwiegend bräunlichgelb mit blauem Glanz auf den Flanken. Stimmungsabhängig sind dunkelbraune Querstreifen ausgebildet. Der Kopf ist dunkel bis dunkelblau. Die Gelbfärbung erstreckt sich vorwiegend auf den Brust-, Schulter- und vorderen Rückenbereich. Die Männchen zeigen zudem einen auffallend großen Eifleck in der Afterflosse. Die Weibchen sind einheitlich grau bis beigefarben.

Verbreitung

P. „Tropheops Sand" dürfte an der tansanischen Küste eine weite Verbreitung besitzen. Wir fanden diese Art bei Nkanda, Lumbira, Makonde, an den Felsküsten nördlich von Manda, bei Lundu sowie bei Hai Reef (vgl. zum letztgenannten Fundort die Anmerkungen).

Lebensraum und Ernährung

P. „Tropheops Sand" bewohnt sandige Untergründe in der Nähe von großen Steinen oder Felsen. Besonders häufig fanden wir *P.* „Tropheops Sand" im tiefen Wasser von etwa 30 bis 40 m. In Abhängigkeit von der Untergrundbeschaffenheit lebt diese Art aber auch im flachen Wasser von etwa 5 bis 10 m Tiefe. Die meisten Männchen verhalten sich nicht territorial, sondern bewegen

sich ohne erkennbares Ziel über dem Untergrund. Manche Männchen halten sich bevorzugt in der Nähe von Felsen auf. Zu berücksichtigen ist hier, daß die Fischdichte in großen Tiefen nur gering ist, und nur wenige Artgenossen oder andere Cichliden die Männchen zur Revierverteidigung herausfordern. Die Weibchen leben einzeln oder, seltener, in kleinen Gruppen von zwei bis drei Exemplaren. *P.* „Tropheops Sand" ernährt sich nach unseren Beobachtungen von organischen Stoffen und Kleintieren, die vom Untergrund bzw. aus dem Sediment aufgenommen werden.

Ähnliche Arten

Andere langgestreckte Arten sind *P.* „Tropheops Red Fin" sowie die von der malawischen Küste stammenden Arten *P.* „Tropheops Mumbo" (Mumbo Island) und *P.* „Tropheops Membe" (Likoma Island). Möglicherweise bilden diese langgestreckten Arten einen engeren Verwandtschaftskreis (vgl. auch *P.* „Tropheops Red Fin").

Die Färbung in Verbindung mit der Biotoppräferenz ist charakteristisch für *P.* „Tropheops Sand", so daß ein diesbezüglicher Vergleich mit anderen Arten der *P.-tropheops*-Gruppe nicht sinnvoll erscheint.

Anmerkungen

Die bei Hai Reef lebenden Männchen zeigen keinen einzelnen großen, sondern mehrere kleine Eiflecken in der Afterflosse. Hinsichtlich der Lebensweise und Färbung war diese südliche Population jedoch weitgehend identisch zu den nördlichen Populationen. Inwieweit die Eifleckengröße als grundsätzlicher Unterschied gelten kann, müßte jedoch an einer größeren Anzahl von Exemplaren untersucht werden.

Pseudotropheus „Tropheops Sand" (Lundu)

Pseudotropheus „Tropheops Sand", Weibchen (Lumbira)

Pseudotropheus „Tropheops Sand" (Nkanda)

Pseudotropheus „Tropheops Sand" (Manda)

Pseudotropheus „Tropheops Sand" (Hai Reef)

273

Pseudotropheus „Tropheops Weed Tanzania"

Name

Aus Malawi ist ein Vertreter dieser Artengruppe als *P.* „Tropheops Weed" bekanntgeworden (RIBBINK et al. 1983: 179). Die in Tansania vorkommenden Populationen könnten zur selben Art gehören.

Kennzeichen

Mit einer Gesamtlänge von etwa 9 bis 10 cm handelt es sich um eine verhältnismäßig kleine und nur mäßig hochrückige Art dieser Gruppe. Die Grundfärbung dominanter Männchen ist hellblau. Der untere Kopfbereich sowie die Brust sind dunkelblau bis braun abgesetzt. Insbesondere auf dem Vorderkörper sind breite schwarze Querstreifen ausgeprägt. Die Schulter- und Brustregion ist mit gelben Pigmenten überzogen, die sich teilweise auch auf den oberen Kopfbereich erstrecken. Die Weibchen sind einfarbig graubraun und zeigen ein weniger deutlich ausgebildetes Querstreifenmuster als die Männchen. Mitunter sind auch zwei schwach ausgeprägte Längsstreifen vorhanden.

Verbreitung

Diesen Cichliden fanden wir bei Lundo Island, am Ponton in Mbamba Bay sowie an den südlichen Küsten von Mbamba Bay. Möglicherweise besitzt *P.* „Tropheops Weed Tanzania" eine weite Verbreitung an den südlichen Küsten Tansanias.

Lebensraum und Ernährung

P. „Tropheops Weed Tanzania" bevorzugt flache, überwiegend sandige Bereiche. Bei Lundo Island lebt diese Art in etwa 5 bis 10 m Tiefe über Sandgrund, der nur mit einigen wenigen größeren Steinen durchsetzt ist. Bei Mbamba Bay beobachteten wir *P.* „Tropheops Weed Tanzania" auf Sandgrund in der Umgebung des am Strand gesunkenen Pontons. Die Männchen sind strikt territorial und verteidigen ihre Reviere gegen alle anderen Fische. Als Zentrum des Reviers wird meist ein auf Sandgrund isoliert liegender mittelgroßer Stein oder eine entsprechende Formation aus mehreren Steinen gewählt. Am Fuße des Steins heben die Männchen kleine Gruben aus. Ein im Durchmesser etwa 2 m großer Bereich wird energisch verteidigt. Hinsichtlich der im Vergleich zur Gesamtlänge des Fisches sehr großen Ausdehnung des Reviers ist zu berücksichtigen, daß über sandigen Untergründen im allgemeinen keine so hohe Fischdichte vorkommt wie in Steinbezirken. Somit ist es mit wenig Aufwand möglich, eine große Fläche zu verteidigen. Die Weibchen leben einzeln oder auch in kleinen Gruppen in den angrenzenden Bereichen. *P.* „Tropheops Weed Tanzania" ernährt sich von Felsaufwuchs und nimmt auch Nahrungspartikel vom sandigen Untergrund auf.

Ähnliche Arten

Wie bereits unter „Name" erwähnt, ist *P.* „Tropheops Weed" von der Nordwestküste eine sehr ähnliche Art. *P.* „Tropheops Weed Tanzania" dürfte mit hoher Wahrscheinlichkeit artgleich sein. Von den malawischen Populationen, die bei Dankanya Bay, Usisya und Chitendi Island (RIBBINK et al. 1983: 179) sowie nach eigenen Beobachtungen auch nördlich von Chilumba bei Chewere vorkommen, ist bekannt, daß auch Pflanzenbestände besiedelt werden (engl. weed = Kraut).

Pseudotropheus „Tropheops Weed Tanzania" (Lundo Island)

Pseudotropheus „Tropheops Weed Tanzania",
Weibchen (Lundo Island)

Pseudotropheus „Tropheops Weed Tanzania"
(Ponton, Mbamba Bay)

Pseudotropheus „Tropheops Weed Tanzania"
(Lundo Island)

Pseudotropheus „Tropheops Weed" (Chewere,
Chilumba)

Pseudotropheus „Tropheops Yellow Head"

Name

Der Name bezieht sich auf die gelbe Kopffärbung.

Kennzeichen

Relativ große und hochrückige Art der *P.-tropheops*-Gruppe. Die Gesamtlänge der meisten Exemplare beträgt 12 bis 14 cm. Die Männchen zeigen eine bläuliche bis blaue Grundfärbung mit variierenden Gelbanteilen. Bei allen Populationen ist die untere Kopfregion intensiv gelb. Weiterhin sind meist auch Brust und Schulter mit gelben Pigmenten überzogen. Individuell unterschiedlich weit erstrecken sich die gelben Bereiche auch auf die Flanken. Die Weibchen weisen eine weiße bis graue Grundfärbung auf. Das Zeichnungsmuster der Weibchen besteht aus zwei horizontalen Fleckenreihen, die hinsichtlich ihrer Lage den häufig vorkommenden zwei Längsstreifen entsprechen. Dunkle Querstreifen sind in beiden Geschlechtern stimmungsabhängig erkennbar.

Verbreitung

Diese Art dürfte an den südlichen Küsten Tansanias eine weite Verbreitung besitzen. Wir beobachteten Populationen bei Pombo Reef, Tumbi Rocks, Puulu Island, Hongi Island, Undu Point und Hai Reef.

Lebensraum und Ernährung

P. „Tropheops Yellow Head" besiedelt steinige und felsige Untergründe im flachen Wasser von etwa 2 bis 10 m Tiefe. Selten fanden wir diesen Cichliden auch über gemischten Untergründen. Die Männchen verhalten sich strikt territorial. Die Reviere befinden sich meist zwischen Stei-

nen. Die Weibchen leben in der Regel einzeln. Bei sehr großen Populationsdichten findet man die Weibchen auch in losen Trupps. P. „Tropheops Yellow Head" ernährt sich in erster Linie von Aufwuchs.

Ähnliche Arten

Arten mit einer ähnlichen Farbgebung und Körperform sind P. „Tropheops Big Blue Yellow", P. „Tropheops Mbamba" sowie mit Einschränkungen auch P. „Tropheops Rusty Hongi". P. „Tropheops Yellow Head" zeichnet sich durch die großflächige Gelbfärbung aus. Aus Malawi ist eine Reihe ähnlich gefärbter „Tropheops" bekannt (RIBBINK et al. 1983). Die Verwandtschaftsbeziehungen sind bei vielen dieser sehr ähnlichen Arten und Standortvarianten nicht abschließend geklärt.

Anmerkungen

Die farbliche Variabilität der dominanten Männchen ist teilweise so groß, daß Zweifel daran geäußert werden könnten, daß es sich um nur eine Art handelt. Nach unseren Beobachtungen lassen sich zwei „Formen" erkennen. Bei Pombo Reef sowie bei Hai Reef zeigen die Männchen relativ einheitlich eine überwiegend auf den Kopf-, Brust- und Schulterbereich begrenzte Gelbfärbung. Bei Tumbi Rocks und Hongi Island fanden wir dagegen Männchen, bei denen sich die Gelbfärbung weit über die Flanken erstreckte. Unter Berücksichtigung der innerhalb dieser Artengruppe komplexen und schwer durchschaubaren verwandtschaftlichen Beziehungen kann gegenwärtig nicht ausgeschlossen werden, daß die zwei genannten Formen nicht doch unabhängige Arten darstellen.

Pseudotropheus „Tropheops Yellow Head" (Tumbi Rocks)

Pseudotropheus „Tropheops Yellow Head" (Hongi Island)

Pseudotropheus „Tropheops Yellow Head" (Tumbi Rocks)

Pseudotropheus „Tropheops Yellow Head" (Hai Reef)

Pseudotropheus „Tropheops Yellow Head" (Undu Point)

Der *Pseudotropheus-zebra*-Artenkomplex

Pseudotropheus zebra wurde bereits 1899 beschrieben (Boulenger 1899). In den achtziger Jahren ist eine Vielzahl weiterer Arten entdeckt worden, die hinsichtlich ihres Körperbaus und insbesondere bezüglich der Kopfform sehr ähnlich zu *P. zebra* sind. Diese Arten werden als *P.-zebra*-Artenkomplex zusammengefaßt. Ribbink und Mitarbeiter (1983: 158) führen 27 Arten auf, die in Malawi leben. Diese Autoren ordnen im *P.-zebra*-Artenkomplex aber auch Arten ein, die sich ganzheitlich betrachtet doch deutlich von *P. zebra* und den enger verwandten Arten unterscheiden (z. B. *P. elegans*, *P. lombardoi*, *P.* „Zebra Patricki", *P.* „Livingstonii Likoma"). Auch in Tansania sind Arten verbreitet, die zu diesem Artenkomplex im weiteren Sinne gerechnet werden könnten (z. B. *P.* „Msobo", *P.* „Black Dorsal Tanzania", *P.* „Yellow Tail"). Solche Arten sind bei der nachfolgenden Betrachtung jedoch nicht in den *P.-zebra*-Artenkomplex eingestuft worden, sondern nur die „Zebras" im engeren Sinne.

In Tansania fanden wir insgesamt elf Arten. Nur drei Arten (*P. zebra*, *P. callainos*, *P. fainzilberi*) sind wissenschaftlich beschrieben. Die beiden erstgenannten Arten kommen auch an den Küsten Malawis vor.

Bezogen auf die elf tansanischen Arten läßt sich eine weitere Untergliederung vornehmen, die sehr hilfreich für die Identifizierung ist und die Überschaubarkeit erleichtert. Wenn man an einem beliebigen Küstenabschnitt mit Unterwasserbeobachtungen beginnt, fällt es zunächst sehr schwer, die verschiedenen, z. T. sehr ähnlichen Arten und ihre Farbmorphen richtig zuzuordnen. Wir begannen mit unseren Untersuchungen im Norden bei Ikombe. Hier war festzustellen, daß *P. zebra* sowie *P. fainzilberi*, der u. a. an seinem kräftigen Unterkiefer und der gelblichbraunen Brustfärbung zu erkennen ist, sofort auffallen. Daneben leben hier *P. callainos* sowie eine vierte Art, die sich aufgrund ihrer schlanken Körperform und auch Färbung von den anderen drei Arten unterscheidet. Diesen Cichliden nannten wir *P.* „Zebra Slim" (engl. slim = schlank). An den Küsten im Bereich des Livingstone Gebirges (Ikombe bis Manda) lassen sich diese vier Arten an vielen Stellen gemeinsam beobachten.

Südlich von Manda befindet sich die Mündung des Ruhuru, die für manche Arten eine Barriere bzw. Grenze hinsichtlich ihrer Verbreitung darstellt. An den südlichen Küsten fanden wir dementsprechend eine andere Zusammensetzung der Populationen vor. *P.* „Zebra Slim" oder eine Art, die eine geographische Form von *P.* „Zebra Slim" darstellen könnte, wurden südlich von Manda nicht mehr nachgewiesen.

P. zebra und *P. callainos* sind weiter vertreten. Statt *P. fainzilberi* wurde eine ähnliche Art angetroffen, die vermutlich enger mit *P. fainzilberi* verwandt ist und somit auch als geographische Unterart klassifiziert werden könnte. Dieser Cichlide ist im folgenden Text als *P.* „Zebra Gold Breast Orange Top" aufgeführt. Südlich des Ruhuru kommen zwar noch zwei weitere Arten vor, doch diese weisen vergleichsweise kleine Verbreitungsgebiete auf und lassen sich leicht abgrenzen (*P.* „Zebra Yellow Belly", *P.* „Zebra Mbamba Bay Kompakt").

Die von Ndumbi Reef bis Hai Reef vorherrschenden Arten sind *P. zebra* und *P.* „Zebra Gold Breast Orange Top" (bzw. die vermutlich mit der letzteren Art verwandte, allopatrische Population *P.* „Zebra Gold Breast Mbamba"), die in den meisten Lebensräumen gemeinsam vorkommen. Die Einteilung in Untergruppen bzw. die Verwandtschaftsverhältnisse lassen sich am besten über die Verbreitungsgebiete interpretieren. Auf diese Weise wird deutlich, welche Populationen als „gute", sympatrische Arten einzustufen sind und welche im Rahmen zukünftiger Untersuchungen möglicherweise als geographische Rassen oder Standortvarianten eingeordnet werden können. Die nachfolgende Tabelle faßt unsere diesbezüglichen Ergebnisse zusammen.

Verbreitungsgebiete der Cichliden des *Pseudotropheus-zebra*-Artenkomplexes in Tansania

	P. call.	P. z.	P. fain.	ZGBOT	ZGBM	ZSO	ZS	ZBG	ZMBK	ZYB	ZDT
Ikombe	+	+	+	-	-	-	+	-	-	-	
Nkanda	+	+	+	-	-	-	+	-	-	-	
Lumbira	+	+	+	-	-	-	+	-	-	-	
Kirondo	+	+	+	-	-	-	+	-	-	-	
Makonde	+	+	+	-	-	-	+	-	-	-	
Lupingu											
nördlich	+	+	+	-	-	-	-	+	-	-	+
direkt	+	+	+	-	-	-	+	-	-	-	
Magunga	+	+	+	-	-	-	+	-	-	-	
Cove Mt.		+	+	-	-	-	+	-	-	-	
Manda											
nördlich		+	+	-	-	-	+	-	-	-	
Ndumbi Reef	+	-	+	-	-	-	-	-	-	+	
Pombo Reef	+	+	-	+	-	-	-	-	-	+	
Lundu	+	+	-	+	-	-	-	-	-	-	
Njambe		+									
Tumbi Rocks	+	+									
Tumbi Reef		+									
Puulu	+	+									
Puulu Island	+	+	-	+	-	-	-	-	-	-	+
Hongi Island	-	+	-	+	-	-	-	-	-	-	
Mbahwa Island	-	+	-	+	-	-	-	-	-	-	
Lundo Island	-	+	-	+	-	-	-	-	-	-	
Mbamba Bay											
nördlich	-		-								
Luhuchi Rocks	-	+	-	-	-	-	-	-	-		
Mara Rocks	-	-	-	-	+	-	-	-	+	-	
Ngkuyo Island	-	-	-	-	+	-	-	-	+	-	
südlich	-	-	-	-	-	-	-	-	+		
Undu Point	-	+	-	-	-	+	-	-			
Hai Reef	-	+	-	-	-	+	-	-			

+ = angetroffen; - = nicht gefunden; bei fehlender Angabe haben wir die betreffende Art zwar nicht beobachtet, doch waren unsere Untersuchungen hier nicht intensiv genug, um eine +/- Entscheidung vertreten zu können.

P. call. = *Pseudotropheus callainos*; *P. z.* = *P. zebra*; *P. fain.* = *P. fainzilberi*; ZGBOT = *P.* „Zebra Gold Breast Orange Top"; ZGBM = *P.* „Zebra Gold Breast Mbamba"; ZSO = *P.* „Zebra South"; ZS = *P.* „Zebra Slim"; ZBG = *P.* „Zebra Blue Gold"; ZMBK = *P.* „Zebra Mbamba Bay Kompakt"; ZYB = *P.* „Zebra Yellow Belly"; ZDT = *P.* „Zebra Dwarf Tanzania";

Pseudotropheus callainos STAUFFER & HERT 1992

Kennzeichen

Mittelgroßer, mäßig gestreckter Mbuna, der eine Gesamtlänge von etwa 10 bis 12 cm erreicht. *P. callainos* ist eine polymorphe Art, bei der in beiden Geschlechtern blaue (B-Morphe), weiße (W-Morphe) sowie selten auch dunkelgrau gefleckte (OB-Morphe) Exemplare auftreten. Die B-Morphe zeigt eine einheitlich leuchtend blaue, die W-Morphe entsprechend eine weiße Färbung. Bei W-Männchen ist die weiße Grundfärbung von einem blauen Glanz überlagert, während W-Weibchen cremigweiß erscheinen. OB-Exemplare zeigen im weiblichen Geschlecht eine individuell unterschiedlich große Anzahl dunkelgrauer Flecken auf weißem Grund. OB-Männchen sind analog gefärbt, zeigen aber bläuliche Flecken und den für Männchen charakteristischen blauen Schimmer auf den Flanken. OB-Männchen sind sehr selten. Ein Zeichnungsmuster ist nicht vorhanden. Bei einigen Tieren sind dunkel abgesetzte Querstreifen sehr schwach erkennbar.

Verbreitung

P. callainos besiedelt weite Bereiche an der Nordwest- und Nordostküste des Sees. An der Nordwestküste ist diese Art von Kande Island (südlich Nkhata Bay) bis mindestens Chewere (nördlich von Chilumba) verbreitet (SPREINAT 1993b). In Tansania fanden wir diesen Cichliden ebenfalls von der Nordspitze bis Puulu Island (Ikombe, Nkanda, Kirondo, Makonde, Lupingu, Magunga, Pombo Reef, Lundu, Tumbi Rock, Puulu und Puulu Island).

Lebensraum und Ernährung

Dieser Cichlide ist häufig über felsigen und steinigen Bereichen sowie auch über gemischten Untergründen anzutreffen. Die meisten Exemplare leben in Tiefen von etwa 3 bis 10 m. Die Männchen bevorzugen zwar bestimmte Bereiche zwischen Felsen oder über Steinen, verteidigen diese aber kaum gegen andere Fische. Sowohl Weibchen als auch Männchen leben an manchen Stellen in losen Verbänden, die mehr als 20 bis 30 Exemplare umfassen können. Offenbar handelt es sich um einen Cichliden mit nur gering ausgeprägter innerartlicher Aggressivität. *P. callainos* ernährt sich von Felsaufwuchs, verschmäht aber wie viele Mbunas kein Plankton.

Ähnliche Arten

Das in beiden Geschlechtern weitestgehend fehlende Zeichnungsmuster unterscheidet *P. callainos* von den anderen Vertretern dieses Artenkomplexes. Bei der Zuordnung der W- und OB-Morphen ist zu berücksichtigen, daß auch *P. zebra* entsprechende Morphen ausbildet. Die OB- und O-Morphe (orange) von *P. zebra* zeigen meist rötliche Grundfärbungen. Es treten aber auch Exemplare auf, die nur wenig rote Pigmente aufweisen und folglich weißlich erscheinen. Derartige Tiere sind nur über einen genauen Vergleich der Körperproportionen und Kopfformen zu unterscheiden. Es gibt weiterhin Arten, deren dominante Männchen einheitlich hellblau gefärbt sind und die deshalb sehr ähnlich zu der B-Morphe von *P. callainos* sind. Hier sind zunächst die Populationen von *P. zebra* zu nennen, die nur schwach ausgeprägte Querstreifen tragen. Aus Malawi sind weitere Arten bekannt, die im männlichen Geschlecht eine einheitlich hellblaue Färbung aufweisen (*P. xanstomachus* von der Maleri Inselgruppe, *P. „Zebra Blue"* von Nankoma Island und Maleri Island, *P. „Roter Zebra"* von Metangula

Pseudotropheus callainos (Puulu)

Pseudotropheus callainos, OB-Weibchen
(Chitendi Island, Chilumba)

Pseudotropheus callainos (Kirondo)

Pseudotropheus callainos, B-Männchen (Nkhata
Bay)

Pseudotropheus callainos, Weibchen (Magunga)

(Moçambique), *P.* „Hellblauer Zebra" von der Nordwestküste sowie *P.* „Hellblauer Makanjila Zebra" von der Malawi-Ostküste im Bereich von Makanjila/Fort Maguire; Spreinat 1993b). *P.* „Zebra Mbenji" von der Mbenji Inselgruppe und *P. greshakei* von Makokola Reef zeigen zwar auch eine hellblaue Körperfärbung, weisen aber eine orange bis rote Rückenflosse auf.

Anmerkungen

Während an der Nordwestküste in den meisten Populationen sowohl B-, OB- als auch W-Morphen vorkommen, fanden wir in Tansania ausschließlich die W-Morphe. Da OB-Weibchen bei dieser Art sehr selten sind und zudem mit den vergleichsweise häufig vorkommenden weißgefärbten OB-Weibchen von *P. zebra* leicht verwechselt werden können, kann nicht mit Sicherheit davon ausgegangen werden, daß an den tansanischen Küsten die OB-Morphe nicht auftritt. Die Anwesenheit der B-Morphe kann demgegenüber für die meisten Populationen mit hinreichender Sicherheit ausgeschlossen werden, da diese Morphe unter Wasser sehr auffällig und leicht zu erkennen ist.

An der Nordwestküste ist bei Ruarwe eine Population bekannt, in der überwiegend (oder ausschließlich?) die W-Morphe vorkommt (Ribbink et al. 1983: 166; als *P.* „Zebra Pearly").

Die Populationen von der Nordwestküste wurden als „Bright Blue", „Cobalt Zebra" bzw. „Pearl Zebra" in den Handel gebracht. Ribbink et al. bezeichneten die nördliche Population von Chitendi Island als *P.* „Zebra Chitande".

Gruppe von *Pseudotropheus callainos* bei Pombo Reef

282

Pseudotropheus fainzilberi STAECK 1976

Kennzeichen

Mit einer Gesamtlänge von etwa 11 bis 13 cm handelt es sich um einen vergleichsweise großen Vertreter des *P.-zebra*-Artenkomplexes. Das auffallendste Merkmal ist der verdickte Unterkiefer, auf dem ein Teil der Bezahnung ständig sichtbar ist. Eine ähnliche Maulstruktur weisen sonst nur noch *Petrotilapia*-Arten auf. Dieses Kennzeichen ist aber insbesondere in den südlichen Populationen nur wenig ausgeprägt. Die Körpergrundfärbung dominanter Männchen ist hellblau mit kräftig ausgebildeten Querstreifen. Der untere Kopfbereich ist dunkelbraun bis gelblich. Gelbe Pigmente sind weiterhin in der Kehl- und Brustregion entwickelt. Das Ausmaß der Gelbfärbung nimmt in den Populationen von Norden nach Süden ab. Die Rückenflosse ist weißlich und trägt im hinteren Teil ebenfalls gelbe Pigmente. Die Weibchen sind einfarbig bräunlich mit schwach ausgebildeten gelben Pigmenten.

Verbreitung

Die Typusexemplare von *P. fainzilberi* wurden in der Nähe von Makonde gefangen (STAECK 1976: 489). STAECK berichtet weiter, daß diese Art in dem angrenzenden, etwa 30 km langen Küstenstreifen zu den häufigsten Cichliden zählt. Wir fanden *P. fainzilberi* bei Ikombe, Nkanda, Lumbira, Kirondo, Makonde, Lupingu, Magunga, Cove Mountain und an den Felsküsten nördlich von Manda. Somit erstreckt sich das Verbreitungsgebiet über den gesamten Uferbereich des Livingstone Gebirges (ca. 100 km).

Pseudotropheus fainzilberi (Kirondo)

283

Lebensraum und Ernährung

P. fainzilberi bevorzugt steinige und felsige Untergründe im flachen Wasser von etwa 3 bis 10 m Tiefe. Manchmal findet man diesen Cichliden auch über gemischten Untergründen. Die Männchen sind strikt territorial und verteidigen etwa 1 m im Durchmesser große Reviere über oder zwischen Steinen. Die Weibchen leben einzeln oder seltener auch in kleiner Gruppen. *P. fainzilberi* ist ein typischer Aufwuchsfresser.

Ähnliche Arten

Südlich von Manda fanden wir vergleichbare Populationen, die insbesondere ähnlich zu den *P.-fainzilberi*-Populationen im Bereich von Manda und Cove Mountain sind. Dieser als *P.* „Zebra Gold Breast Orange Top" bezeichnete Cichlide weist als Unterschied zu *P. fainzilberi* eine gelborange Rückenflosse und einen flachen Unterkiefer auf (vgl. hierzu aber die Anmerkungen).

Anmerkungen

Der kräftige Unterkiefer und die gelbe Wangen-, Kehl- und Brustregion wurden in der Erstbeschreibung als wesentliche Merkmale von *P. fainzilberi* hervorgehoben (STAECK 1976: 489). Diese Eigenschaften fanden wir jedoch nur bei nördlichen Populationen (Ikombe bis Makonde) deutlich ausgeprägt. Die Populationen bei Lupingu, Magunga, Cove Mountain sowie nördlich von Manda zeigen dagegen keinen besonders auffallenden Unterkiefer und auch keine gelbe Wangen- und Brustfärbung; einzig die Kehle ist gelblich. Insbesondere der Unterschied bezüglich der Unterkieferstruktur zwischen den nördlichen und südlichen Populationen ist bemerkenswert, da die Ernährungsweise und Biotoppräferenz nach unseren Beobachtungen überall gleich sind. Um festzustellen, ob die besondere Form des Unterkiefers von Umwelteinflüssen abhängt, müßte man diesen Cichliden im Aquarium nachzüchten und die Nachzuchten verschiedener Populationen miteinander vergleichen.

Im Freiland sind aber auch die südlichen Populationen von *P. fainzilberi* leicht von *P. zebra* zu unterscheiden, da die letztgenannte Art im Bereich von etwa Kirondo bis Manda eine breite weiße Stirnblesse zeigt.

Pseudotropheus fainzilberi in seinem Revier (Magunga)

Pseudotropheus fainzilberi (Cove Mountain)

Pseudotropheus fainzilberi (Nkanda)

Pseudotropheus fainzilberi, Weibchen (Nkanda)

Pseudotropheus fainzilberi (Lupingu)

Pseudotropheus fainzilberi (Manda)

285

Pseudotropheus zebra (BOULENGER 1899)

Kennzeichen

Mittelgroßer Mbuna mit kräftigem Körperbau und meist kontrastierendem Querstreifenmuster. Die Gesamtlänge beträgt je nach Population etwa 10 bis 13 cm. *P. zebra* ist eine polymorphe Art, bei der BB- (blue-black; blauschwarz), OB- (orange blotched; orange gefleckt) und O-Morphen (orange) in beiden Geschlechtern auftreten (STAECK 1972, 1978). Die Normalform ist die BB-Morphe. Die „Standardfärbung" der BB-Morphe besteht im männlichen Geschlecht aus schwarzen Querstreifen auf hellblauem bis weißem Grund. Der Kopf und insbesondere die Wangenregion sind blauschwarz abgesetzt. Im hinteren Körperbereich sind die Querstreifen meist schwächer ausgebildet. Die Rückenflosse ist einheitlich weißlich. BB-Weibchen sind meist einheitlich dunkelbläulich oder bräunlich mit stimmungsabhängig mehr oder weniger deutlich ausgebildetem Querstreifenmuster. Die zweithäufigste Form ist die OB-Morphe, bei der auf hellem Grund individuell unterschiedlich viele dunkle Flecken über den gesamten Körper inklusive der Flossen verteilt sind. OB-Männchen, die wesentlich seltener als OB-Weibchen sind, zeigen zudem einen blauen Glanz und weisen eher bläuliche Flecken auf. Am seltensten ist die O-Morphe. O-Weibchen sind cremigweiß bis orangerot. Innerhalb einer Population können sowohl weißliche als auch orange Exemplare bzw. entsprechende farbliche Abstufungen auftreten. Aus Aquarienbeobachtungen ist bekannt, daß die Ausbildung rötlicher Pigmente stark von der Nahrung beeinflußt wird. Carotinoidhaltiges Futter (z. B. rote Wasserflöhe oder Hüpferlinge) steigert die Intensität der gelben bzw. roten Färbung. O-Männchen treten von allen Morphen am seltensten auf. Dominante O-Männchen zeigen eine weißlichblaue Grundfärbung. Bemerkenswert ist, daß die O-Morphe nur sehr selten rein weiß bzw. orange ist. Bei vielen Exemplaren sind dunkle Pigmenteinlagerungen zu erkennen, so daß die Grenze zur OB-Morphe nicht immer klar gezogen werden kann (vgl. auch das einleitende Kapitel zu den Mbunas).

P. zebra variiert in Abhängigkeit vom Fundort bzw. bildet geographische Rassen aus (vgl. Anmerkungen; hinsichtlich der geographischen Variation der Populationen in Malawi wird auf RIBBINK et al. 1983: 158–159 verwiesen).

Verbreitung

P. zebra besitzt eine weite Verbreitung. In Malawi ist diese Art an der Westküste vom äußersten Süden (Nkopola, Boadzulu Island) bis etwa Dankanya Bay (südlich von Usisya) an zahlreichen Küstenabschnitten verbreitet. *P. zebra* besiedelt jedoch nicht die Inselgruppen Maleri und Mbenji. Weiterhin ist *P. zebra* an der Malawi-Ostküste bei Makanjila/Fort Maguire sowie an den Inseln Likoma und Chisumulu nachgewiesen worden (RIBBINK et al. 1983: 158). In Tansania fanden wir *P. zebra* vom nördlichen Ende des Sees bis an die Grenze Moçambiques (Ikombe, Nkanda, Lumbira, Kirondo, Makonde, Lupingu, Magunga, Cove Mountain, nördlich Manda, Ndumbi Reef, Pombo Reef, Lundu, Njambe, Tumbi Rocks, Tumbi Reef, Puulu, Puulu Island, Hongi Island, Mbahwa Island, Lundo Island, Luhuchi Rocks (Mbamba Bay), Undu Point und Hai Reef). Wir konnten *P. zebra* bei Mara Rocks und Ngkuyo Island nicht nachweisen.

Pseudotropheus zebra (Kirondo)

Pseudotropheus zebra, OB-Weibchen (Nkanda)

Pseudotropheus zebra (Nkanda)

Pseudotropheus zebra, OB-Weibchen (Cove Mountain)

Pseudotropheus zebra, O-Weibchen (Cove Mountain)

287

Lebensraum und Ernährung

P. zebra besiedelt in seinem großen Verbreitungsgebiet recht unterschiedliche Lebensräume. Am häufigsten ist diese Art über steinigen bzw. felsigen Untergründen im flachen Wasser von etwa 3 bis 15 m Tiefe. Gemischte Untergründe werden ebenfalls besiedelt. Manchmal findet man diesen Cichliden sogar in Bereichen mit Pflanzenbeständen. Die Männchen sind territorial und verteidigen Reviere zwischen Steinen oder auf Felsoberflächen. Die Weibchen leben einzeln oder in Gruppen. *P. zebra* ernährt sich überwiegend von Aufwuchs. Plankton wird ebenfalls gefressen. Insbesondere die nichtterritorialen Exemplare fressen häufig Plankton (FRYER 1959; HOLZBERG 1978).

Ähnliche Arten

Bezogen auf die Populationen an der tansanischen Küste sind hier vor allem *P. fainzilberi*, *P.* „Zebra Gold Breast Orange Top", *P.* „Zebra Gold Breast Mbamba" und *P.* „Zebra South" zu nennen. Nachfolgend sind die Unterschiede zwischen den jeweiligen Populationen zusammengefaßt.

Im Bereich von Nkanda bis etwa Makonde läßt sich *P. zebra* von *P. fainzilberi* dadurch unterscheiden, daß *P. fainzilberi* einen kräftigeren Unterkiefer mit teilweise freiliegender Bezahnung sowie gelbe Pigmente auf der Wangen- und Brustregion aufweist. In den südlicheren Populationen von *P. fainzilberi* sind diese Merkmale nicht mehr ausgeprägt. Dennoch lassen sich beide Arten leicht unterscheiden, da *P. zebra* im Küstenbereich von etwa Kirondo bis Manda eine großflächige weiße Blesse auf der Stirn trägt.

Südlich von Manda tritt statt *P. fainzilberi* eine ähnliche Art auf, nämlich *P.* „Zebra Gold Breast Orange Top". Diesen Cichliden fanden wir in Gemeinschaft mit *P. zebra* bei Ndumbi Reef, Pombo Reef, Lundu, Puulu Island, Hongi Island, Mbahwa Island und Lundo Island. *P.* „Zebra Gold Breast Orange Top" unterscheidet sich von *P. zebra* durch seine gelborange Rückenflosse und die gelbe Pigmentierung im Kehlbereich.

Südlich von Lundo Island fanden wir mit *P.* „Zebra Gold Breast Mbamba" eine weitere, ähnliche Population bei Mbamba Bay (Mara Rocks und Ngkuyo Island). An diesen zwei Fundorten kommt *P. zebra* nicht vor. *P.* „Zebra Gold Breast Mbamba" besitzt eine weiße Rückenflosse, zeigt aber gelbe Pigmente in der Kehlregion.

Bei Undu Point und Hai Reef lebt *P.* „Zebra South" sympatrisch mit *P. zebra*. *P.* „Zebra South" besitzt schmale schwarze Querstreifen und weist einen schwarzen Längsstreifen oder schwärzliche Pigmente in der Rückenflosse auf. Anhand dieser Rückenflossenfärbung können auch die Weibchen von *P.* „Zebra South" erkannt werden.

Weitere ähnliche Arten sind *P.* „Zebra Slim" und *P.* „Zebra Mbamba Bay Kompakt". *P.* „Zebra Slim" ist an der Nordostküste zwischen Ikombe und Manda verbreitet und tritt in vielen Lebensräumen gemeinsam mit *P. zebra* auf. *P.* „Zebra Slim" ist langgestreckter. Die Weibchen dieser Art sind heller und besitzen gelbliche unpaare Flossen.

P. „Zebra Mbamba Bay Kompakt" besiedelt die Felsküsten südlich von Mbamba Bay sowie bei Ngkuyo Island und Mara Rocks. In diesen Bereichen konnten wir *P. zebra* nicht nachweisen. *P.* „Zebra Mbamba Bay Kompakt" ist wesentlich schlanker als *P. zebra*.

Anmerkungen

Bemerkenswert ist die geographische Variation der dominanten BB-Männchen, die bezogen auf die Küstenbereiche Tansanias wie folgt zusammengefaßt werden kann (von Norden nach Süden):

Pseudotropheus zebra (Manda)

Pseudotropheus zebra, O-Weibchen (Manda)

Pseudotropheus zebra, O-Weibchen (Manda)

Pseudotropheus zebra, Weibchen (Manda)

Pseudotropheus zebra (Ndumbi Reef)

Ikombe, Nkanda, Lumbira. Diese Population zeigen die „Standardfärbung", wie sie auch von vielen Populationen Malawis bekannt ist (z. B. bei Monkey Bay oder Nkhata Bay).

Kirondo, Makonde, Lupingu, Magunga, Cove Mountain, nördlich Manda. An diesen Fundorten weisen die Männchen eine großflächige weiße Blesse von der Schnauze bis zum Ansatz der Rückenflosse auf. Diese Exemplare sind auch etwas kleiner als die in anderen Populationen.

Ndumbi Reef, Pombo Reef. Diese Populationen zeigen ein nur schwach ausgebildetes Querstreifenmuster. Dominante Männchen sind überwiegend einheitlich hellblau mit angedeuteten Querstreifen.

Lundu, Njambe. In diesen Populationen herrscht wieder die Standardfärbung vor.

Tumbi Rocks, Tumbi Reef: Standardfärbung mit auffallend breiten Streifen im oberen Kopfbereich.

Puulu, Puulu Island, Hongi Island, Mbahwa Island. Standardfärbung.

Lundo Island. Standardfärbung mit breiter Stirnblesse.

Luhuchi Rocks. Standardfärbung.

Undu Point, Hai Reef: Hier zeigen die BB-Männchen ein sehr schwach ausgeprägtes Querstreifenmuster. Die meisten Männchen sind einheitlich hellblau wie die Populationen bei Ndumbi Reef und Pombo Reef.

Pseudotropheus zebra (Pombo Reef)

Pseudotropheus zebra, O-Männchen (Pombo Reef)

Pseudotropheus zebra, junges Männchen (unten) und Weibchen (Pombo Reef)

290

Pseudotropheus zebra (Lundu)

Pseudotropheus zebra (Njambe)

Pseudotropheus zebra (Tumbi Rocks)

Pseudotropheus zebra (Puulu)

Pseudotropheus zebra, O-Weibchen (Tumbi Rocks)

Pseudotropheus zebra, O-Weibchen (Puulu Island)

Pseudotropheus zebra, OB-Weibchen (Puulu Island)

Pseudotropheus zebra, OB-Weibchen (Puulu Island)

Pseudotropheus zebra (Lundo Island)

Pseudotropheus zebra, O-Männchen (Lundo Island)

292

Pseudotropheus zebra (Hai Reef)

Pseudotropheus zebra (Luhuchi Rocks, Mbamba Bay)

Pseudotropheus zebra (Undu Point)

Pseudotropheus zebra, O-Weibchen (Hai Reef)

Pseudotropheus zebra, OB-Weibchen (Hai Reef)

Pseudotropheus „Zebra Blue Gold"

Name

Der Name bezieht sich auf die blaue und gelbe bis goldene Färbung dominanter Männchen.

Kennzeichen

Kleiner bis mittelgroßer, langgestreckter Mbuna, der meist etwa 9 bis 10 cm groß ist (Gesamtlänge). Die Männchen tragen eine gelbe Grundfärbung. Auf dem Vorderkopf sowie auf dem vorderen Rücken ist eine hellblaue Färbung sichtbar. Die Rückenflosse ist insbesondere im vorderen Teil ebenfalls bläulich. Die Ausbildung der blauen Färbung ist individuell unterschiedlich. Einige hellblaue Querstreifen befinden sich überwiegend auf der oberen Flankenhälfte. Die Weibchen sind einheitlich gelb mit angedeutetem Querstreifenmuster.

Verbreitung

Von dieser Art beobachteten wir nur eine Population. Der Fundort befindet sich etwa 500 m nördlich der Kirche von Lupingu.

Lebensraum und Ernährung

Wir fanden diesen Cichliden in einer kleinen Bucht, deren Untergrund im Flachwasser aus gemischtem Untergrund bestand. Ab etwa 3 m Tiefe fiel der Untergrund schluchtförmig bis 40 m Tiefe steil ab. *P.* „Zebra Blue Gold" lebt hier an der Grenze zum Mischuntergrund sowie an den felsigen Steilwänden bis in etwa 20 m Tiefe. Die meisten Exemplare waren im Flachwasser anzutreffen. Die Männchen verteidigten Reviere, deren Zentrum von einer Steinansammlung oder Steinunterständen gebildet wurde. Die Weibchen lebten in losen Verbänden oberhalb des Mischuntergrundes oder an den Steilhängen.

P. „Zebra Blue Gold" ernährte sich überwiegend von Aufwuchs. Manche Exemplare hielten sich etwas entfernt vom Untergrund auf und schnappten nach Plankton.

Ähnliche Arten

Der o. g. Fundort war die einzige Stelle, an der wir *P.* „Zebra Slim" nicht antrafen. *P.* „Zebra Slim" fanden wir sowohl nördlich (Makonde) als auch in der südlichen Bucht von Lupingu. Die Schlucht, in der wir *P.* „Zebra Blue Gold" beobachteten, grenzt in Richtung Süden gegen die nördliche Sandbucht von Lupingu. Es ist zu vermuten, daß *P.* „Zebra Blue Gold" eine Standortvariante von *P.* „Zebra Slim" darstellt. Dafür spricht neben der schlanken Körperform auch, daß die Weibchen von *P.* „Zebra Slim" ebenfalls graugelb gefärbt sind und gelbliche unpaare Flossen aufweisen. Sollte diese Vermutung zutreffen, wäre *P.* „Zebra Slim" eine über einen relativ kleinen Küstenabschnitt sehr variabel gefärbte Art. Zur Klärung dieser Frage müßten die Populationen nördlich der Fundstelle von *P.* „Zebra Blue Gold" bis zu den angrenzenden Populationen von *P.* „Zebra Slim" in einem möglichst kleinen Raster untersucht werden, um mögliche „Übergangsformen" zu entdecken. Unser nächster Tauchplatz nördlich der Schlucht war Makonde. Die hier lebende Population von *P.* „Zebra Slim" ist blau gefärbt und zeigt dunkle Querstreifen.

Pseudotropheus „Zebra Blue Gold" (nördlich Lupingu)

Pseudotropheus „Zebra Blue Gold", Weibchen (nördlich Lupingu)

Pseudotropheus „Zebra Blue Gold" (nördlich Lupingu)

Pseudotropheus „Zebra Blue Gold" (nördlich Lupingu)

Pseudotropheus „Zebra Blue Gold", Weibchen (nördlich Lupingu)

Pseudotropheus „Zebra Dwarf Tanzania"

Name

Der Name nimmt Bezug auf die geringe Körpergröße dieses Cichliden (engl. dwarf = Zwerg).

Kennzeichen

Kleiner, mäßig gestreckter und verhältnismäßig unscheinbarer Mbuna. Die Gesamtlänge beträgt nur etwa 6 bis 8 cm. Die Männchen sind bräunlichgelb und zeigen einen bläulichen Glanz auf den Flanken. Das Zeichnungsmuster besteht aus breiten dunklen oder schwarzen Querstreifen. Die After- und Bauchflossen sind schwarz. Die Rückenflosse trägt einen deutlich abgesetzten schwarzen Längsstreifen und einen weißen oder gelben Saum. Die Weibchen sind hellbraun und zeigen ebenfalls breite dunkle Querstreifen. Der hintere Teil der Afterflosse ist gelblich. Die Rückenflosse weist einen schwächer als bei den Männchen ausgeprägten Längsstreifen auf. Nach unseren Beobachtungen bildet diese Art keine Farbmorphen aus.

Verbreitung

Wir fanden diesen Cichliden etwa 500 m nördlich von Lupingu (gleicher Fundort wie *P.* „Zebra Blue Gold") und bei Puulu Island.

Lebensraum und Ernährung

P. „Zebra Dwarf Tanzania" bewohnt tiefe Wasserschichten über gemischtem Untergrund. Wir beobachteten diese Art nur unterhalb von 30 m Tiefe. Die Männchen verteidigten kleine Reviere an Steinen. Die Weibchen lebten einzeln zwischen Steinen und über den angrenzenden Sandflächen. *P.* „Zebra Dwarf Tanzania" ernährte sich von Aufwuchs und Nahrungspartikeln, die vom sandigen Untergrund aufgenommen wurden.

Ähnliche Arten

In Tansania fanden wir keine vergleichbare Art. Ein mit Einschränkungen ähnlicher Cichlide ist von den Inseln Maleri und Nakanthenga im Südwesten des Sees als *P.* „Zebra Dumpy" bekannt (RIBBINK et al. 1983: 196). Diese Art lebt auch im tiefen Wasser in der Übergangszone bzw. über sedimentreichen steinigen Bereichen.

Anmerkungen

Von allen Vertretern dieses Artenkomplexes aus Tansania erscheint *P.* „Zebra Dwarf Tanzania" nur entfernt mit *P. zebra* verwandt zu sein. Möglicherweise werden zukünftige Untersuchungen zeigen, daß dieser Cichlide enger mit anderen *Pseudotropheus*-Arten verwandt ist und somit besser in einen anderen Verwandtschaftskreis einzuordnen ist.

Pseudotropheus „Zebra Dwarf Tanzania",
Weibchen (nördlich Lupingu)

Pseudotropheus „Zebra Dwarf Tanzania" (nördlich Lupingu)

Pseudotropheus „Zebra Dwarf Tanzania" (Puulu Island)

297

Pseudotropheus „Zebra Gold Breast Mbamba"

Name

Dieser Cichlide weist keine goldene Brust, sondern nur einen gelben Kehlbereich auf. In dem vorläufigen Arbeitsnamen kommen die enge Verwandtschaft zu *P.* „Zebra Gold Breast Orange Top" sowie die Verbreitung bei Mbamba Bay zum Ausdruck.

Kennzeichen

Mittelgroßer Mbuna mit kräftigem Körperbau. Die meisten Exemplare weisen eine Gesamtlänge von etwa 11 bis 13 cm auf. Die Grundfärbung dominanter Männchen ist hellblau bis weißlich. Die untere Kopfregion ist dunkelblau, die Kehle orangegelb. Das Zeichnungsmuster besteht aus dunkelblauen bis schwarzen Querstreifen, die auf den hinteren Flanken schwächer werden. Die Rückenflosse ist einheitlich hellblau bis weiß, ebenso die After- und Schwanzflosse. In den Bauchflossen sind mitunter gelbe oder orange Pigmente eingelagert. Die Weibchen sind dunkel bis bräunlich gefärbt mit analogem Zeichnungsmuster. Interessanterweise besitzen die Weibchen eine leicht gelbliche Rückenflosse (s. u.). Farbmorphen wurden nicht gefunden.

Verbreitung

Die Verbreitung dieses Cichliden dürfte eng begrenzt sein. Wir fanden *P.* „Zebra Gold Breast Mbamba" ausschließlich bei den Mbamba Bay vorgelagerten Mara Rocks und Ngkuyo Island.

Lebensraum und Ernährung

An den genannten Fundstellen besteht der Untergrund aus überwiegend großen Steinen und Felsen. *P.* „Zebra Gold Breast Mbamba" besiedelt Wassertiefen von etwa 3 bis 10 m Tiefe. Nur selten ist diese Art in tieferem Wasser anzutreffen. Die Männchen sind revierbildend. Meist wird ein Bereich zwischen den Felsen oder auf Felsoberflächen verteidigt. Weibchen fanden wir einzeln oder in losen Gruppen. *P.* „Zebra Gold Breast Mbamba" ernährt sich in erster Linie von Felsaufwuchs.

Ähnliche Arten

Die am nächsten mit *P.* „Zebra Gold Breast Mbamba" verwandte Art dürfte *P.* „Zebra Gold Breast Orange Top" sein. Dieser Cichlide besiedelt zahlreiche Küstenabschnitte nördlich von Mbamba Bay von Lundo Island bis Ndumbi Reef. *P.* „Zebra Gold Breast Mbamba" weist im Gegensatz zu *P.* „Zebra Gold Breast Orange Top" keine orangegelbe sondern weiße Rückenflosse im männlichen Geschlecht auf. Weiterhin ist nur die Kehle, nicht aber die Brust gelb gefärbt. Die Weibchen beider Arten zeigen jedoch gelbliche Pigmente in der Rückenflosse und können kaum unterschieden werden.

Aufgrund dieser großen Ähnlichkeit und vorbehaltlich klarer morphologischer Unterschiede könnte *P.* „Zebra Gold Breast Mbamba" auch als geographische Unterart oder Standortvariante von *P.* „Zebra Gold Breast Orange Top" eingestuft werden.

P. zebra konnten wir nicht bei Mara Rocks und Ngkuyo Island nachweisen. Allerdings fanden wir *P. zebra* am südlichen Rand von Mbamba Bay bei den Luhuchi Rocks. Die BB-Männchen dieser Population weisen die Normalfärbung auf (vgl. auch die diesbezüglichen Ausführungen bei *P. zebra*).

Anmerkungen

Dieser Cichlide wurde von Seegers entdeckt und unter der Bezeichnung *P.* spec. aff. *zebra* „Tansania" nach Deutschland eingeführt (SEE-GERS 1992).

Pseudotropheus „Zebra Gold Breast Mbamba" (Ngkuyo Island, Mbamba Bay)

Pseudotropheus „Zebra Gold Breast Mbamba" (Ngkuyo Island, Mbamba Bay)

Pseudotropheus „Zebra Gold Breast Mbamba", Weibchen (Mara Rocks, Mbamba Bay)

Pseudotropheus „Zebra Gold Breast Mbamba" (Mara Rocks, Mbamba Bay)

299

Pseudotropheus „Zebra Gold Breast Orange Top"

Name

Der Name verweist auf die charakteristischen Farbmerkmale dieses Cichliden (goldene Brust und orangefarbene Rückenflosse).

Kennzeichen

Mittelgroßer, etwa 11 bis 13 cm Gesamtlänge aufweisender Mbuna mit kräftigem Körperbau. Dominante Männchen zeigen eine hellblaue Körpergrundfärbung mit individuell unterschiedlich breiten, schwarzen Querstreifen. Die Rückenflosse ist gelb bis orange. In einigen Populationen tragen manche Exemplare auch schwarze Pigmente in der Rückenflosse. Der Kehl- und Brustbereich ist gelblich. Das Ausmaß der gelben Brustfärbung variiert individuell. Tendenziell stellten wir fest, daß die nördlichen Populationen (Ndumbi Reef, Pombo Reef) mehr Gelbtöne aufwiesen als die Populationen von Puulu bis Lundo Island. Die Weibchen sind bräunlich mit angedeutetem Streifenmuster.

Bei Lundo Island beobachteten wir neben der BB-Morphe auch OB- und O-Morphen beiderlei Geschlechts. Auch die OB- und O-Morphen weisen eine gelbliche Rückenflosse sowie gelbe Kehl- und Brustbereiche auf, durch die sie sich von den entsprechenden Farbmorphen von *P. zebra* unterscheiden.

Verbreitung

P. „Zebra Gold Breast Orange Top" fanden wir bei Ndumbi Reef, Pombo Reef, Lundu, Puulu Island, Hongi Island, Mbahwa Island und Lundo Island.

Lebensraum und Ernährung

Dieser Cichlide besiedelt felsige und steinige sowie selten auch gemischte Untergründe im flachen Wasser von ungefähr 3 bis 15 m Tiefe. Die Tiefenverteilung ist je nach Fundort unterschiedlich. Bei Lundo Island (Südostufer) fanden wir die höchste Populationsdichte in etwa 3 bis 6 m Tiefe. Bei Mbahwa Island lebt *P.* „Zebra Gold Breast Orange Top" dagegen am häufigsten in Tiefen zwischen 6 und 10 m.

Die Männchen sind revierbildend. Mittelpunkt eines Reviers sind Steinhöhlen oder andere, Rückzugsmöglichkeiten bietende Steinformationen. Die Weibchen leben einzeln oder in losen Verbänden. *P.* „Zebra Gold Breast Orange Top" ist ein typischer Aufwuchsfresser.

Ähnliche Arten

Die am engsten verwandten Arten dürften *P.* „Zebra Gold Breast Mbamba" (s. o.) und *P. fainzilberi* darstellen. Hinsichtlich ihrer Verbreitung überschneiden sich diese Arten nicht. Die südlichen Populationen von *P. fainzilberi* sind sehr ähnlich hinsichtlich ihres gesamten Erscheinungsbildes, weisen aber keine gelborange Rückenflosse und gelbe Brust auf (vgl. auch die entsprechenden Erläuterungen bei *P. fainzilberi*). *P.* „Zebra Gold Breast Mbamba" läßt sich anhand der weißen Rückenflosse abgrenzen und könnte eine geographische Unterart oder Standortvariante zu *P.* „Zebra Gold Breast Orange Top" sein.

(Hinsichtlich der Unterscheidung zu *P. zebra* vgl. die Ausführungen bei *P. zebra*.)

Pseudotropheus „Zebra Gold Breast Orange Top" (Lundo Island)

Pseudotropheus „Zebra Gold Breast Orange Top"
(Ndumbi Reef)

Pseudotropheus „Zebra Gold Breast Orange Top"
(Pombo Reef)

Pseudotropheus „Zebra Gold Breast Orange Top"
(Mbahwa Island)

Pseudotropheus „Zebra Gold Breast Orange Top"
(Lundo Island)

Pseudotropheus „Zebra Mbamba Bay Kompakt"

Name

Dieser Cichlide wurde von FLEISCHER und ENGELS entdeckt und im Januar 1990 nach Deutschland eingeführt (SEEGERS 1992). SEEGERS nannte diese Art *P.* spec. „Mbamba Bay kompakt". Nach Ansicht des Verfassers handelt es sich um einen Vertreter des *P.-zebra*-Artenkomplexes, so daß der Name entsprechend zu ergänzen ist.

Kennzeichen

Mittelgroßer, langgestreckter Mbuna. Die meisten Exemplare weisen eine Gesamtlänge von ungefähr 10 bis 11 cm auf. *P.* „Zebra Mbamba Bay Kompakt" gleicht *P. zebra* in jeder Hinsicht bis auf den wesentlich schlankeren Körperbau. Die dominanten Männchen (BB-Morphe) zeigen eine hellblaue bis weiße Grundfärbung mit zahlreichen, teilweise sehr eng angeordneten Querstreifen. Die untere Hälfte des Kopfes ist dunkelblau abgesetzt. Die Rückenflosse ist einheitlich weiß. Die Weibchen sind insgesamt bräunlich mit nur angedeutetem Querstreifenmuster. *P.* „Zebra Mbamba Bay Kompakt" tritt auch als OB-Morphe in beiden Geschlechtern auf. O-Morphen konnten wir nicht nachweisen.

Verbreitung

SEEGERS berichtet (1992), daß er diesen Cichliden an den Felsküsten am südlichen Rand von Mbamba Bay und bei Ngkuyo Island nachweisen konnte, nicht aber an den Felsküsten nördlich von Mbamba Bay. Unsere Beobachtungen bestätigen die Ergebnisse Seegers. Weiterhin fanden wir *P.* „Zebra Mbamba Bay Kompakt" auch bei Mara Rocks (nördlich Ngkuyo Island). Bei Undu Point und Hai Reef konnten wir diesen Cichliden nicht beobachten.

Lebensraum und Ernährung

An den genannten Fundorten bestimmen große Steine und Felsen die Unterwasserlandschaft. *P.* „Zebra Mbamba Bay Kompakt" lebt strikt felsorientiert, z. T. sogar versteckt. Die Wassertiefen, in denen wir diesen Cichliden antrafen, lagen zwischen 3 und 20 m. Die Männchen sind revierbildend und verteidigen Bereiche zwischen großen Steinen oder Felsen gegen alle anderen Fische. Die Weibchen fanden wir einzeln, selten in kleinen Gruppen. *P.* „Zebra Mbamba Bay Kompakt" ernährt sich nach unseren Unterwasserbeobachtungen in erster Linie von Felsaufwuchs.

Ähnliche Arten

Wie bereits erwähnt, handelt es sich um einen Cichliden, der bis auf seine langgestreckte Körperform *P. zebra* gleicht. *P.* „Zebra Mbamba Bay Kompakt" und *P. zebra* überschneiden sich nicht in ihren Verbreitungsgebieten. Während unserer Unterwasserbeobachtungen hatten wir unmittelbar den Eindruck, daß *P.* „Zebra Mbamba Bay Kompakt" die ökologische Nische von *P. zebra* einnimmt. Bei Luhuchi Rocks, wo wir nach *P.* „Zebra Mbamba Bay Kompakt" suchten, fanden wir nur *P. zebra*. An der südlichen Felsküste von Mbamba Bay beobachteten wir wieder *P.* „Zebra Mbamba Bay Kompakt", nicht aber *P. zebra*.

Es ist in diesem Zusammenhang bemerkenswert, daß *P. zebra* an der Westküste des Sees nicht die vom Festland weiter entfernten Inselgruppen Mbenji und Maleri besiedelt. Stattdessen sind dort andere Cichliden dieses Artenkomplexes vertreten. Ngkuyo Island und Mara Rocks sind zwar nicht weit vom Festland entfernt, dürften aber durch tiefes Wasser von der Festlandküste getrennt sein. Nicht erklärbar durch diese „Inselhypothese" ist allerdings das Vorkommen von P. „Zebra Mbamba Bay Kompakt" an der südlichen Felsküste von Mbamba Bay. Auch ist zu berücksichtigen, daß P. zebra an den weit im See liegenden Inseln Likoma und Chisumulu beheimatet ist. Zum gegenwärtigen Zeitpunkt liegen jedoch noch zuwenig Erkenntnisse vor, um die Besiedlung von Küstenabschnitten durch Mbuna-Cichliden schlüssig erklären zu können.

Pseudotropheus „Zebra Mbamba Bay Kompakt" (Ngkuyo Island, Mbamba Bay)

Pseudotropheus „Zebra Mbamba Bay Kompakt" (Mbamba Bay, Südküste)

Pseudotropheus „Zebra Mbamba Bay Kompakt", OB-Weibchen (Ngkuyo Island, Mbamba Bay)

Pseudotropheus „Zebra Mbamba Bay Kompakt", OB-Männchen (Ngkuyo Island, Mbamba Bay)

Pseudotropheus „Zebra Slim"

Name

Der vorläufige Arbeitsname bezieht sich auf die im Vergleich zu *P. zebra* schlanke Körpergestalt (engl. slim = schlank, dünn).

Kennzeichen

Kleiner bis mittelgroßer, verhältnismäßig gestrecker Vertreter des *P.-zebra*-Artenkomplexes. Die Gesamtlänge beträgt meist 8 bis 10 cm. Die Grundfärbung dominanter Männchen ist hellblau. Je nach Population sind unterschiedlich stark ausgeprägte Querstreifen vorhanden. Der untere Kopfbereich ist meist dunkelblau abgesetzt. Die Rückenflosse ist einheitlich weiß oder hellblau. Die Weibchen sind grau bis hellbraun und weisen gelbliche unpaare Flossen auf. Farbmorphen konnten wir bei dieser Art nicht beobachten.

Verbreitung

P. „Zebra Slim" besiedelt die Küstenbereiche der Livingstone Berge. Wir fanden diesen Cichliden bei Ikombe, Nkanda, Lumbira, Kirondo, Makonde, in der südlichen Bucht von Lupingu, Magunga, Cove Mountain sowie an den Felsküsten nördlich von Manda. Südlich der Ruhuru Mündung konnten wir diese Art nicht mehr nachweisen.

Lebensraum und Ernährung

Den bevorzugten Lebensraum bilden steinige bis felsige Untergründe sowie auch die Übergangszone. *P.* „Zebra Slim" hält sich vorwiegend zwischen oder über kleinen und mittelgroßen Steinen auf. Dominante Männchen besetzen Reviere zwischen Steinen oder anderen Versteckmöglichkeiten und sind vom Flachwasser bis in Tiefen von etwa 10 bis 15 m häufig anzutreffen. Die Weibchen leben meist einzeln. Je nach Populationsdichte treten die Weibchen auch gruppenweise auf. Bei Magunga fanden wir vor allem Jungtiere und einige größere Weibchen in großen losen Verbänden im flachen Wasser von etwa 1 bis 2 m Tiefe.

P. „Zebra Slim" ernährt sich wohl überwiegend von Felsaufwuchs. An manchen Stellen beobachteten wir, wie sich diese Art etwas entfernt vom Untergrund aufhielt und nach Plankton schnappte.

Ähnliche Arten

Eine geographische Form oder Standortvariante von *P.* „Zebra Slim" könnte *P.* „Zebra Blue Gold" darstellen. Dieser Cichlide wurde nördlich von Lupingu angetroffen (vgl. die Angaben bei *P.* „Zebra Blue Gold").

P. „Zebra Slim" lebt an allen Fundstellen in Gemeinschaft mit *P. zebra* und *P. fainzilberi*. Jüngere oder nicht voll gefärbte Männchen von *P.* „Zebra Slim" und *P. zebra* sehen sich sehr ähnlich.

Ein hinsichtlich der Körperform und Färbung insbesondere zu der Population von Magunga ähnlicher Cichlide ist *P.* „Kingsizei" von der Insel Likoma (RIBBINK et al. 1983: 198; GERHARDT & SPREINAT 1989). *P.*-"Kingsizei"-Weibchen sind ebenfalls hellbraun mit gelben unpaaren Flossen. Wahrscheinlich sind beide Arten einem Verwandtschaftskreis zuzurechnen.

Pseudotropheus „Zebra Slim" (Kirondo)

Pseudotropheus „Zebra Slim" (Lumbira)

Pseudotropheus „Zebra Slim" (Nkanda)

Pseudotropheus „Zebra Slim", Weibchen
(Magunga)

Pseudotropheus „Zebra Slim" (Magunga)

Pseudotropheus „Zebra South"

Name

Der Name bezieht sich auf das am südlichen Ende der tansanischen Küsten liegende Verbreitungsgebiet.

Kennzeichen

Großer und kräftiger Vertreter des *P.-zebra*-Artenkomplexes, der eine Gesamtlänge von 12 bis 14 cm erreicht. Voll gefärbte Männchen zeigen eine hellblaue bis weiße Grundfärbung mit vergleichsweise schmalen Querstreifen. Die Wangen- und Brustregion ist etwas dunkler blau gefärbt. Die Rückenflosse ist weiß mit individuell stark ausgebildetem Längsstreifen. Dieser Längsstreifen bzw. entsprechende schwarze Pigmente sind auch bei den Weibchen erkennbar. Letztere sind dunkelblau bis bräunlich mit schwachen Querstreifen. OB- oder O-Morphen haben wir nicht gesehen.

Verbreitung

Diesen Cichliden trafen wir bei Undu Point und Hai Reef an.

Lebensraum und Ernährung

Sedimentreiche felsige Bereiche und gemischte Untergründe sind typisch für Undu Point und Hai Reef. Die meisten Exemplare beobachteten wir im Flachwasser zwischen 3 und 8 m Tiefe. Die Männchen sind territorial und verteidigen ihre Reviere gegen alle anderen Fische. Meist ist ein höhlenartiger Unterstand der Mittelpunkt des Reviers. Die Weibchen leben einzeln oder, seltener, auch in kleinen Gruppen. *P.* „Zebra South" ernährt sich von Aufwuchs, sucht aber auch nach Freßbarem in den abgelagerten Sedimentschichten.

Ähnliche Arten

Die bei Undu Point und Hai Reef lebenden *P.-zebra*-Populationen zeigen nur eine schwache Bänderung und sind im männlichen Geschlecht vorwiegend einheitlich hellblau, so daß die beiden Arten gut abgrenzbar sind. Die Weibchen von *P.* „Zebra South" zeigen einen schwarzen Längsstreifen in der Rückenflosse, der bei den Weibchen von *P. zebra* nicht vorhanden ist.

In Analogie zu den nördlichen Küstenabschnitten, an denen *P. zebra* in vielen Lebensräumen gemeinsam mit *P.* „Zebra Gold Breast Orange Top" vorkommt, könnte spekuliert werden, daß *P.* „Zebra South" ein südlicher „Ableger" von *P.* „Zebra Gold Breast Orange Top" ist. Diese Fragestellung kann beim gegenwärtigen Kenntnisstand nicht beantwortet werden und sollte sinnvollerweise detaillierten Untersuchungen vorbehalten bleiben.

Undu Point ist eine kleine Felsformation an einem langen Sandstrand.

Pseudotropheus „Zebra South" (Undu Point)

Pseudotropheus „Zebra South", Weibchen (Hai Reef)

Pseudotropheus „Zebra Yellow Belly"

Name

Der auffallend gelbe Bauch ist das charakteristische Kennzeichen dieses Cichliden.

Kennzeichen

Mit einer Gesamtlänge von etwa 10 bis 12 cm zählt diese verhältnismäßig gestreckte Art zu den mittelgroßen Mbunas. Die Körpergrundfärbung dominanter Männchen ist hellblau, fast weiß. Insbesondere im vorderen Flankenbereich befinden sich dunkelblaue bis braune Querstreifen in relativ großen Abständen. Der untere Kopfbereich sowie die Kehle, Brust und Bauch sind hell bis dunkelgelb. Diese Gelbfärbung erstreckt sich bei einigen Exemplaren bis über und in die Afterflosse. Die Rückenflosse ist einheitlich gelb. Die Weibchen sind beige bis grau mit schwachem Querstreifenmuster. In der After- und Schwanzflosse sind meist schwärzliche Pigmente eingelagert. Auch die Weibchen zeigen eine leicht gelbe Rückenflosse. OB- oder O-Morphen scheint diese Art nicht auszubilden.

Verbreitung

Wir fanden *P.* „Zebra Yellow Belly" bei Ndumbi Reef und Pombo Reef, wo dieser Mbuna zu den häufigeren Arten zählt.

Lebensraum und Ernährung

P. „Zebra Yellow Belly" trafen wir über gemischten Untergründen an. Die meisten Exemplare leben im flachen Wasser von etwa 3 bis 8 m Tiefe. Die Männchen verteidigen etwa 1,5 m im Durchmesser große Flächen zwischen Steinen oder auf den Oberflächen von Felsen. Die Weibchen kommen überwiegend einzeln vor und halten sich zwischen den Männchenrevieren auf. *P.* „Zebra Yellow Belly" schabt Aufwuchs von Steinen ab. In einigen Fällen beobachteten wir, wie diese Art auch Nahrung vom Manduntergrund zwischen den Steinen aufnahm. Dieser Cichlide verhielt sich gegenüber dem Taucher keineswegs scheu, sondern schien eher neugierig zu sein.

Ähnliche Arten

P. „Zebra Yellow Belly" lebt an beiden Fundorten in Gemeinschaft mit *P. zebra* und *P.* „Zebra Gold Breast Orange Top". Die letztgenannte Art ist grundsätzlich ähnlich gefärbt, aber deutlich hochrückiger.

Zwei im männlichen Geschlecht mit Einschränkungen vergleichbar gefärbte Arten aus Malawi sind *P. hajomaylandi* von Chisumulu Island (vgl. RIBBINK et al. 1983: 164; als *P.* „Zebra Greberi") und *P. aurora* von Likoma.

Pseudotropheus hajomaylandi (Chisumulu)

Pseudotropheus „Zebra Yellow Belly" (Ndumbi Reef)

Pseudotropheus „Zebra Yellow Belly" (Ndumbi Reef)

Pseudotropheus „Zebra Yellow Belly", Weibchen (Ndumbi Reef)

Pseudotropheus „Zebra Yellow Belly" (Pombo Reef)

Pseudotropheus aurora (Likoma)

Literaturverzeichnis

AHL, E. (1927): Einige neue Fische aus der Familie Cichlidae aus dem Nyassa-See. Schr. berl. Ges. naturf. Fr. Berl. 1926, 51–62.

AX, P. (1984): Das Phylogenetische System. Fischer, Stuttgart & New York, 349 pp.

Bentler, A. (1993): Neuere Importe aus dem Malawisee. Das Aquarium 27 (286), 42.

BOULENGER, G.A. (1899): A revision of the African and Syrian fishes of the family Cichlidae. Part II. Proc. zool. Soc. Lond. 1899: 98–143.

BOULENGER, G.A. (1901): Diagnoses of four new fishes discovered by Mr. J.E.S. MOORE in Lakes Tanganjika and Kivu. Ann. Mag. nat. Hist. 8 (7), 1–6.

BOULENGER, G.A. (1902): Diagnoses of new cichlid fishes discovered by Mr. J. E. S. MOORE in Lake Nyasa. Ann. Mag. nat. Hist. 10 (7), 1–6.

BOULENGER, G.A. (1908): Diagnoses of new fishes discovered by Capt. E. L. RHOADES in Lake Nyasa. Ann. Mag. nat. Hist. 2 (8), 238–243.

BOULENGER, G.A. (1915): Catalogue of the freshwater fishes of Africa in the British Museum (Natural History). Br. Mus. nat. Hist. Lond. Vol. 3, 526 pp.

BURGESS, W.E. & H.R. AXELROD (1975): *Pseudotropheus tursiops*, a new species of cichlid from Lake Malawi. Tropical Fish Hobbyist 24 (Nov. 1975), 86–90.

BURGESS, W.E. & H.R. AXELROD (1976): Studies on the family Cichlidae: 4. Two new species of Mbuna (rock-dwelling cichlids) from Lake Malawi. Tropical Fish Hobbyist 24 (März 1976), 44–48.

DEMASON, L. (1993a): Ähnliche Arten an den gegenüberliegenden Küsten im nördlichen Malawisee – weitere Hinweise für eine stufenweise Artbildung? Das Cichlidenjahrbuch, Cichlid Press, St. Leon-Rot, 37–40.

DEMASON, L. (1993b): Into Africa: Exploring the Tansanian coast of Lake Malawi – Part I. Cichlid News, 2 (4), 22–23.

DEMASON, L. (1993c): What's new. Cichlid News, 2 (4), 27.

DEMASON, L. (1994a): Into Africa: Exploring the Tansanian coast of Lake Malawi – Part II. Cichlid News, 3 (1), 12–15.

DEMASON, L. (1994b): What's new. Cichlid News, 3 (1), 27.

DERIJST, E. & J. SNOEKS (1992): *Maravichromis* ECCLES and TREWAVAS, 1989, a junior synonym of *Mylochromis* REGAN, 1920 (Teleostei, Cichlidae). Cybium 16 (2), 173.

ECCLES, D.H. (1989a): VI. 4. *Tyrannochromis nigriventer* ECCLES sp. nov. In: ECCLES, D.H. & E. TREWAVAS: Malawian cichlid fishes. The classification of some Haplochromine genera. Lake Fish Movies, Herten, 101–103.

ECCLES, D.H. (1989b): XI. *Aulonocara* REGAN. In: ECCLES, D.H. & E. TREWAVAS: Malawian cichlid fishes. The classification of some Haplochromine genera. Lake Fish Movies, Herten, 138–150.

ECCLES, D.H. & D.S.C. LEWIS (1981): Midwater spawning in *Haplochromis chrysonotus* (BOULENGER) (Teleostei: Cichlidae) in Lake Malawi. Env. Biol. Fish. 6 (2), 201–202.

ECCLES, D.H. & E. TREWAVAS (1989): Malawian cichlid fishes. The classification of some Haplochromine genera. Lake Fish Movies, Herten, 334 pp.

FRYER, G. (1956a): New species of cichlid fishes from Lake Nyasa. Rev. Zool. Bot. Afr. 53, 81–91.

FRYER, G. (1956b): Biological notes on some cichlid fishes from Lake Nyasa. Rev. Zool. Bot. Afr. 54, 1–7.

FRYER, G. (1956c): New species of *Labeotropheus* from Lake Nyasa, with a redescription of *Labeotropheus fuelleborni* AHL and some notes on the genus *Labeotropheus* (Pisces: Cichlidae). Rev. Zool. Bot. Afr. 54, 280–289.

FRYER, G. (1957): A new species of *Gephyrochromis* (Pisces: Cichlidae) from Lake Nyasa, with notes on its ecology and affinities. Revue Zool. Bot. afr. 55, 347–352.

FRYER, G. (1959): The trophic interrelationship and ecology of some litoral communities of Lake Nyasa with special reference to the fishes, and a discussion of the evolution of a group of rock-frequenting Cichlidae. Proc. zool. Soc. Lond. 132, 153–281.

FRYER, G. & T.D. ILES (1972): The cichlid fishes of the great lakes of Africa. Their biology and evolution. Oliver & Boyd, Edinburgh, 641 pp.

GERHARDT, B. & A. SPREINAT (1989): Zwei Arten, ein Name: *Pseudotropheus* „Kingsizei". DCG-Info 20 (8), 151–160.

GREENWOOD, P.H. (1979): Towards a phyletic classification of the „genus" *Haplochromis* (Pisces, Cichlidae) and related taxa. Part I. Bull. Br. Mus. nat. Hist. (Zool.) 33, 297–323.

GREENWOOD, P.H. (1980): Towards a phyletic classification of the „genus" *Haplochromis* (Pisces, Cichlidae) and related taxa. Part II; the species from Lakes Victoria, Nabugabo, Edward, George and Kivu. Bull. Br. Mus. nat. Hist. (Zool.) 39, 1–101.

GÜNTHER, A. (1864): Report on a collection of reptiles and fishes made by Dr. KIRK in the Zambesi and Nyassa regions. Proc. zool. Soc. Lond. 1864, 303–314.

GÜNTHER, A. (1893): Second report on the reptiles, batrachians and fishes transmitted by Mr. H. H. JOHNSTON, C.B., from British Central Africa. Proc. zool. Soc. Lond. 1893, 616–628.

HOLZBERG, S. (1978): A field and laboratory study of the behaviour and ecology of *Pseudotropheus zebra* (BOULENGER), an endemic cichlid of Lake Malawi (Pisces: Cichlidae). Z. zool. Syst. Evolut.-forsch. 16, 171–187.

ILES, T.D. (1960): A group of zooplankton feeders of the genus *Haplochromis* (Cichlidae) in Lake Nyasa. Ann. Mag. nat. Hist. 2 (13), 257–280.

JOHNSON, D.S. (1974): Three new cichlids from Lake Malawi. Today's Aquarist, 1 (3), 38–42.

JOHNSON, D.S. (1975): More new Malawi cichlids. Today's Aquarist 2 (1), 15–18, 20–26.

KNABE, P. (1992): *Labidochromis* sp. „Hongi". In: Das Cichlidenjahrbuch, Cichlid Press, St. Leon-Rot, 53.

KONINGS, A. (1989): Malawi cichlids in their natural habitats. Verduyin Cichlids & Lake Fish Movies, Zevenhuizen und Herten, 303 pp.

KONINGS, A. (1992): Konings Buch der Cichliden und aller anderen Fische des Malawisees. Kollnburg, Germany, 495 pp.

KONINGS, A. (1993): Der „Yellow Black Line". Teil 1: Die Gattungszugehörigkeit von Haplochromis melanonotus REGAN. In: Das Cichlidenjahrbuch, Cichlid Press, St. Leon-Rot, 43–44.

KONINGS, A. (1994): *Pseudotropheus demasoni*: ein neuer Mbuna von der tansanischen Küste des Malawisees. Das Cichlidenjahrbuch, Cichlid Press, St. Leon-Rot, 24–27.

KORTHAUS, E. (1982): Auf Tauchstation im nördlichen Teil des Malawisees. Das Aquarium 155, 226–233.

LEPEL, T. (1993a): Cichliden von der tansanischen Küste des Malawisees. DATZ 46 (8), 513–515.

LEPEL, T. (1993b): Nur eine Art, aber für unsere Aquarien eine doppelte Bereicherung. DCG-Info 24 (10), 218–222.

LEPEL, T. (1994): Ein Schatz aus dem Malawisee. In: Das Cichlidenjahrbuch, Cichlid Press, St. Leon-Rot, 34–35.

LEWIS, D.S.C. (1982): A revision of the genus *Labidochromis* (Teleostei: Cichlidae) from Lake Malawi. Zool. J. Linn. Soc. 75, 189–265.

LEWIS, D. & P. REINTHAL, J. TRENDALL (1986): A guide to the fishes of Lake Malawi National Park. World Wildlife Found, Gland.

MARSH, A.C. (1983): A taxonomic study of the fish genus *Petrotilapia* (Pisces: Cichlidae) from Lake Malawi. Ichthyol. Bull. Rhodes Univ. 48, 1–14.

MARSH, A.C. & A.J. RIBBINK, B.A. MARSH (1981): Sibling species complexes in sympatric populations of *Petrotilapia* TREWAVAS (Cichlidae, Lake Malawi). Zool. J. Linn. Soc. 71, 253–264.

MCKAYE, K.R. & T. KOCHER (1983): Head ramming behaviour by three paedophagous cichlids in Lake Malawi, Africa. Anim. Behav. 31, 206–210.

MEYER, A. & T.D. KOCHER, P. BASASIBWAKI, A.C. WILSON (1990): Monophyletic origin of Lake Victoria cichlid fishes suggested by mitochondrial DNA sequences. Nature 347, 550–553.

MEYER, M.K. & R. RIEHL, H. ZETZSCHE (1987): A revision of the cichlid fishes of the genus *Aulonocara* REGAN, 1922 from Lake Malawi, with descriptions of six new species. In: W. KLAUSEWITZ (Ed.): Contributions to the knowledge of the cichlid fishes of the genus *Aulonocara* of Lake Malawi (East Africa). Cour. Forsch.-Inst. Senckenberg 94, 7–53. Senckenbergische Naturforschende Ges., Frankfurt a.M., Germany.

OLIVER, M.K. (1975): *Labidochromis textilis*, a new cichlid fish (Teleostei: Cichlidae) from Lake Malawi. Proc. Biol. Soc. Wash. 88 (29), 319–330.

OLIVER, M.K. (1989): Systematics of African cichlid fishes: Determination of the most primitive taxon, and studies of the haplochromines of Lake Malawi (Teleostei: Cichlidae).

Unveröffentlicht 1984; Zusammenfassung der Artbeschreibungen in: ECCLES, D.H. & E. TREWAVAS: Malawian cichlid fishes. The classification of some Haplochromine genera. Lake Fish Movies, Herten.

REGAN, C.T. (1920): The classification of fishes of the family Cichlidae. 1. The Tanganyika Genera. Ann. Mag. nat. Hist. 5 (9), 33–53.

REGAN, C.T. (1922): The cichlid fishes of Lake Nyasa. Proc. zool. Soc. Lond. (1921), 675–727.

RIBBINK, A.J. & B.A. MARSH, A.C. MARSH, A.C. RIBBINK, B.J. SHARP (1983): A preliminary survey of the cichlid fishes of rocky habitats in Lake Malawi. S. Afr. J. Zool. 18 (3), 149–310.

RIBBINK, A.J. & D.S.C. LEWIS (1982): *Melanochromis crabro* sp. nov., a cichlid fish from Lake Malawi which feeds on ectoparasites and catfish eggs. Neth. J. Zool. 32, 72–87.

RUSS, U. (1993): Neu importiert: *Aulonocara* „Mamelela". DATZ 46 (1), 8.

SEEGERS, L. (1991): Endlich! Neue *Labidochromis*-Arten aus Tansania. Aquarium Heute 9 (1), 6–8.

SEEGERS, L. (1992): Ein neuer Mbuna aus Tansania: *Pseudotropheus* spec. „Mbamba Bay, kompakt". Aquarium Heute 10 (4), 174–178.

SPREINAT, A. (1985): Selten importierte Cichliden von der Ostküste des Malawisees. DCG-Info 16 (12), 231–239.

Spreinat, A. (1988a): „Fire Crest Mloto". Schwarze Schönheiten aus der Tiefe. Aquarien Magazin 1988 (2), 22–26.

Spreinat, A. (1988b): Robust und schön: Mbunas im Aquarium. DATZ 41 (5), 76–78.

SPREINAT, A. (1988c): Die Gattung *Labidochromis* – Zwergcichliden des Malawisees. DATZ 41 (10, 11), 396–400 u. 462–464.

SPREINAT, A. (1989a): Wulstlippenbuntbarsche aus dem Malawisee. DATZ 42 (2), 85–90.

SPREINAT, A. (1989b): „*Haplochromis*" spec. „hertae" und der falsche „*Haplochromis*" *flavimanus*. Das Aquarium 23 (240), 333–337.

SPREINAT, A. (1989c): Kaiserbuntbarsche des Malawisees. Ulmer, Stuttgart, 106 pp.

SPREINAT, A. (1991): *Petrotilapia*: Dicklippenbuntbarsche aus dem Malawisee. DATZ 44 (2, 3), 82–86, 147–152.

SPREINAT, A. (1992a): Anmerkungen zu einigen *Aulonocara*-Arten. DATZ 45 (9), 573–577.

SPREINAT, A. (1992b): *Lichnochromis acuticeps*. Zur biologischen Funktion seiner ungewöhnlichen Kopfform und der Wulstlippen anderer Cichliden. In: Buntbarsch Jahrbuch 1993, Bede, Ruhmannsfelden, 28–33.

SPREINAT, A. (1993a): Malawisee-Cichliden aus Tansania. DATZ 46 (8), 508–512.

SPREINAT, A. (1993b): *Pseudotropheus callainos*. Anmerkungen zu Verbreitung und ähnlichen Arten. DATZ 46 (9), 578–585.

SPREINAT, A. (1993c): *Stigmatochromis* cf. *pholidophorus*. Freilandbeobachtungen, Pflege und Zucht. In: Buntbarsch Jahrbuch 1994, Bede, Ruhmannsfelden, 25–29.

SPREINAT, A. (1994): Zur Identität von *Pseudotropheus heteropictus* STAECK, 1980. DATZ 47 (2), 107–111.

STAECK, W. (1972): Variabler *Pseudotropheus zebra*. Das Aquarium 6 (41); 1051–1054.

STAECK, W. (1974): Cichliden: Verbreitung, Verhalten, Arten. Pfriem, Wuppertal, 317 pp.

STAECK, W. (1976): Ergebnisse einer ichthyologischen Sammelreise zum Nordende des Nyassasees. Das Aquarium 10 (10, 11), 436–442, 486–492.

STAECK, W. (1977): Cichliden: Verbreitung, Verhalten, Arten. Bd II. Pfriem, Wuppertal, 296 pp.

STAECK, W. (1978): Raritäten aus dem Malawisee. Neuere Erkenntnisse über die Vielgestaltigkeit bei Mbuna-Cichliden. Aquarien Magazin 12 (3), 136–142.

STAECK, W. (1980): *Pseudotropheus heteropictus* n. sp. aus dem Malawisee (Pisces: Cichlidae). Senckenbergiana biol. 60 (3/4), 159–162 (1979).

STAECK, W. (1983): Cichliden III: Entdeckungen und Neuimporte. Pfriem, Wuppertal, 351 pp.

STAECK, W. (1988): Cichliden: Malawisee. Pfriem, Wuppertal, 147 pp.

STAUFFER, J.R. (1988): Three new rock-dwelling cichlids (Teleostei: Cichlidae) from Lake Malawi, Africa. Copeia 3, 663–668.

STAUFFER, J.R. & E. Hert (1992): *Pseudotropheus callainos*, a new species of mbuna (Cichlidae), with analysis of changes associated with two intra-lacustrine transplantations in Lake Malawi, Africa. Ichthyol. Explor. Freshwaters 3 (3), 253–264.

STOLZ, H. (1972): Mbuna. TI, 6 (20) u. 7 (21), 4–6 u. 11–13.

TREWAVAS, E. (1931): Revision of the cichlid fishes of the genus *Lethrinops* REGAN. Ann. Mag. nat. Hist. (10) 7, 133–152.

TREWAVAS, E. (1935): A synopsis of the cichlid fishes of Lake Nyasa. Ann. Mag. nat. Hist. 10 (16), 65–118.

TREWAVAS, E. (1946): The types of African cichlid fishes described by BORODIN in 1931 and 1936, and of two species described by BOULENGER in 1901. Proc. Zool. Soc. Lond. 116 (2), 240–246.

TREWAVAS, E. (1983): Nouvel examen des genres et sous-genres du complexe *Pseudotropheus-Melanochromis* du lac Malawi (Pisces, Perciformes, Cichlidae). Revue fr. Aquariol. 10, 97–106.

TREWAVAS, E. (1984): Un nom et une description pour l'Aulonocara „Sulphur-head", Poisson Cichlide du Lac Malawi. Revue fr. Aquariol. 11, 7–10.

TREWAVAS, E. (1991): Die Gattung *Tyrannochromis* ECCLES & TREWAVAS, 1989. In: Das Cichlidenjahrbuch, Cichlid Press, St. Leon-Rot, 36–39.

ZIERZ, C. (1973): Was man so hört… DCG-Info 3 (11), 124–130.

Index

Für Ihre Notizen

Für Ihre Notizen

Für Ihre Notizen

Für Ihre Notizen